本書爲國家社科基金重大項目
『天一閣所藏文獻分類整理與研究』成果之一

天一閣藏

清代珍稀稿本提要

周慧惠　劉雲　袁慧　著

國家圖書館出版社

圖書在版編目（CIP）數據

天一閣藏清代珍稀稿本提要 / 周慧惠，劉雲，袁慧著. — 北京：
國家圖書館出版社, 2019.11

ISBN 978-7-5013-6634-7

Ⅰ.①天… Ⅱ.①周… ②劉… ③袁… Ⅲ.①天一閣—古籍—善本
—内容提要—清代 Ⅳ.①Z838

中國版本圖書館CIP數據核字（2018）第262560號

書　　名　天一閣藏清代珍稀稿本提要

著　　者　周慧惠　　劉雲　袁慧　著
責任編輯　王燕來　趙嫄
責任校對　喬爽
特約編輯　劉明
封面設計　一瓢工作室

出版發行　國家圖書館出版社（北京市西城區文津街7號　　100034）
　　　　　　（原書目文獻出版社　北京圖書館出版社）
　　　　　　010-66114536　63802249　nlcpress@nlc.cn（郵購）
網　　址　http://www.nlcpress.com
排　　版　愛圖工作室
印　　裝　北京中華兒女印刷廠
版次印次　2019年11月第1版　2019年11月第1次印刷

開　　本　787×1092（毫米）　1/16
印　　張　24.25
書　　號　ISBN 978-7-5013-6634-7
定　　價　280.00圓

前　言

　　四明范氏天一閣建於明代嘉靖末年，至今已 450 餘載，海内藏書之家，唯此巋然獨存。峥嵘一閣留天壤，文獻東南此大宗。天一閣藏書，以明代科舉録、明代地方志、明代政書、明人文集而名聞天下，斑斑緗帙，富甲一方。上述的這些明代文獻，基本上是由天一閣主人范欽收集，是天一閣的原藏書，因其傳世稀少，向來爲學界所重。關於它們的研究，通過幾代學人的努力，也取得了很多成果，如《天一閣藏明代地方志考録》①《天一閣藏明代文獻研究》②等，都是成體系的論著。但是，在天一閣現存藏書中，范氏原藏祇占了十分之一，而絶大部分古籍都來自四明藏書家的捐贈，如朱氏别宥齋、馮氏伏跗室，以及楊氏清防閣、孫氏蝸寄廬和張氏樵齋等。寧波歷來是藏書重地、文獻之邦，藏書家們竭力搜羅，所得珍本秘笈不計其數，現多藏於天一閣，其中清代稿本不僅數量大而且品質精，有一大部分是世間孤本，具有極大的文物、文獻和版本價值。但是，對於這些燦若星漢的珍貴古籍，世人所知甚少，除了零星的幾部稿本介紹外，其他的學術研究幾乎等於零。

　　故家喬木，文獻繫焉。天一閣所藏清代稿本大都是清代浙江一省的名賢、學者、詩人著作，其内容一般爲鄉邦文獻、地方史料。稿本保存不易，"我們先檢覽《中國古籍善本書目》，該書目著録各種版本的古籍約五萬七千餘部，而收録的稿本不足四千部。在這批爲數寥寥的稿本中，明代中期以前的稿本更極稀見，大都爲明代後期及清代稿本"③。至於宋元稿本則幾乎絶傳，即使像天一閣這樣的"南國書城"，所藏的明代稿本也祇有范欽《貢舉録》一部而已。故天一閣保存的清代稿本洵可寶貴。而且，在閣藏清代稿本中，有三分之二從未刊刻，也就是説，這些都是絶無僅有的孤本。至於其中的名人手稿，其書迹便是藝術珍品。

據統計，天一閣藏清代稿本共 260 種，包括經部 40 種、史部 47 種、子部 25 種、集部 148 種。稿本數量浩繁，形態不一，有初稿、修改稿、定稿。筆者擇取其中最具歷史性、文獻性、學術性、藝術性的珍稀稿本，考證源流、撰寫叙録、拍攝書影，共撰提要 110 種。其中經部 35 種、史部 21 種、子部 13 種、集部 41 種，期望能爲清代江浙人文歷史的研究提供一些基礎材料。

在撰寫提要、編輯書影的過程中，我們逐步總結了天一閣藏清代稿本的文獻價值，其要點如下：

一、保存了著名學者的重要著作。如黄宗羲的《明文案》稿本。《明文案》二百十七卷，是黄宗羲在明亡之後對有明一代文章的輯選，目的是爲了保存檢討故國文獻。這項工作始於康熙七年（1668），至康熙十四年（1675）始成。《明文案》從未刊行，因卷帙浩繁，也絶少傳抄。乾隆間，《明文案》被禁毁，難覓踪迹，有清一代學者都認爲《明文案》已天壤不存。然而，這部書仿佛有神靈呵護，居然在天一閣保存了一百八十八卷殘稿。

另一部名家稿本是萬斯同的《明史稿》。此稿與《明文案》均爲浙東大藏書家朱鼎煦先生捐贈。朱先生訪得黄氏《明文案》與萬氏《明史稿》殘本之後，特地治"萬黄齋印"印章鈐於書上，以示寶愛。《明史稿》殘卷共十二册，爲萬斯同"布衣修史"時期所撰寫的《明史》列傳稿本，是官修《明史》的昆侖源。其中六册爲萬氏手稿，另六册經萬氏删改。這部稿本在史學史和學術史上的意義前人早有論述。黄宗羲與萬斯同的稿本是天一閣藏清代稿本的翹楚，均被收入第一批《國家珍貴古籍名録》。

二、保存了江浙一帶地方名賢的各類著作。閣藏清代稿本涉及的鄉邦名賢、地方文人近百人。這些地方名人的作品由於財力限制等原因，大部分未經刊刻，衹以稿本的形式留存天壤，堪稱孤本文獻，可以爲挖掘地方文化、探尋地方歷史提供第一手資料。應撝謙是明末清初經學家，浙江仁和人，閣藏稿本《古樂書》是其代表作。該書的抄本曾由浙江巡撫采進，被《四庫全書》收録，上卷論律吕本原，下卷論樂器制度。若將四庫本與稿本比勘，或許會有許多新發現。沈冰壺爲雍正乾隆間著名文人，浙江山陰人，最熟勝國諸老軼事，亦好詩文。但閣藏的沈氏稿本《沈氏詩醒八牋》却是一部經學著作，沈氏雅好經學不爲人知，連《山陰縣志》也未見記載。周廣業是乾隆時期的校勘學家，浙江海寧人，因其學養深厚，被四庫館臣聘請擔任四庫校勘，閣藏稿本《孟子四考》爲其代表作，單刻後又被收入《皇清經解續編》。黄式三、黄以周父子是同光間著名經學家，浙江定海人，著述頗豐，一時江南俊杰皆出其門下。天一閣藏稿本《易釋》《五禮異義》等爲父子倆學術研究鼎盛時期的經學著作。

除浙江之外，亦有江蘇籍名賢的稿本。王鍾毅，順治間經學家，江蘇華亭人，其著作《禮記纂類》，傳世僅見抄本，而天一閣藏有該書稿本。南通孫世儀，康乾間著名文人，學生故交遍天下，死後門人私謚“文靖先生”，著有《文靖先生詩鈔》，天一閣藏其稿本《庚寅詩稿》《甕松山房雜文偶存》，其中《庚寅詩稿》是《文靖先生詩鈔》的部分底稿，《甕松山房雜文偶存》則可能爲孫世儀唯一存世的文稿。

三、保存了大量寧波鄉賢的各類著作。考文獻兮愛舊邦，寧波藏書家尤其屬意於鄉賢遺著、鄉邦文獻的收藏。閣藏清代稿本大多爲寧波本土學人著作，數量繁多，材料翔實，爲追溯、研究寧波歷史文化提供了大量的原始文獻。某些鄉賢的稿本，天一閣藏的不止一種，可以説是細緻而全面地保存了有清一代地方學人的各種資料。姚燮，晚清文學家、畫家，鎮海人，以詩、畫以及文學評論馳騁道咸文壇。天一閣藏其稿本 15 種，包括經學著作《胡氏禹貢錐指勘補》《夏小正求是》，雜史《洋煙攻述》，詩文集《復莊文稿》《西滬櫂歌》《復莊先生詩問稿》《紅犀館詩課》，詞集《疎影樓詞》等等。其中的《復莊今樂府選》輯録了自元代至清代的雜劇、院本、傳奇、散曲等數百種戲曲脚本，是研究戲劇史很好的資料。徐時棟，道光間鄞縣著名藏書家，烟嶼樓主人，天一閣藏其 10 部稿本，更堪稱奇的是，天一閣完整保存了他的經學著作《尚書逸湯誓考》的初稿、二稿、三稿和修訂稿本四個版本，從這四個不斷修改的稿本中，後人可以清晰地看到一位學者嚴謹的治學思路。

浙東學人治學講究傳承，天一閣保存了某些家族幾代人的著作。比如黃宗羲、黃百家、黃千人，萬斯同、萬言、萬承勳，浙東學派的代表黃、萬兩家祖孫三代的稿本，天一閣均有收藏。另外，著名藏書樓慈溪鄭氏二老閣歷代主人的稿本，銀臺第主人童槐、童華的稿本等，都是絕無僅有的，是研究寧波望族的第一手資料。除此之外，還有董元成、周世緒、倪象占、周道遵、王定祥、郭傳璞、張恕、陳勱、董沛、張岱年等在地方志中入藝文志的鄉賢們，他們的稿本在天一閣均有收藏。這些稿本爲我們研究寧波鄉賢，挖掘其中的史料價值和學術意義奠定了深厚的文獻基礎。

四、保存了鮮爲人知的地方史料。天一閣藏的清代稿本有不少具有時代特點、地域特色的原始史料。如明末清初鄞縣林時對的《荈菴碎筑集》是對明朝末年浙東東林黨、復社等文人言行的記載，展現了明末寧波士大夫的生存狀態和精神心理。慈溪柯超的《辛壬瑣記》和應文炳的《溪上遭難志畧》均記載了太平天國在寧波諸地的統治，具有實錄精神，其中對太平天國曆法和文字改革的記載爲其他史書未見。清代著名藏書家海寧陳鱣的稿本《新坡土風》是對海寧風俗民情的詳細描繪，可資清代海寧社會生活之研究。

五、保存了一些稀有文獻。如史榮的《唐李長吉歌詩補註》是一部李賀詩注的彙注本，前人某些已經失傳的李賀詩注，在這裏都保留完好。史榮盡畢生功力，辨駁精核李賀的里居、事實、年譜、世系，并對詩中的字法、句法、承轉法、段落法均加以考辨解釋，爲李賀研究提供了新材料。明末清初長洲戲曲家陳二白著有傳奇四種，其中《雙冠誥》爲其翹楚，以抄本流傳，在民間長演不衰，後爲梅蘭芳綴玉軒所藏，又被刊入《古本戲曲叢刊三集》，稱通行本。天一閣所藏則爲其稿本，在曲目和內容上與通行本大有差異，爲通行本之祖本，具有很大的校勘價值。這些稀有文獻涉及傳統文化的各個領域，如果學者能加以利用，應該會使研究更加深入。

六、具有重要的版本學意義。稿本儘管形態、名目不一，但具有共同特點，即無傳抄、刊刻可能帶來的訛誤。在研究版本價值時，人們習慣將稿本分爲未刻稿與已刻稿兩部分來討論。未刻稿無論形式與内容，都是真正意義上的孤本，其版本價值是人所共知的。而已刻稿即使已經有傳世的刻本，但稿本中的勾乙增删面貌却不得見，唯有通過原稿，方能識得作者著述爲學之歷程。而且，稿本能校勘刻本、抄本中的許多舛誤。閣藏清代稿本同樣具有上述的版本意義，并且數量豐富，形態多樣，年代跨度大，涉及著者衆。如果能爲國内外有志於文學、歷史、文化、社會、藝術等方面研究的仁人志士知曉并加以利用，發吾土吾鄉之潛德幽光，將是天一閣藏古籍文獻之幸事。

本書經部與史部提要的撰寫者爲劉雲，子部撰寫者爲袁慧，集部撰寫者爲周慧惠，全書由周慧惠統稿。三位撰寫者皆供職於天一閣，平日坐守書城，在故紙堆裏考證鑒别，訂誤析疑，紙醉書迷，墨香衍芬，這既是工作，也成了生活的一部分。撰寫此書的目的是爲學界提供基礎材料與綫索，雖勉力爲之，然而由於學識淺陋，錯訛當亦有之，懇請同仁、學者批評賜正。

周慧惠
2018 年 8 月 28 日於天一閣

注：①《天一閣藏明代地方志考録》，駱兆平著，書目文獻出版社 1982 年版。
②《天一閣藏明代文獻研究》，柯亞莉著，臺北花木蘭文化出版社 2013 年版。
③《明清稿鈔校本鑒定》，陳先行、石菲著，上海古籍出版社 2009 年版，第 10 頁。

凡　例

一、本書共著録清代稿本 110 種，皆爲天一閣所藏古籍中具有歷史性、文獻性、學術性、藝術性的清代珍稀稿本。

二、按經史子集分類排序。主要以國家古籍保護中心頒布的《古籍四部分類表》爲核心，參考《中國古籍善本書目》的分類標準。

三、提要内容大致爲：題名、卷數、著者、存卷（殘本）、册數、版本、版式、序跋、題跋、藏書來源、著者介紹、内容介紹、鈐印、《中國古籍善本書目》著録情況。

四、著者介紹最基本信息，大致爲生卒年、字號、籍貫、科第、著作等。

五、版本信息前有定語者，若"乾隆稿本""手稿本""謄清稿本"等，予以著録，祇爲"稿本"者，則省略不著録。版本年代"清"，一概略去。

六、版式包括：版框、書口、魚尾、邊欄、行款、版心、欄格（若欄格顔色爲黑，則不著録，其他顔色，如紅、藍、紫，則著録爲紅格、藍格、紫格）。

七、每種稿本選用一幀或多幀能反映該書特徵的書影，如卷首卷端葉、批校題跋葉、版本信息葉、鈐印葉，等等。

八、題名、鈐印用字基本依據書影客觀著録，其他文字基本使用規範繁體字。

目　録

經部

天一閣藏清代珍稀稿本提要

尚書逸湯誓考卷上

鄞　徐時棟　叔學

周秦古書引逸湯誓文第一篇、詞嚴義正。無可增

伐桀之誓、在今書得更有散佚。見諸他說哉。

且其文亦首尾完具。然有出今文外者、其為別自

周秦人所引湯誓、居今文外者、其為別自

篇而非今湯誓中佚語、概可知也。先儒竟合之過

今先採摭其辭、具列如左、

篇。

〔論語堯曰篇〕

曰予小子履敢用玄牡敢昭告於皇皇

帝白虎通三軍篇引作皇天上有罪不敢赦至于皇皇

隆壽平甫校字

經部叙

　　中國古代傳統文獻以經史子集四部分類，由於儒家經典在古代政治和文化中的重要地位，經部文獻成爲其中最重要者，也是古代學者最用力者。天一閣所藏清代稿本中有不少經部文獻，今擇其尤爲重要者叙録提要之。

　　本部類收經部文獻計 35 種，幾乎囊括了經部各個類别的文獻。其中易類 3 種，書類 6 種，詩類 4 種，禮類 4 種，樂類 1 種，春秋類 1 種，四書類 4 種，群經總義類 2 種，小學類文獻是其大宗，共有 10 種之多。

　　這 35 種清代稿本，主要是浙水東西一代學者之著述，涉及仁和、蕭山、會稽、山陰、海寧、慈溪、定海、鄞縣、鎮海等地的鄉賢。如仁和應撝謙，蕭山單丕，會稽陳祖望、陳致煥、范家相，山陰沈冰壺，海寧周廣業，慈溪鄭氏二老閣後人鄭湛、葉氏族人葉燕，定海黄式三、黄以周父子，鄞縣周道遵、徐時棟、姚循德、殷欽坤、董元宿、郭傳璞，鎮海姚燮、張成渠諸人。其中尤以現今行政地理區劃上的寧波市爲主。這爲我們瞭解清代浙江經學之學術傳統、學術風格、治學内容以及當時當地的經學成就提供了重要的資料和範本。

　　今所提要叙録之 35 種經學文獻，雖然在版本形態上統稱爲稿本，但由於其著述方式的不同，又使其具有不同的版本内涵。有著者的稿本如鄭湛的《易筮要義》，張成渠撰寫、郭傳璞參訂的《連珠均攷》，董元宿的《隸楳》，黄氏父子的《五禮異義》等；有學者的批校本如王昶批注《周禮摘要》；有謄清待刊稿本如陳祖望《易卦大義合鈔》、葉燕《讀嚴氏詩緝》、沈冰壺《沈氏詩醒八牋》等。甚至還有反映一部書成書過程各個階段不同狀態的多次修訂稿本，如徐時棟的《尚書逸湯誓考》，足有四個稿本，反映了其成書從二卷本到四卷本，再到六卷本，思路逐漸清晰，邏輯框架、文字表達逐漸完善的整個過程，讓我們感知到此書修訂的各種細節，而這些細節是首尾完具、刊刻整飭的刻本所不能呈現的。這對我們瞭解古人著書之心思及學術之傳統有重要的意義。特別是徐氏把師友諸君簽校的內容及所作序跋作爲獨立篇章，放在《校勘篇》裏，并注明校勘者，以表"君子不貪人之功"，反映了寧波鄉賢學有本源，不掠人美的良好學術傳統。

此35種稿本，因爲其著述的宗旨和個人的學術旨趣不同，也具有不同的特點和學術價值。有的著述爲一生精力所萃，爲學有根柢，如《隸楲》《書契原恉》等；有的著述是爲解決當世問題，或關注清代學術的熱點，站在了學術前沿，如《音韵部略》等；有的著述總結著者個人的讀書心得，如《孟子章指》等；有的著述是教授學生過程中的所思所得，彙纂成册，如《彙鐫論語密解大全》等；還有一些著作是著者興趣所在，積纍有年，突然走筆寫就，雖短篇小帙，亦頗可觀，如《連珠均攷》等。

另外，由於著者不同，所以其稿本在形態、紙張、書法上皆呈現不同之特點與風格，琳琅滿目，蔚爲可觀。比如在紙張方面，有些稿本用紙頗爲講究，有專門特製的家用套格紙，版心一般鐫刻書齋名，爲我們鑒定誰家之稿提供證據；有的爲無格素紙，直接書寫，樸茂爲宗。在書法方面，有些妍媚如簪，如會稽陳祖望之《易卦大義合鈔》；有些樸拙有味，如蕭山單丕之《蕭山單不庵所著字書》；有的則描摹漢隸精妙可觀，如四明董元宿之《隸楲》；亦有蠅頭小草，苦心經營，如定海黄氏之《易釋》。凡此諸種，不唯文獻可資，其書法亦賞心悦目。還有的多次批校、塗抹勾乙，有朱墨爛然之美，古香清福，不可謂淺；且又能於其改動添加處尋其理路，亦爲翻書一快。

易釋不分卷

　　清黄式三撰，清黄以周增删。二册。無框格，分上下兩欄，半葉行、字數皆不等。此書爲原籍蕭山的甬上藏書家朱鼎煦别宥齋舊藏。

　　黄式三（1789—1862），字薇香，號儆居，浙江定海人。黄氏“於學不立門户，博綜群經，治《易》治《春秋》，而尤長《三禮》……有《復禮説》《崇禮説》《約禮説》。嘗著《論語後案》二十卷，自爲之序。他著有《書啓幪》四卷，《詩叢説》一卷，《詩序説通》二卷，《詩傳箋考》二卷，《春秋釋》二卷，《周季編略》九卷，《儆居集經説》四卷，《史説》四卷”①。其著作中的大部分於同治至光緒年間彙刻成《儆居遺書》十一種。黄以周（1828—1899），字元同，號儆季。黄式三子。同治九年（1870）舉人。“江蘇學政黄體芳建南菁講舍於江陰，延之主講。以周教以博文約禮、實事求是，道高而不立門户。宗源瀚建辨志精舍於寧波，請以周定其名義規制，而專課經學，著録弟子千餘人。”②所著有《禮書通故》五十卷，光緒十九年（1893）黄氏試館刻本。另有《儆季雜著》五種二十五卷，光緒江蘇南菁講舍刻本。

　　《兩浙著述考》收黄式三所著《易釋》四卷、《易傳通解》不分卷。其按語云：“式三子以周嘗廣搜《易》注增删《易釋》原書，編爲《十翼後録》二十四卷，稿藏北京圖書館。”③閣藏稿本即以周增删其父著作《易釋》之底稿。

　　此書上下分欄。上册起於坤卦，終於離卦。下册自咸卦至未濟卦，次繫辭上傳十二章、繫辭下傳十二章、説卦傳十一章、序卦傳上下兩篇、雜卦傳一篇；次易原、圖書、伏羲八卦次序方位、伏羲六十四卦次序圖、

三三坤下
三三坤上

坤元亨利牝馬之貞君子有攸往先迷後得主利西南得朋東北

喪朋安貞吉

《易釋》卷端

伏羲六十四卦反對圖，及伏羲大圓圖、大方圖等諸圖；次十翼卦名、爻辭等；最末諸儒易解。

　　鈐有"黃以周印""元同""黃氏籑經堂所藏書"印，及"別宥齋""蕭山朱鼎煦收藏書籍"藏書章。

注：①《清史稿》卷四百八十二，趙爾巽等撰，中華書局 1977 年版，第 13296 頁。

　　② 同上，第 13297 頁。

　　③《兩浙著述考》（上），宋慈抱原著，項士元審訂，浙江人民出版社 1985 年版，第 173 頁。

易卦大義合鈔不分卷

　　清陳祖望撰。二册。謄清稿本。版框高 17.5 厘米，廣 14.5 厘米，白口，單黑魚尾，四周單邊，半葉十行，行二十一字。版心鐫“思退堂”。清雲帆題跋。朱氏別宥齋舊藏。

　　陳祖望，字冀子，號拜鄉，浙江會稽人。諸生。清代書法家。陳氏勤於著述，有《思退堂詩鈔》十二卷附《青琅玕吟館詞鈔》一卷，道光三十年（1850）刻本，後輯入徐世昌《晚晴簃詩彙》卷一百二十四。除此稿本外，天一閣尚藏有其稿本《青琅玕館叢録》一卷《求放心齋讀書叢説》一卷《讀史識餘》五卷《硯譜集録》一卷《古今法帖鑒藏》一卷，亦爲朱氏別宥齋舊藏，未見刊刻。另外，陳祖望曾爲陳鱣編纂《向山閣書目》，今北京大學圖書館藏有一部四卷抄本。

　　卷前光緒七年（1881）雲帆跋云：“《周易大義合參》兩帙，無序目，細按之，爲同里前□□□□□□□[1]手著。其稿即先生手録也，書之純駁不可□□□□□□述，又復爲名家手寫，其可寶貴爲□若耶，爰書數字以告後之閱是帙者。雲帆書，時光緒辛巳春正月。”

　　此書原著録爲清思退堂抄本，不著撰者，見《別宥齋藏書目録》[2]，及《寧波市天一閣博物館古籍普查登記目録》[3]。審此稿册一四十九葉“象曰善下有雷，頤君子以慎言語節飲食”條，大義之下末尾有雙行小字按語：“祖望案，頤從臣，不從口，注中此意似傷穿鑿。”其他文本中亦有此類雙行小字按語，內容多爲此條大義之所原本，如“此條多采劉氏《易鈔》之説”諸如此類。雖然没有“祖望案”三字，但究其內容，

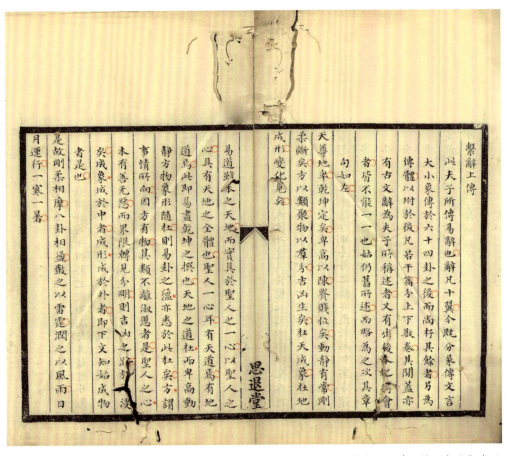

《易卦大義合鈔·繫辭》卷端

亦爲陳氏按語，加之版心所鐫“思退堂”爲陳祖望之書齋名，故此稿當
爲陳祖望之稿。

此書分裝二册，上册爲《周易》正文集注，體例爲先頂格大字書象
象之辭正文，然後低一格爲章句釋義，解說正文之大義。大義末尾偶有
雙行小字按語，以説明此條大義之原本或所資來源，也有辨析其疑問者。
下册内容爲上下繫傳、説卦傳、序卦傳、雜卦傳、易衍，體例和上册類似，
先頂格列傳文，次低一格抄録大義，不同者每一章之後又有總括，以“右
第某某章”起言，如《繫辭上傳》末、《下傳》之前有“右第十二章，

此章專言卜筮，而歸功於聖人"，可知《繫辭上傳》共十二章，《下傳》同此例，亦有十二章。以下體例俱同，兹不贅言。

此書文字抄録精整，書法妍秀，未見刻本傳世，當爲謄清未刊稿本，洵爲珍本秘笈。

注：① 此處□者，爲蟲魚蠹蝕，無所考見，故闕疑。下同。
　　②《別宥齋藏書目録》，天一閣博物館編，寧波出版社2008年版，第7頁。
　　③《寧波市天一閣博物館古籍普查登記目録》，寧波市天一閣博物館編，國家圖書館出版社2017年版，第4頁。

易筮要義一卷

清鄭湛撰。一册。手稿本。版框高 19.0 厘米，廣 13.6 厘米，白口，無魚尾，左右雙邊，半葉十行，行二十五至三十字不等。藍格。版心鐫"西江書屋"。卷端題"澹園氏鄭湛述"。卷前有著者自序。此書爲甬上著名學者馮貞群伏跗室舊藏。

鄭湛（1756—1805），字澹園，號息存，浙江慈溪人。二老閣鄭氏十七世孫，國學生。生平見［浙江慈溪］《慈邑灌浦鄭氏宗譜》①。

關於本書之宗旨及内容，鄭序所言極詳。序云：

> 古者龜筮并重。龜法不傳，而筮法獨存者賴《周易大衍》之一章耳。予因學筮，偶閲注疏，見先儒辨論紛紛，而朱子獨取三變皆卦爲定例，心竊疑之。後讀黄梨洲先生《象數論》，始知先生已有定評，特未將《易》辭章分句析耳。爰不揣淺陋，就《大衍》一章摘先儒舊説，集注經文之下，雖姓名不具載而句各有本，間或義有未盡參，末議以補之，務求經文明晰、筮法判然，文理之粗率所不計也。管見是否，尚俟質諸當世之君子。

此書卷前有正文十二條，後附《黄梨洲先生論著法》兩篇以及《黄梨洲先生論占法》一篇。後有小字按語："右三篇已刻先生《象數論》中，闡明著占之法大旨已具。予家有先生所集《郭氏著法考正》及《著卦考誤》稿本……較此三篇更明暢詳悉。"黄宗羲撰《象數論》六卷，今猶有康熙汪瑞齡西麓堂新安刻本、清文瀾閣《四庫全書》本、清《廣雅書局叢書》

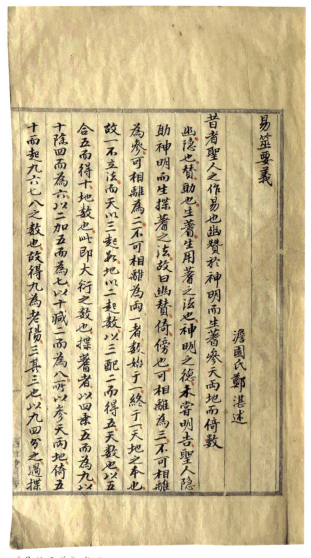

《易筮要義》卷端

本，而鄭氏所言黄宗羲稿本《郭氏蓍法考正》及《蓍卦考誤》，未見抄本和刻本。此書亦僅此稿本傳世，未見其他版本。

注：① ［浙江慈溪］《慈邑灌浦鄭氏宗譜》二十四卷，鄭彭齡纂修，民國十二年（1923）新昌石氏復訓堂木活字印本。

書經輯解十三卷首一卷

　　清周道遵撰。存十三卷：書經輯解十三卷。六册。版框高 18.3 厘米，廣 13.7 厘米，白口，單黑魚尾，左右雙邊，半葉十一行，行二十二字，小字雙行同。紅格。版心上端大題"書經輯解"，中間題卷次及小題，下端題葉次。卷前有著者自序。馮氏伏跗室舊藏。

　　周道遵，字佩斯，浙江鄞縣人。著有《書經輯解》十三卷、《詩經輯解》二十卷、《春秋輯解》十二卷、《爾雅輯解》十卷，皆爲伏跗室舊藏稿本，現藏天一閣。除此之外，他還編纂有關鄉邦的志書，如《甬上水利志》六卷，道光二十八年（1848）木活字印本；《招寶山志》二卷，與陳景沛合纂，道光二十六年（1846）木活字印本。以上兩書浙江圖書館皆有藏。

　　此書是其重要的經學著作之一，把歷代有關《尚書》之重要注解彙爲一帙，蔚爲大觀。所采有宋羅泌，清毛奇齡、萬斯大、胡渭、《欽定傳説彙纂》、王鳴盛、周鎬、光聰諧等諸家之説。《中國古籍善本書目》經部第 1083 條著録此書。

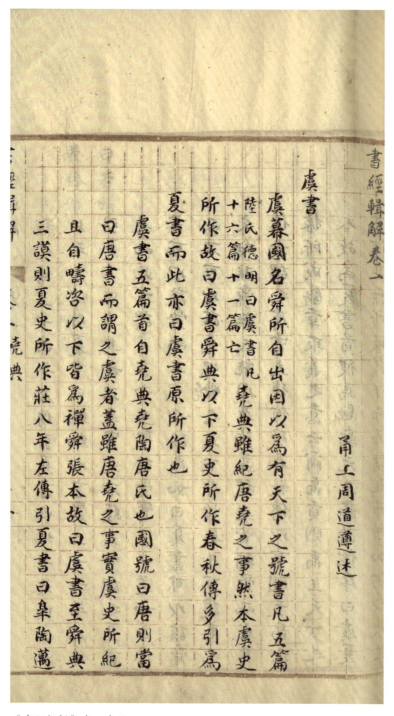

虞書

虞幕國名舜所自出因以爲有天下之號書凡五篇

陸氏德明曰虞書凡堯典雖紀唐堯之事然本虞史
十六篇十一篇亡

所作故曰虞書舜以下夏史所作春秋傳多引爲

夏書而此亦曰虞書原所作也

虞書五篇首自堯典唐虞氏也國號曰唐虞則當

曰唐書而謂之虞者蓋雖唐堯之事實虞史所紀

且自疇咨以下皆爲禪舜張本故曰虞書至舜典

三謨則夏史所作莊八年左傳引夏書曰皋陶邁

《書經輯解》卷一卷端

書經輯解卷一　　　　甬上周道遵述

14

胡氏禹貢錐指勘補十二卷

　　清姚燮撰。一册。咸豐手稿本。版框高 18.4 厘米，廣 13.1 厘米，上下黑口，單黑魚尾，左右雙邊，半葉十一行，行字不等。版心鐫"上湖草堂"。封面題"辛酉九月復翁手録稿"。朱氏别宥齋舊藏。

　　姚燮（1805—1864），字梅伯，號野橋，晚號復莊，又號大梅山民、上湖生、某伯、大某山民、復翁、復道人、東海生等，浙江鎮海人。道光十四年（1834）舉人。據光緒《鎮海縣志》卷二十四云，燮生而异稟，周歲能識字，被鄉人目爲神童。讀書自經傳子史、諸家詩文集，下及道藏、釋典、稗史、雜家言，靡不觀覽。後公車北上，從都中諸名士游，見其詩詞駢體文，咸謂可與古作者抗行。性跅弛不羈，好徵歌游宴。客中金盡，則閉門作畫，市人争購之。其畫仕女、花卉、翎毛皆佳，而梅花尤淋漓盡致，世以"大梅先生"稱之。家貧，不能里居，終歲旅游，所至流連吟咏爲樂。著述極富，遍及經史子集，并填詞度曲、編寫傳奇、評點《紅樓夢》。代表作有《夏小正求是》四卷、《蛟川詩繫》三十一卷、《復莊詩問》三十四卷、《復莊駢儷文榷》八卷《二編》八卷、《疎影樓詞》五卷、《復莊今樂府選》四百三十種等。現存著作以稿本爲多，天一閣即藏其中的十餘種。姚燮著作詳情見《姚燮年譜》[①]《姚燮集》[②]。

　　《兩浙著述考》録有《禹貢錐指補》條，云："燮，字梅伯，號復莊，道光十四年舉人。博覽群籍，工詩文，善畫梅，詳《鎮海志》本傳。此書有大梅山館藏本。未見。"[③]閣藏此稿或即大梅山館藏本。

　　此書卷前有咸豐辛酉（1861）九月姚燮撰《胡氏禹貢錐指勘補序目》，詳述此書所作之緣由：

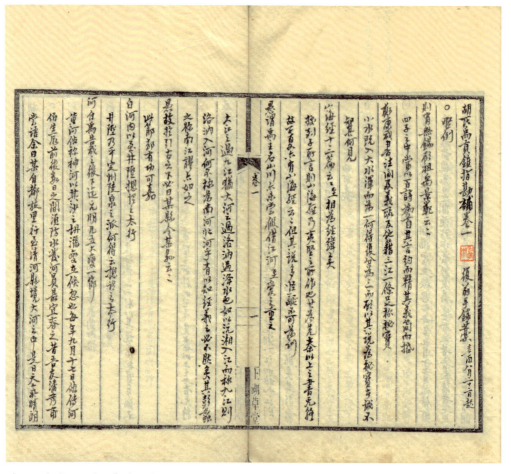

《胡氏禹貢錐指勘補》卷一卷端

　　燮方四歲，未入塾，先大父手録《禹貢》一篇授讀，日課三四句，間以作輟，期歲始能背誦。復嘗舉淺義講解之，既辨文義。於習制舉之暇，取漢唐以來諸家《尚書》注流覽以考證之，孰非孰是，終茫茫焉無所取決。後得《胡氏錐指》一書，貫串諸說，滔滔辨論……復覺疑竇百出，迷障益生，爰反覆推求，益證以他書之未經引據者，眉志書上。迨弱冠後，饑驅出門，雖日携行篋中，客中有暇，又苦無書籍可訂，業遂中輟。今老矣，身復多病，自念先大父之所諄諄致意，并少時學業之所在，不忍竟付蠹魚。因取原本，力疾釐訂一通，分爲十二卷，録之如右。俾兒輩藏之，病體稍健，再行覆勘之，以求盡善。

此書是對清初經學家胡渭《禹貢錐指》的補充與校勘。內容及卷次分目如下：卷一爲略例、地圖；卷二爲卷第一"禹敷土"起，至卷第二"冀州節"；卷三爲卷第三"兗州節"起，至卷第四"青州節"；卷四爲卷第五"徐州節"起，至卷第六"揚州節"；卷五爲卷第七"荆州節"起，至卷第十"雍州節"；卷六至卷十二皆爲水經之內容，卷六爲卷第十一上"導岍及岐"起，至卷第十二下"至於敷淺原"；卷七爲卷第十二"導弱水至入於南海"；卷八爲卷第十三上"導河積石"二句；卷九爲卷第十三中之上"南至於華陰"、卷第十三中"同爲逆河入於海"，附卷第十三下"論歷代徙流"；卷十爲卷第十四上"嶓冢導漾"起，至卷十四下"岷山導江至入於海"，并附"論江源"；卷十一爲卷第十五"導沇水"起，至卷第十七"導渭自鳥鼠同穴"節；卷十二爲卷第十八"九州攸同"起，至卷第二十終。

此書有校勘。卷一葉二左半葉天頭批注"急風泛浪下疑落三字，成注""而字疑是兩字，成注"，右半葉天頭批注"國字疑是圖字，成注"；卷四葉四眉批"疑是建昌府南康縣，成注"。"成"未考出全名。

鈐有姚燮之印"復道人"，及朱鼎煦諸印如"別宥齋""蕭山朱鼎煦收藏書籍""朱家""鼎煦小印""朱鼎煦印""曾在朱別宥處""蕭山朱氏別宥齋藏書印"等。《中國古籍善本書目》經部第1119條著録此書。

注：①《姚燮年譜》，汪超宏著，中國社會科學出版社2011年版。
②《姚燮集》，路偉、曹鑫編，浙江古籍出版社2014年版。
③《兩浙著述考》（上），第230頁。

尚書逸湯誓考二卷

　　清徐時棟撰。一册。同治三年(1864)烟嶼樓初稿本。版框高 19.2 厘米，廣 14.1 厘米，上下黑口，雙對黑魚尾，左右雙邊，半葉十行，行二十一字，小字雙行同。紅格。版心鎸"烟嶼樓初本"。卷端題"鄞徐時棟同叔學，男隆壽平甫校字"。卷前有清吳澥成序。馮氏伏跗室舊藏。

　　徐時棟（1814—1873），字定宇，一字同叔，又稱徐十三，別號西湖外史，學者咸稱柳泉先生，浙江鄞縣人。道光二十六年（1846）舉人，後以輸餉授内閣中書。故居曰"烟嶼樓"，藏書六萬卷，盡發而讀之，覃思精慮，直造古人。主四明文壇三十餘年，後進高才，皆出其門。同治間，鄞縣開志局，延時棟主其事，發凡起例，總持大綱。除家藏書外，盡借閱同里盧氏抱經樓、杭州丁氏八千卷樓藏書，廣事搜采。編志十二年，未竟而殁，後由同里董沛編成，即光緒《鄞縣志》。民國《鄞縣通志·文獻志》有傳。其著作繁富，囊括經史子集，現存有《烟嶼樓集》四種，同治光緒間刻彙印本，包括《烟嶼樓文集》四十卷《詩集》十八卷、《重刻游杭合集》一卷、《尚書逸湯誓考》六卷《校勘》一卷、《山中學詩記》五卷；《烟嶼樓筆記》八卷《烟嶼樓讀書志》十六卷，民國十七年（1928）徐氏遺學齋鉛印本；等等。天一閣藏有徐時棟稿本數種，除此本外，尚有《烟嶼樓書目》不分卷、《宋儒袁正獻公從祀録》六卷、《烟嶼樓詩集》十八卷、《烟嶼樓詩初稿》一卷、《徐柳泉詩稿》九卷《柳泉詞》一卷等等。

　　此書有塗抹修改痕迹，保存了本書成書過程中早期二卷本的面貌。卷末有同治三年甲子（1864）作者手記三篇。此書原分二卷，即湯誓上、

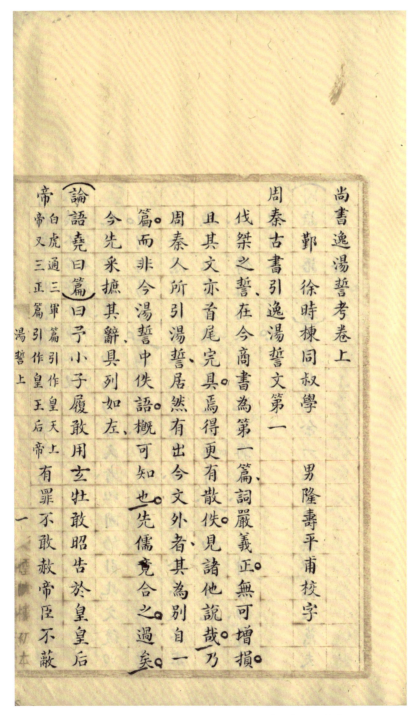

尚書逸湯誓考卷上

鄞　徐時棟同叔學

男　隆壽平甫校字

周秦古書引逸湯誓文第一

伐桀之誓、在今商書為第一篇、詞嚴義正、無可增損。

且其文亦首尾完具、焉得更有散佚、見諸他說哉。乃

周秦人所引湯誓居然有出今文外者、其為別自一

篇、而非今湯誓中佚語、概可知也。先儒竟合之過矣。

今先采摭其辭、具列如左、

（論語堯曰篇）曰予小子履敢用玄牡敢昭告於皇皇后

帝　白虎通三軍篇引作皇天上帝帝又三正篇引作皇王后帝有罪不敢赦帝臣不敢

湯誓上　一 $\quad$ 墨梅盦刻本

《尚書逸湯誓考》卷上卷端

19

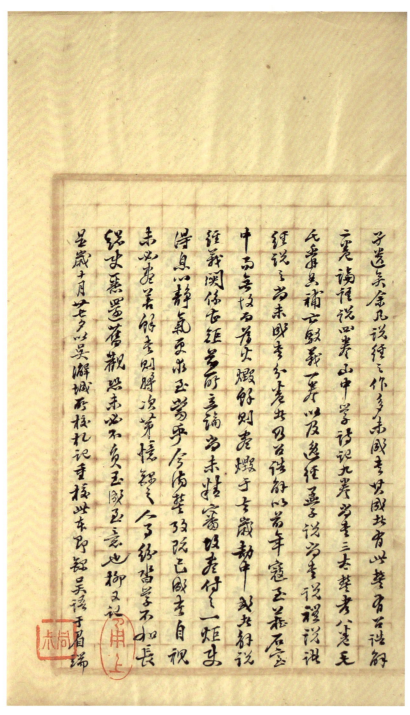

《尚書逸湯誓考》徐時棟跋

湯誓下兩卷。卷上有周秦古書引逸湯誓文第一、逸誓非伐桀之誓第二、逸誓以禱旱而作第三、禱亦稱誓第四、商書有二湯誓第五、墨子稱逸湯誓爲湯説第六、僞湯誥之妄第七，卷下有今定逸湯誓并疏證第八。後又在原稿基礎上，將卷次做了調整，把"商書有二湯誓第五"之下的內容作爲第二卷，把"今定逸湯誓并疏證第八"分爲上下兩篇，上篇作爲卷三，下篇作爲卷四。

卷前"鎮海吳澥成書"修改爲"鎮海吳澥成籤校并書"，旁有修改意見："當作逸湯誓考附録。"并在原稿之上添加了乙丑（1865）五月二十日著者自叙，"諸君不弃鄙著，蒙惠籤校，愛我甚深"云云。

鈐有徐時棟"柳泉""甬上""同卡"諸印。《中國古籍善本書目》經部第1121條著録此書，題名作"尚書逸湯誓考四卷"。

尚書逸湯誓考四卷附録一卷

　　清徐時棟撰。一册。同治三年（1864）烟嶼樓二次稿本。版框高19.2厘米，廣14.1厘米，上下黑口，雙對黑魚尾，左右雙邊，半葉十行，行二十一字，小字雙行同。紅格。版心鐫"烟嶼樓初本"。卷端題"鄞徐時棟同叔學，男隆壽平甫校字"。附録有清吴澥成序，及同治二年（1863）九月和同治三年（1864）七月作者自序。清廉鍔題跋，清劉鳳章批注。馮氏伏跗室舊藏。

　　徐時棟生平見上條。

　　此書有塗抹修改痕迹，具有稿本的版本形態。此稿在原來二卷本的基礎上，將之按照修改與添補的意見改成四卷本。即第一卷包括周秦古書引逸湯誓文、逸誓非伐桀之誓、逸誓以禱旱而作、禱亦稱誓四部分内容，第二卷包括商書有二湯誓、墨子稱逸湯誓爲湯説、僞湯誥之妄三部分内容，第三卷爲今定逸湯誓并疏證上篇，第四卷爲今定逸湯誓并疏證下篇。然後把吴澥成簽校之内容作爲附録放在卷末，并略有修改。

　　卷中有黄紙簽條幾十紙，乃劉鳳章所簽注。卷二添加了徐時棟甲子（1864）十二月十三夕記。

　　《中國古籍善本書目》經部第 1122 條著録此書。

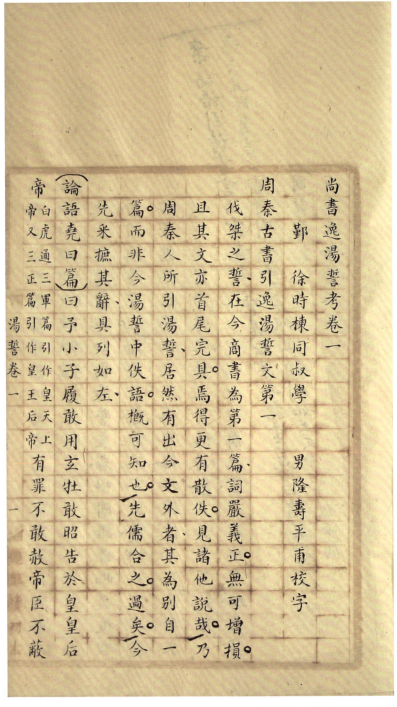

尚書逸湯誓考卷一

鄞　徐時棟同叔學

男　隆壽平甫校字

周秦古書引逸湯誓文第一

伐桀之誓在今商書為第一篇，詞嚴義正，無可增損。

周秦人所引湯誓居然有出今文外者，其為別自一

且其文亦首尾完具，焉得更有散佚，見諸他說哉，乃

篇。而非今湯誓中佚語，概可知也。先儒合之，過矣。今

先采摭其辭具列如左。

(論語堯曰篇)曰予小子履敢用玄牡敢昭告於皇皇后

帝帝又有罪不敢赦帝臣不蔽

白虎通三軍篇引作皇天上帝有罪一不敢赦

又三正篇引作皇王后帝

湯誓卷一

《尚書逸湯誓考》卷一卷端

23

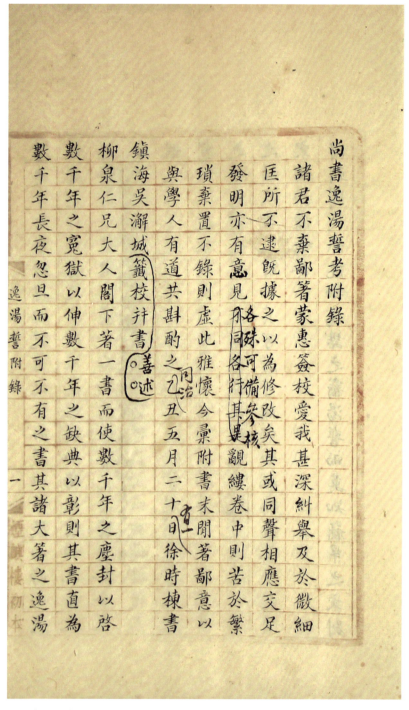

尚書逸湯誓考附錄

諸君不棄鄙箸蒙惠簽校愛我甚深糾舉及於微細

匡所不逮旣據之以爲修改矣其或同聲相應交足

瑣棄置不錄則虛此雅懷今彙附書末閒箸鄙意以

發明亦有意見亦各行其是

與學人有道共斟酌之乙丑五月二十日徐時棟書

鎮海吳澥城簽校幷書 善述 同治

柳泉仁兄大人閣下著一書而使數千年之塵封以啟

數千年之寬獄以伸數千年之缺典以彰則其書直爲

數千年長夜忽旦而不可不有之書其諸大箸之逸湯

《尚書逸湯誓考·附錄》卷端

24

尚書逸湯誓考六卷

　　清徐時棟撰。一册。同治十年（1871）烟嶼樓三次稿本。版框高19.2厘米，廣16.5厘米，上下黑口，雙對黑魚尾，左右雙邊，半葉十或十二行，行二十一字，小字雙行同。紅格、紫格兼有。版心鎸“烟嶼樓初本”。卷端題“鄞徐時棟同叔學，男隆壽平甫校字”。卷前有同治十年（1871）十一月同縣董沛序、十二月鎮海弟子陳繼聰序。卷四末有著者記：“辛未十一月十四夕柳泉重定此卷。”馮氏伏跗室舊藏。

　　徐時棟生平見《尚書逸湯誓考》二卷條。

　　此稿在上一稿的基礎上添加了較多的内容，尤其完善了前四卷的内容，基本奠定了六卷本的面貌。

　　此稿最大的改動在於把原稿卷前的序目，即序、目、後序的内容整合爲序録篇第九，然後把原來的附録，即諸君的簽校作爲獨立篇章，并把前稿卷前之吳澥成所作之序放至《校勘篇》，統一作爲《校勘篇第十》，并注明“鎮海吳君簽校并書，平湖葉君簽校并札，同縣劉君簽校并跋”，表示“君子不貪人之功”。如果没有此稿本，我們無法得知此卷内容的具體來歷。可以説正是這一中間稿本形態的存在爲我們瞭解此稿的形成過程提供了直接的證據。

　　此外，此稿還在每卷卷端用紫色的套格紙添加了卷下所繫的小題名。這是其在格式上較上一稿本的最大變動。《中國古籍善本書目》經部第1123條著録此書。

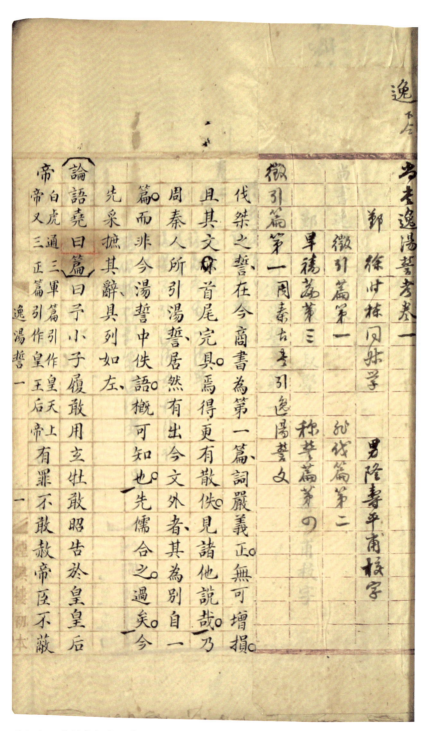

尚書逸湯誓考卷一

鄞　徐時棟　同學　男隆壽平甫校字

微引篇第一　周秦古經引逸湯誓文
畢誓篇第三
微引篇第一
牧誓篇第二

伐桀之誓，在今商書為第一篇，詞嚴義正，無可增損。
且其文首尾完具，焉得更有散佚見諸他說哉。乃
周秦人所引湯誓，居然有出今文外者，其為別自一
篇而非今湯誓中佚語，概可知也。先儒合之過矣。今
先采掇其辭，具列如左。

〔論語堯曰篇〕曰：予小子履，敢用玄牡，敢昭告於皇皇后
帝　白虎通三軍篇引作皇天上帝　帝臣不蔽
帝又三正篇引作皇王后帝　有罪不敢赦，帝臣不蔽

《尚書逸湯誓考》卷一卷端

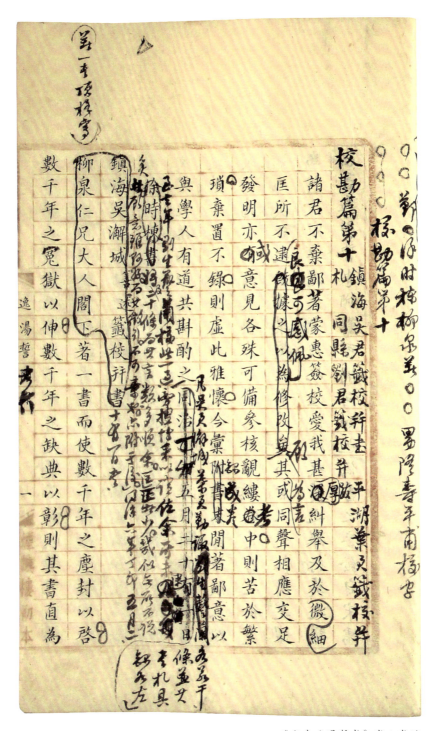

尚書逸湯誓考六卷

　　清徐時棟撰。一册。同治十年（1871）烟嶼樓修訂稿本。版框高
19.2厘米，廣14.1厘米，上下黑口，雙對黑魚尾，左右雙邊，半葉十行，
行二十一字，小字雙行同。紫格。版心鎸“烟嶼樓初本”。卷端題“鄞
徐時棟同叔學，男隆壽平甫校字”。卷前有同治十年（1871）十一月同
縣董沛序、十二月鎮海弟子陳繼聰序。馮氏伏跗室舊藏。

　　徐時棟生平見《尚書逸湯誓考》二卷條。

　　本稿在體例上做了整飭工作，且每一篇有了小題名，內容已經趨於
完善。卷一有四篇，即《徵引篇》，周秦古書引逸湯誓文；《非伐篇》，
論“逸湯誓非伐桀之誓”；《旱禱篇》，論“逸湯誓以禱旱而作”；《稱
誓篇》，論“禱亦稱誓”。卷二有三篇，即《兩同篇》，論“商書有二
湯誓”；《湯説篇》，論“墨子引逸湯誓稱湯説”；《僞誥篇》，論“僞
湯誥剽竊逸湯誓之妄”。卷三、卷四同爲《考證篇》，考定逸湯誓并疏
證上下兩篇。卷五爲《序録篇》，即此書所有之序、後序、録。卷六爲《校
勘篇》。

　　此稿爲待刊稿本。除了把上一稿草書添加、修改的內容抄録工整外，
在天頭地脚以及邊欄處還新增了一些具體而微的意見，比如“中縫逸湯
誓考陳序”，意指在刊刻時需要在版心刻上“逸湯誓考陳序”這幾個字。
還有一些筆畫繁複的字，則在天頭處以較大字形寫出，當是爲了刊刻時
筆畫不苟而專門録寫的。另外，每卷卷末寫有“空三行”，或者某字以
下有“另起一行”這樣刊刻格式的要求，天頭處還有對頁碼進行的統計，
這些都爲待刊稿本的形態。

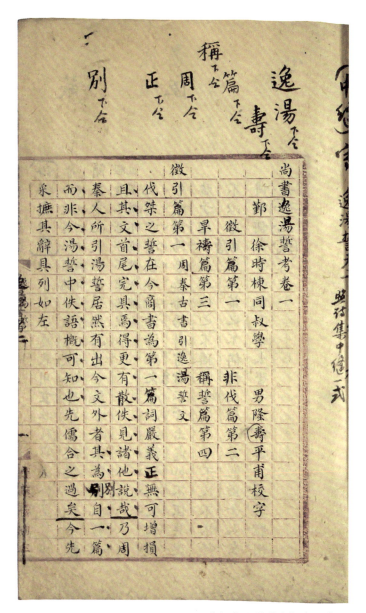

《尚書逸湯誓考》卷一卷端

　　此書有同治十一年（1872）城西草堂刻本，刻本便是在此修訂稿本的基礎上刊刻行世的。1996年上海古籍出版社《續修四庫全書》即以此刻本爲底本。《中國古籍善本書目》經部第1124條著録此書。

沈氏詩醒八牋二十五卷

　　清沈冰壺撰。存二十卷：一至十、十五至二十三、二十五。三十六册。
謄清稿本。版框高 21.0 厘米，廣 15.0 厘米，白口，單黑魚尾，四周雙邊，
半葉十一行，行二十四字，小字雙行同。卷端題"山陰學子沈冰壺述，
男旭葵校字"。卷前有著者自序。朱氏别宥齋舊藏。

　　沈冰壺，字玉心（一作心玉、清玉），號梅史，浙江山陰人。貢生。
《晚晴簃詩彙》云："（沈冰壺）乾隆丙辰舉博學鴻詞。有《古調自彈集》。
詩話：梅史沈酣群籍，家貧無書，恒借書縱覽，窮經考史，尤熟於明季
遺聞。詩善議論，不工近體。"[1]

　　卷前自序詳細叙述了沈氏作此書的緣由爲"旁搜博采，意欲打破門
户之見"，落款爲"清乾隆十六年歲次辛未仲春之月望後十日丙辰山陰
學子沈冰壺自題"。

　　卷前有《例言》八則，詳述此書撰述之義例。最末則有云："特初名《山
陰詩醒》易以'沈氏'者，不欲以一人之私著钀我千岩萬壑也。其曰八
牋者，標部署也，一曰比興，一曰分章，一曰標宗，一曰音義，一曰條旨，
一曰匡訛，一曰研故，一曰録剩。"是其例言之簡括者。

　　此書的結構是嚴格按照《例言》來排列的。如卷一爲《周南》十一
篇，先於卷一之前列"周南十一篇"并撰小序。然後從《關雎》篇開始，
按照比興、分章、標宗、音義、條旨、匡訛、研故、録剩的順序，依次
各單獨一行頂格標目，次行空一格抄録具體内容。卷二《召南》十四篇
也是同樣處理，條分縷析，綱舉目張，脉絡清晰，便於研讀。此書抄録
工整，鮮有校改，可目爲謄清稿本。浙江圖書館又有一部全帙無格稿本，

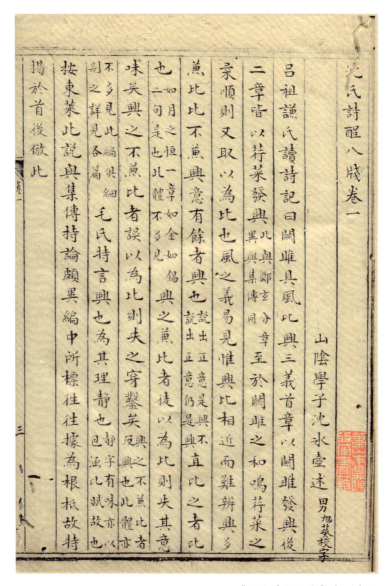

《沈氏詩醒八牋》卷一卷端

清沈復粲鳴野山房舊藏。此書未見刻本傳世。

　　鈐有藏書章"蕭山朱氏""鼎煦小印""蕭山朱鼎煦收藏書籍"。

注：①《晚晴簃詩彙》，徐世昌編，聞石點校，中華書局 1990 年版，第 3043 頁。

讀嚴氏詩緝一卷

清葉燕撰。一册。謄清稿本。版框高 18.8 厘米，廣 16.8 厘米，白口，單黑魚尾，四周單邊，半葉十二行，行字不等。紅格。卷端題“清慈溪葉燕白湖撰”。朱氏別宥齋舊藏。

葉燕，字載之，號白湖、鳴鶴山農，浙江慈溪人。嘉慶三年（1798）舉人。《兩浙著述考》收録葉燕之《毛詩解讀》：“此書載《慈志·藝文》。又有《讀嚴氏詩輯》《周禮集注》。均未見。”[1]閣藏稿本即此處所言未見之《讀嚴氏詩輯》。

此書是葉燕研讀嚴氏《詩緝》的心得之作。宋代嚴粲曾撰《詩緝》三十六卷，以明趙府味經堂刻本最著名，清代則有嘉慶十五年（1810）慈溪聽彝堂刻本，可見《詩緝》與慈溪頗有淵源。而葉氏作爲慈溪望族，關注《詩緝》也在情理之中。此稿按照《詩緝》的結構、章節逐一闡發。頂格列序目，低二格撰述心得。全書行楷抄録，精整不苟，可目爲葉氏謄清稿本。未見刻本行世。

鈐有著者名章“鳴鶴山農”“白湖”，藏書章“朱別宥收藏記”。《中國古籍善本書目》經部第 1457 條著録此書。

注：①《兩浙著述考》（上），第 275 頁。

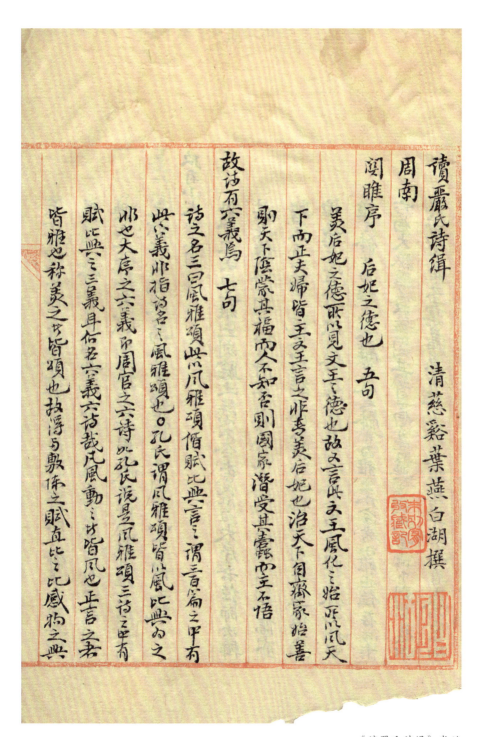

讀嚴氏詩緝　清慈谿葉燕白湖撰

周南

關雎序　后妃之德也　五句

美后妃之德也此以見文王之德也故又言此文王風化之始所以風天
下而正夫婦皆王者之事言之非專美后妃也治天下自齊家始善

嗣天下隂嘗其福又不知吾則國家潛受其蠹而主不悟

故詩有六義焉　七句

詩之名三曰風雅頌此以風雅頌循賦比興言之謂三者篇之中有

此六義非指詩名言之風雅頌也。孔氏謂風雅頌皆以風比興為之

非也大序之六義即周官之六詩以孔氏說則風雅頌三詩之中言有

賦比興之三義耳佰名六義六詩裁凡風動之此皆風也正言之者

皆雅也稱美之此皆頌也故淳与敷佈之賦直此之比感物之興

詩經輯解二十卷綱領一卷

清周道遵撰。十册。無框格，半葉九行，行二十二字。巾箱小本。馮氏伏跗室舊藏。

周道遵生平見《書經輯解》條。

此書卷前有《綱領》一卷，内容爲論作詩一則、論删詩五則、論傳詩源流四則、論六義三則、論四始一則、論詩樂四則、論篇次五則、論音韵三則、論讀詩之法五則、論詩序四則、論訛字一則、論注詩之名三則、附論三家詩一則。

此書正文體例與《書經輯解》相同，皆爲輯録各家《詩經》注解，所采舊解有宋嚴粲，明馮復京，清毛奇齡、萬經、方苞、江永、陳啓源、惠棟、姜炳璋、光聰諧等諸家之説。

鈐有“孟顗”“伏跗”兩印。《中國古籍善本書目》經部第 1478 條著録此書。

詩經輯解卷一

甬上周道遵述

大序

舊說起關睢之德也至用之邦國焉名關睢序謂之
小序自風之也訖末名為大序箋合為一云止是關
睢之序總論詩之綱領與大小之異孔穎達疏分為
十五節嚴粲詩緝分為十六節今從朱子集傳自詩
者志之所之也起訖詩之至也止題曰大序列於全
詩之首以明三百篇之大綱云

詩經輯解 卷一

一

《詩經輯解》卷一卷端

詩經纂不分卷

不著撰者。二册。無框格,半葉十行,行二十六字,小字雙行不等。朱氏别宥齋舊藏。

此書分裝二册,不分卷次。册一卷端次行題"國風",包括《周南》《召南》《邶》《鄘》《衛》《王》《鄭》《齊》《魏》《唐》《秦》《陳》《檜》《曹》《豳》十五國風。可是本册僅存《周南》至《豳風》八風,似爲殘卷。册二内容包括《周頌》《魯頌》《商頌》三部分。此書的體例是先頂格書《詩經》正文,低二格章句,闡發詩句之大旨。偶有雙行小字釋字者。天頭處偶有小字釋音者,如"藪音叟"之類。全文有朱筆圈點及朱筆改誤者,悉標於原字之右。

此書抄録精整,朱墨爛然,亦爲讀《詩》之一助。該書入選第四批《國家珍貴古籍名録》,版本著録爲"邵晋涵稿本"。按,此書鈐有邵晋涵名章"晋涵之印""邵氏二雲"及閑章"我心舄兮",但以上諸印與閣藏《解學士文集》所鈐邵晋涵印不同,疑僞。故此書爲邵晋涵稿本存疑。

鈐有藏書章"蕭山朱鼎煦收藏書籍""别宥齋""蕭山朱家壇太平橋人""别宥""鼎煦"。

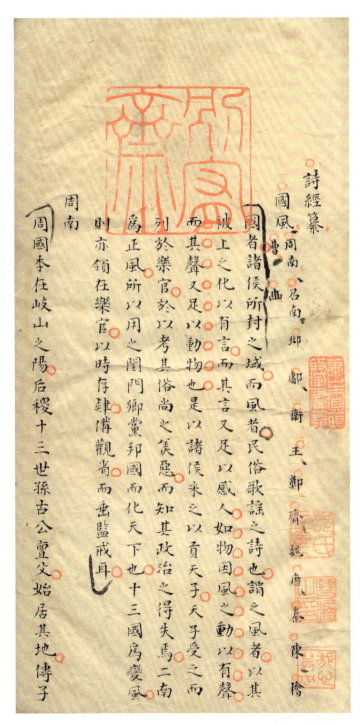

詩經纂

國風一同南、召南、邶、鄘、衛、王、鄭、齊、魏、唐、秦、陳、檜

國者諸侯所封之域而風者民俗歌謠之詩也謂之風者以其
被上之化以有言而其言又足以感人如物因風之動以有聲
而其聲又足以動物也是以諸侯采之以貢天子天子受之而
列於樂官於以考其俗尚之美惡而知其政治之得失焉二南
為正風所以用之閨門鄉黨邦國而化天下也十三國為變風
則亦領在樂官以時存肄備觀省而垂監戒耳

周南
周國本在岐山之陽后稷十三世孫古公亶父始居其地傳子

《詩經纂》卷端

37

周禮摘要二卷

清儲欣撰，清王昶批注。二冊。無框格，半葉六行，行二十字。卷端題"宜興儲氏定本"。清竹嶼氏題跋。此書爲甬上藏書家孫家湝蝸寄廬舊藏。

儲欣（1631—1706），字同人，江蘇宜興人。康熙二十九年（1690）舉人。著有《唐宋十大家全集録》《春秋指掌》《在陸草堂文集》等。王昶（1725—1806），字德甫，號述庵，又號蘭泉，江蘇青浦人。乾隆十九年（1754）進士，歸入選班，歷任吏部員外郎、按察使、布政使、刑部右侍郎等職。曾參與編纂《大清一統志》《續三通》等書。精經學、金石，編有《金石萃編》，著有《春融堂集》。工於詩詞古文，輯有《明詞綜》《國朝詞綜》《湖海詩傳》等①。

此書抄寫整飭，上有大量朱筆批注，或注音或釋義或章句。其中正文旁逸斜出者爲釋字，如"太宰之職掌建邦之六典"條，"典"字旁朱筆小注云"常也"。又如"庖人掌共六畜"條，"腒"旁朱筆注"干雉"，"鱐"字旁朱筆注"干魚"。天頭處朱筆批語，有釋字者，如某字同某字；有注音者，如"腒音渠，鱐音搜，臊音騷"等。天頭處還有一類較長之批語"某某曰"，皆爲援引他説以申明《周禮》本經之句義者。如"食醫條"之上朱批："黄氏曰，牛羊犬豕雁魚，天產也，所以養精；稻黍稷粱麥菰，地產也，所以養形。精不養則氣衰，形不養則氣殆也……"其他亦類此。除了引宋黄度之説，亦有援引宋王安石、陳襄、朱熹、吕祖謙、葉時、陸佃，明魏校，并《春秋尊王發微》《周禮注疏合解》等諸家之説者。

此書卷末有記："乾隆四十九年歲次甲辰閏三月十有七日書竟，

竹嶼氏手録。"據此，本書版本似爲乾隆竹嶼氏抄本，但因有王昶朱
筆批注，燦然可觀，亦可視爲王昶批注稿本。竹嶼氏，疑爲王鳳生。
王鳳生（1776—1834），號竹嶼，安徽婺源人。嘉慶間入貲爲浙江通
判，纍遷至兩淮鹽運使。王氏篤好圖志，仕宦所至，搜集資料，從事
著述，有《浙西水利圖説備考》《江淮河運圖》《河北采風録》《江
漢宣防備考》等②。

　　王昶存世批校本另有浙江圖書館藏清初毛氏汲古閣刻《説文解字》，
字體風格和此本相類。亦有"青浦王昶""經訓堂王氏之印"二印。
王昶也刻印過書籍，嘉慶七年（1802）青浦王氏三泖漁莊刻《詞綜》
三十八卷，嘉慶八年（1803）三泖漁莊刻《湖海詩傳》，嘉慶十年（1805）
青浦王氏經訓堂刊《金石萃編》，三書皆爲清代名刻。

　　鈐有"憲文""小李""青浦王昶""經訓堂王氏之印"諸印。

注：①《文獻家通考》，鄭偉章著，中華書局 1999 年版，第 316 頁。
　　②《續碑傳集》，（清）繆荃孫編，上海古籍出版社 1988 年版，卷三十四。

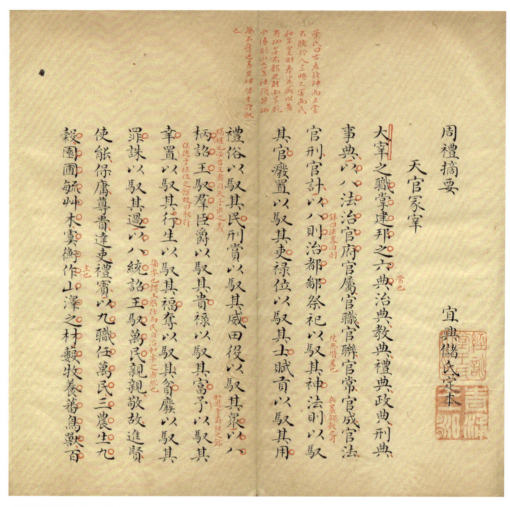

周禮摘要

天官冢宰

宜典儲氏定本

大宰之職掌建邦之六典治典教典禮典政典刑典
事典以八法治官府官屬官聯官常官成官法
官刑官計以八則治都鄙祭祀以馭其神法則以馭
其官廢置以馭其吏祿位以馭其士賦貢以馭其用
禮俗以馭其民刑賞以馭其威田役以馭其眾
柄詔王馭群臣爵以馭其貴祿以馭其富予以馭其
幸置以馭其行生以馭其福奪以馭其貧廢以馭其
罪誅以馭其過以八統詔王馭萬民親親敬故進賢
使能保庸尊貴達吏禮賓以九職任萬民三農生九
穀園圃毓州木雲衡作山澤之材藪牧養蕃鳥獸百

《周禮摘要》卷一卷端

禮記纂類三十六卷

　　清王鍾毅撰，清王師楷訂。四册。謄清稿本。版框高 19.9 厘米，廣 15.8 厘米，白口，單黑魚尾，左右雙邊，半葉九行，行二十字，小字雙行同。卷端題“雲間王鍾毅遠生父纂，孫男師楷叔則氏訂”。卷前有王鍾毅自序。馮氏伏跗室舊藏。

　　王鍾毅，字遠生，江蘇華亭人。順治十八年（1661）恩貢。著有《詩經比興全義》。嘉慶《松江府志》卷五十六有傳。王師楷，字叔則。鍾毅孫。

　　卷前有康熙己未（1679）署名爲“忍山老人王鍾毅”自序《禮記纂類述意》，曰：“《易》《詩》《書》《春秋》皆不可斷割分類，獨《禮經》爲諸儒所記，雜出不倫，故便於纂輯，余因以類分之。”因此，此書把《禮記》分三十六類，有禮樂、樂、禮、德行、容儀、教學、子道、弟道、教子、君道、臣道、親道、養老、鄉飲酒禮、政令、爵禄、刑罰、國用、朝會、燕禮、聘禮、冠禮、昏禮、喪禮、祭祀、檀弓、賓主、飲食、饋獻、辭命、卜筮、射禮、投壺、御車、田獵、行師。每類下又有小題名，爲《禮記》分篇之屬，繫於類目之下。每句下又有注解，或爲釋字，或爲句解。天頭又有單字釋音，如“某字音某字”或“某字某聲”之類；或者爲校勘，如“某字作某字”之類。

　　此書爲謄清待刊稿本。鈐“和中”“王崐之印”兩印。《中國古籍善本書目》經部第 2039 條著録此書，版本爲“清抄本”。

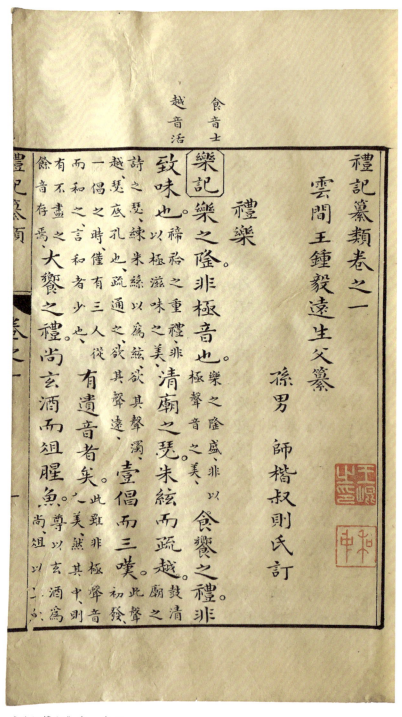

禮記纂類卷之一

雲間王鍾毅遠生父纂

孫男　師楷叔則氏訂

禮樂

樂記

樂之隆，非極音也。禮之隆，非以極聲音之美、

致味也。

禘祫之重禮、非極滋味之美。清廟之瑟，朱絃而疏越，

壹倡而三嘆，有遺音者矣。大饗之禮、尚玄酒而俎腥魚

食饗之禮，非

《禮記纂類》卷一卷端

夏小正求是四卷

　　清姚燮撰。一册。咸豐十一年（1861）手稿本。版框高 18.3 厘米，廣 13.0 厘米，上下黑口，單黑魚尾，左右雙邊，半葉十一行，行字不等。版心鐫“上湖草堂”。馮氏伏跗室舊藏。

　　姚燮生平見《胡氏禹貢錐指勘補》條。

　　《夏小正》乃《大戴禮記》之分篇。清代學者專門獨立研究它，出現了諸如輯注、考注、補注、箋釋、集解、集説、逸文等各種形式的著作。

　　此書封面有姚燮題字“夏小正求是四卷，辛酉九月復翁手録稿”。卷端題“所記者小，亦足取正，故曰‘小正’”。卷前有《引據各本書目述略》，詳述宋元明清以來《夏小正》研究之著述，介紹其版本、作者及點評。取歷代諸家有關《夏小正》之著述，從宋傅崧卿《夏小正戴氏傳》、韓元吉《大戴禮記》、朱熹《夏小正》、王應麟《夏小正》，到元金履祥《夏小正注》，到明楊慎《夏小正解》、王廷相《夏小正集解》、沈泰《大戴禮記》、朱養純《大戴禮記》、潘基慶《夏小正》、董斯張《夏小正》、朱斯行《夏小正解》、陳深《夏小正》，乃至清武英殿《大戴禮記》，以及徐世溥、馬驌、黃叔琳、姜兆錫、諸錦、范家相、盧見曾、秦蕙田、畢沅、梁萬方、季楚珩、孔廣森、汪照、任兆麟、顧問、孫星衍、李調元、李聿求、黃模、洪震煊、陸雲錦、胡重、孫熹等關於《夏小正》的研究著作，計有三十七家之説。全書體例謹然，每個條目下都引用證據駁斥前人妄説之處。有別義可以獨出心裁的，則另以別義出之。

　　全書勘正前人之説多達一百二十八條。分四卷，每條繫以月下，每卷有三個月份。其中卷一：正月二十四條、二月十四條、三月十五條，

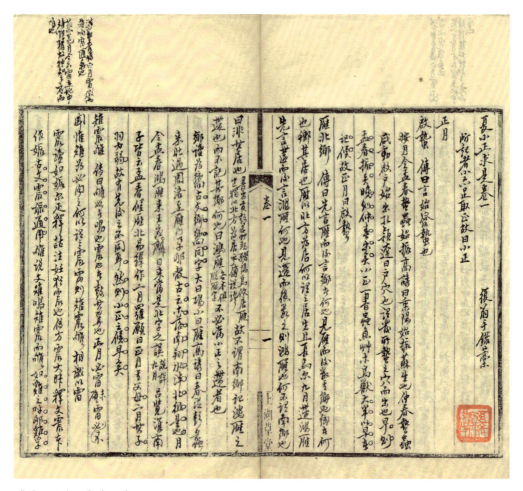

《夏小正求是》卷一卷端

卷二：四月十條、五月十七條、六月三條，卷三：七月十一條、八月九條、九月九條，卷四：十月六條、十一月四條、十二月六條。

鈐有著者名章"復道人""大梅先生"。《中國古籍善本書目》經部第2154條著錄此書。《叢書集成續編》《四明叢書》第七集收錄此書。

五禮異義不分卷

清黃式三撰，清黃以周增删。一册。手稿本。無框格，半葉十行，行三十六至四十字不等。朱氏别宥齋舊藏。

黄式三、黄以周生平見《易釋》條。

此書卷前有跋云："道必宗經，訓必式古，不敢自矜獨得也，乃作《經典通詁》。禮必稱先，説必則古，不敢妄作臆説也，乃作《經禮通詁》。"

此書内容爲名物考釋，似有未完備處，有廟祭（與廟制合爲一類，爲上下卷）、朝、即位禮、射儀、射總説、聘禮、燕食饗禮、官制、賦役補、樂、酒食、輅車、服制、宗法、學校（未完）、會盟（未完）、選舉（未完）、玉器、禮器。定海黄氏父子爲晚清經學大師，黄以周尤以精通禮學著稱，其《禮書通故》被稱爲集兩千年禮學之大成。此稿爲其父子之禮學著作，《儆居遺書》未收録。書中另夾有《何松致黄以周書》一通，信札背面爲《五禮異義》之正文内容。

鈐有"朱家""鼎煦"兩印。《中國古籍善本書目》經部第 2242 條著録此書，著録作者爲"清黄以周撰"。

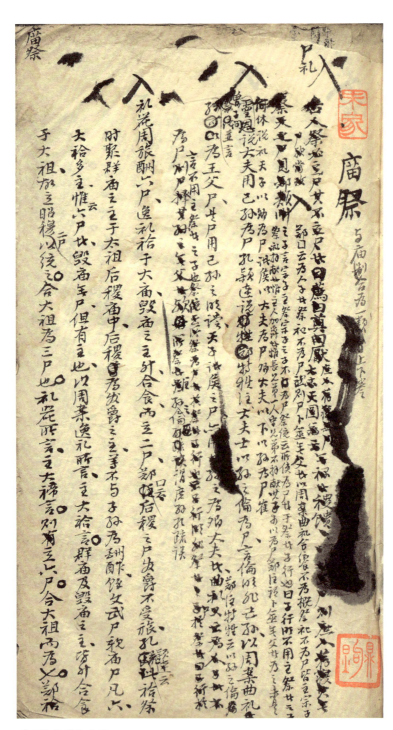

《五禮異義》卷端

古樂書二卷

　　清應撝謙撰。存一卷：上。一册。無框格，半葉十行，行二十五字。卷前有清方芸蓀序、著者自序。清朱劍芝題簽。朱氏別宥齋舊藏。

　　應撝謙（1619—1687），字嗣寅，號潛齋，浙江仁和人。明諸生。康熙十七年（1678），舉博學鴻詞，稱病不行，乃免徵，唯以讀書授徒爲樂。平生不喜陸王之學，於程朱亦不盡同。著作多達十餘種，有《周易集解》《詩傳翼》《書傳拾遺》《春秋傳考》《禮樂彙編》《論孟拾遺》《學庸本義》《孝經辨定》《幼學蒙養編》《朱子集要》《潛齋集》《教養全書》《性理大中》等等。《古樂書》卷前録有《應潛齋先生事略》一篇，叙述應氏生平頗詳。

　　《古樂書》抄本由浙江巡撫采進，被《四庫全書》所收録。《四庫全書簡明目録》云："上卷論律吕本原，大旨本蔡氏《新書》，而參以朱子及注疏之説。下卷論樂器制度，則本陳祥道《禮書》及李之藻《頖宫禮樂疏》者爲多，雖未精博，尚爲簡核。"①

　　《浙江采集遺書總録》云："古樂書二卷，寫本。國朝應撝謙撰。總論音樂大義，而附以圖説。共二十四篇。"②此本僅存上卷，有十二篇：律原、黄鍾、尺度、黄鍾之實、黄鍾生十一律、黄鍾生正律蕤賓生變律圖説、正律生四清律法、五音七音辨、六十聲圖、八十四聲圖、候氣、歌聲詩譜。

　　該書卷端鈐有"撝謙"之印，當爲應撝謙稿本。方芸蓀序云："天禄徵藏，僅傳寫本，輾轉訛奪，落葉滋繁。吾黨朱君劍芝夐於冷攤搜得遺稿上卷一册，舊爲何夢華元錫珍賞，雙印爛然。雖非全璧，要爲至寶。爰就閣本校之，凡厥异同，載於眉端，而亟排印以傳。"可見此書曾爲

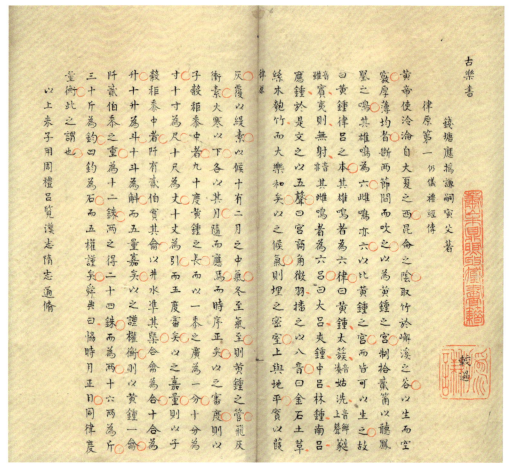

《古樂書》卷上卷端

乾嘉學人何夢華所藏，後朱劍芝得之。

　　鈐有"進德修業""撝謙""何印元錫""朱景彝印""朱別宥收藏記"
諸印。《中國古籍善本書目》經部第 2373 條著録此書。

注：①《四庫全書簡明目録》，（清）永瑢編，上海科學技術文獻出版社 2016 年版，第 108 頁。
　　②《浙江采集遺書總録》，（清）沈初等撰，上海古籍出版社 2010 年版，第 134 頁。

春秋輯解十二卷首一卷

清周道遵撰。六册。無框格,半葉九行,行二十二字。馮氏伏跗室舊藏。
周道遵生平見《書經輯解》條。
此書卷前有作者所撰《例言》,曰:

> 是書體例亦仿《嚴氏詩緝》,經文之後詳加注解,其有先
> 儒是非不及在注中辨明者,即於注後另載,所以避混雜也。或
> 采名家成説,則注明某某説或成説。未安之處不無删節則不注
> 明姓名,誠恐以私意改削前人著作,難免鹵莽之咎。是書注解
> 會集先儒之説,未嘗專主一家。唯《直解》及顧氏《春秋大事表》
> 所采最多,其有可證明注解而不可據作辨論者,則用小字在注
> 下分兩行寫,亦閱者之一助云……《春秋》閏月、《杜氏長曆》
> 尚有錯誤,顧氏《朔閏表》悉爲辨正,是集采而分載於各年之
> 後……是書於列國地名,亦本顧氏《大事表》,間有顧氏不合
> 而某氏合者,即采某氏之説……是書繼《爾雅》《書》《詩》
> 輯解而作,閱五載始成……佩斯氏識。

卷首爲《綱領》一卷,《綱領》後附載先儒有關《春秋》之書目,
搜羅全備,從《春秋》三傳到後世漢唐宋元明清各家注釋、著述等多達
百餘家,可見其治《春秋》之深厚功力。
本書體例和其所撰《書經輯解》《詩經輯解》一樣,也是搜集諸家
先賢注解春秋之成果,彙集一帙,所采有元汪克寬,清萬斯大、《欽定
春秋傳説彙纂》、《御纂春秋直解》、顧棟高、董炳璋等諸家之説。《中
國古籍善本書目》經部第 3034 條著録此書,題名爲"春秋輯解十二卷"。

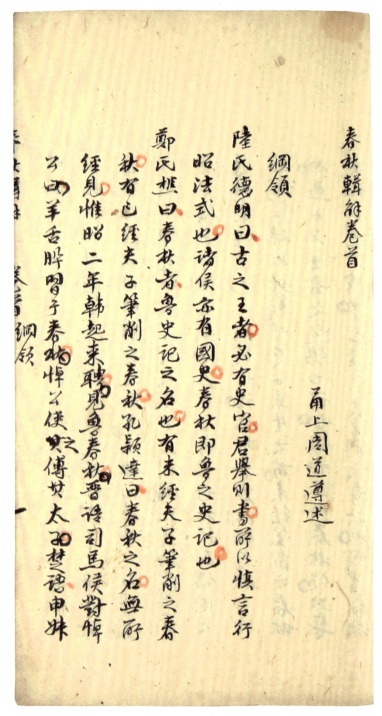

《春秋輯解》卷首卷端

春秋輯解卷一

甫上周道導述

已未平王四十有九年 在位五十有一年孫桓王立

春秋為尊王而作兩用魯紀年者本魯史也後人因以

干支與天王之年冠其上其意善矣第經所無而增之

則混經且魯之之年大書而王年分注豈聖人尊之之

意哉今從春秋直解特立五年於魯君元年之前而大

書之所以別經也柳仍著尊王之義不失聖人之旨云

隱公 元年

春大年解 長中隱云 元年

潏

《春秋輯解》卷一卷端

51

彙鐫論語密解大全十卷

　　清姚循德輯。存八卷：一至四、七至十。四册。無框格，半葉十行，行三十字，小字雙行同。書根處題“子、丑、寅、卯”地支編號。卷端題“甬上姚循德秉彝甫纂輯，受業諸子同參”。馮氏伏跗室舊藏。

　　姚循德，字秉彝，浙江鄞縣人。此書體例先句解，次全旨，次節義，次析義，蓋教授諸子之書。所引用資料有宋胡寅、黃幹、饒魯、輔廣，元程復心、許謙、熊禾、陳櫟、馮椅，及《四書蒙引》《四書淺説》《四書大全説約合參正解》《四書彙解》《四書翼注論文》等諸家之説。

　　此書抄録精整，朱墨批點，燦然可觀，或爲待刊稿本。然避諱極不嚴格，“慎”“丘”“弘”未見避諱。

　　鈐有著者名章“秉彝”“姚印循德”，及清吳雲“百二蘭亭室”收藏印。《中國古籍善本書目》經部第 3178 條著録此書，題名爲“論語密解大全十卷”。

彙鐫論語密解大全卷之一

甬上姚循德秉羹甫纂輯

受業諸子同泰

子曰學而時習之不亦說乎○學之為言效也

性皆善而覺有先後後覺者必效先覺之所為

乃可以明善而復其初也○習鳥數飛也學之

不已如鳥數飛也說喜意也既學而又時時習之則所學者熟而中心喜說其進自不能已矣

程子曰習重習也時復思繹浹

洽於中則說也

於是不曾習不見得好此一句却係切己用功處

若未入只是外面濕裏面乾必

彙鐫孟子密觧大全七卷

清姚循德輯。七册。無框格，半葉十行，行三十字，小字雙行同。書根處題“辰、巳、午、未、申、酉、戌、亥”地支編號。卷端題“甬上姚循德秉彝甫輯録，受業三茅王起家亢宗、古越徐尹越卓如、古菫蕭學夔同參”。清六峰子題跋。馮氏伏跗室舊藏。

姚循德生平見上條。

六峰子草書手跋曰：“毛穎與絳人陳玄、弘農陶弘、會稽褚先生友善，出處必偕，造五鳳樓，篆鳥迹魚文，掃千軍，如走龍蛇。兹恐污乎垃圾，貯之筐筥，不可投於壬癸，當付之於丙丁。”

此書和《論語密解》開本、鈐印都相同，體例亦相同。所引用資料有元許謙，明胡雲峰、顧麟士，清仇兆鰲、鄭梁，及《四書翼注論文》等諸家之説。

鈐有姚循德名章“秉彝”“姚印循德”，及清吳雲“百二蘭亭室”收藏印。

彙鐫孟子密觧大全卷之一

甬上姚循德秉彝甫輯錄

受業　古越　徐丹越卓如

　　　古董　蕭學夔　全泰

　　　三茅　王起家元宗

孟子見梁惠王〇梁惠王魏侯罃也都大梁趙氏曰按魏初都安邑在漢河東

屬郡浚儀僭稱王書許氏曰孟子至梁時魏為侯此章稱之為王乃著書之時追

儀縣

諡曰惠、魏武侯擊之子也其先周至徐州之會則王之號通于天下矣

悼子生魏絳絳生魏嬴公代霍有功封于魏為大夫萬世晉獻

子共威知伯分其地桓子之孫曰文侯斯生武侯武侯生惠

史記惠王三十五年甲禮厚幣以招賢者而孟軻至梁當時鄒衍淳

全旨　此章只重在仁義上所利言仁義是孟子一生學問一生經濟故於首篇

發之何必曰節一章之綱領四節節深言求利之害五節決言仁義之利末

《彙鐫孟子密觧大全》卷一卷端

55

孟子章指一卷

　　漢趙岐撰，清周廣業輯。二册。無框格，半葉九行，行二十一字，小字雙行同。卷端題"漢趙岐著，海寧後學周廣業校"。卷前有校者自序，卷末有校者識。朱氏別宥齋舊藏。

　　趙岐（約108—201），初名嘉，字臺卿，改字邠卿，陝西咸陽人。東漢學者。多所述作，著《孟子章句》《三輔決録》傳於時。事迹見《後漢書》卷六十四[①]。周廣業（1730—1798），字勤補（圃），號耕厓，浙江海寧人。乾隆三十三年（1768）鄉試副榜，十五年後，乾隆四十八年（1783）方登舉。廣業功名不順，遂北上至都，時方纂《四庫全書》，館閣諸公爭相延聘任校勘之職。後由安徽巡撫朱筠推薦主講安徽廣德書院，兼修州志。民國《海寧州志稿》卷二十九有傳。廣業生平邃於經學，尤精論史，所著書數十種，有《季漢官爵考》《經史避名諱考》《蓬廬詩文鈔》等，以《孟子四考》爲最著。

　　自序詳細叙述撰寫此書的淵源來歷，對認識此書的價值有重要意義。序云：

　　　　漢儒治經，傳説微，故爲書滿家，而章指名例實始邠卿注《孟》，所以抉往哲之心源，發全篇之歸趣者，厥功偉矣。唐宋已還，謬爲陸善經所削偽疏，復任意撝扯，時方不尚趙注，莫之或非也。幸舊本尚存，好古者多爲寫刻，其學得不絕。先是綠飲鮑君有汲古注疏校本，其硃筆添改悉依宋槧，兼證以小字宋本廖本，眉載章指全文。辛丑秋余既借抄成帙，續得山井鼎、物觀《七經孟子考文補遺》孔氏、韓氏兩新刻本，參校異同，

《孟子章指》卷端

文益粲然。晴窗展誦，不特七篇大指若網在綱，而辭義簡當，音韵古雅，亦東京佳小品也。夫章別其指，題辭既自言之，而每章之標目又頗繁而不殺，蓋於訓詁之外別成一體，故《文選》《後漢書》諸注所引，往往章指與章句各出自僞疏，割裂其句，繫諸各卷之首、每章之末，或且混入注中，後之刊注疏者又未能追錄原文以究其失，讀者憒焉。茲特揭出單行以快先睹之目，至徵述古事，如禹稷駢躓、隰朋不及黃帝之類，本非隱僻而疏解支離，反誤來學。

鈐有"蕭山朱鼎煦收藏書籍"諸印。《中國古籍善本書目》經部第3198條著錄此書。

注：①《中國文學大辭典（修訂本）》，錢仲聯等主編，上海辭書出版社2000年版，第12頁。

孟子四考四卷

　　清周廣業撰。四冊。乾隆六十年（1795）稿本。無框格，半葉九行，行二十一字，小字雙行同。其中《古注考》冊版心處寫有"省吾廬"字樣。卷端題"海寧周廣業述"。卷前有清吳省欽、朱珪序，及著者自序。清朱珪題跋。朱氏別宥齋舊藏。

　　周廣業生平見上條。

　　乾隆五十年（1785）吳省欽序云："海寧周耕厓廣業樸學覃思，言必徵信，茲出《孟子四考》一編，曰逸文、曰異本、曰古注、曰出處時地……是書多引宋以前書，予以近賢之説有可采，故約舉之。"

　　乾隆五十五年（1790）朱珪序云："海寧周君耕厓博學嗜古，兼綜諸家，於孟氏之學致力尤邃。著《孟子四考》一書，首曰'逸文考'，博采諸書逸文之不在七篇内者，比虞永興、陳心叔所録，不啻倍之。次曰'異本考'，刺取諸家所引，以較今本異同，又有宋及足利諸本參訂之。次曰'古注考'，以諸書較今趙注之訛，又裒輯劉熙、綦毋邃等注，舊説極多。次曰'出處時地考'，蓋以史表爲不盡可據，因排齊梁滕薛等國游歷先後，以解應劭、衛嵩諸家聚訟之盤結焉。末復備録'章指篇叙'，加以校正，蓋至是而始還舊觀矣。"

　　此書經過朱筆校改，卷末有額外添加校字人姓氏，當爲刊刻前所添加，爲刊本之底本。書中"丘"作"邱"，"玄"缺筆，"寧"字不避諱。

　　此書有乾隆六十年（1795）周氏省吾廬刊本；又光緒十四年（1888）江陰南菁書院刊本；又刊入《皇清經解續編》。

　　鈐有“蕭山朱鼎煦收藏書籍”印。《中國古籍善本書目》經部第3239條著録此書。

孟子逸文考　　　　海寧周廣業輯

孟子曰今之學者其性善（見孟子性惡篇下同）

孟子曰今人之性善將皆失喪其性故也（揚子言其性則善字上當脫二字 應道傳孟子集注彙覺引脫喪字）

孟子曰人之性善（此句兩見 皇甫謐姚銑唐文粹 孟子荀子言）

孟子三見宣王陳王元雜記但作齊王（張存中孟子集注通證）而不言事門人曰昌為三遇

齊王而不言事（孟衍泰三遷志佚文引此 孟子曰）作弟子問曰何為不言 誤 孟子曰我

先攻其邪心（見荀子大畧篇）

陳氏雜記荀子前載有子思子二條孔叢子一條皆

思孟答問語堂孟子師事子思先儒雖有是說稽其

《孟子四考》卷一卷端

大傳管窺一卷孝經訂誤一卷大學釋疑録一卷中庸闡微説一卷

　　清殷欽坤撰。一册。無框格，半葉七行，行字不等。封面題"鄞殷陿殷西園手稿"。卷端題"西園未定解"。清徐時棟跋。朱氏別宥齋舊藏。

　　殷欽坤，字得明，號西園，浙江鄞縣人。諸生。著有《西園易學》等。此稿中的《大傳管窺》及《孝經訂誤》，以唐玄宗御注石臺本爲主，訂爲十章，不分經傳，并正其引詩之錯簡二，分章之錯簡二。《大學釋疑録》則以程朱改定《大學》不與古合，乃重訂之。《中庸闡微説》收入民國《鄞縣通志・文獻志》。可知殷氏於經學頗爲用功，此亦是其代表之作。此書在正文抄録基礎上，有大量的塗抹添改痕迹，特別是《孝經訂誤》以下諸文修改尤甚，旁逸斜出之補充添加頗多，具有典型的稿本形態。

　　此稿封頁有清同治七年（1868）徐時棟題跋云："同治七年六月十三日，其外孫徐卓人携至志局，爲重裝訂之。是夕徐柳泉記。"據朱鼎煦1937年《日記》[1]記載："十一月十六日，林集虛來售殷西園鄞人《易大傳管窺》《孝經訂誤》《大學釋疑録》《中庸闡微説》，斥二金得之。"可見此書流散及收藏之經過。

注：①《朱鼎煦日記》，朱鼎煦撰，稿本，藏寧波市天一閣博物館。

《大傳管窺》卷端

《孝經訂誤》卷端

《大學釋疑録》卷端

《中庸闡微説》卷端

經籍籑詁不分卷

清阮元籑。十册。版框高 13.9 厘米，廣 10.5 厘米，白口，無魚尾，四周單邊，半葉八行，行字不等，小字雙行不等。緑格。朱氏別宥齋舊藏。

阮元（1764—1849），字伯元，號芸臺，江蘇儀徵人。乾隆五十四年（1789）進士。提督山東、浙江學政，歷任兵部、禮部等侍郎，兩任會試副總裁。後又任河道總督，浙江、江西等省巡撫，湖廣、兩廣、雲貴總督，晚年爲體仁閣大學士。卒諡“文達”[1]。編校《皇清經解》《十三經注疏》等，曾主持編刻《天一閣書目》。其著作編入《揅經室集》。

此書卷端無題名。首册部分書葉的天頭較闊，上有墨筆纍纍，蓋爲修訂之語。

此書後世版本衆多，其中最著者爲嘉慶十七年（1812）揚州阮氏琅嬛仙館刻本。此外還有光緒十四年（1888）上海鴻寶齋石印本、光緒十四年鴻文書局石印本、光緒二十年（1894）上海點石齋石印本、民國上海文瑞樓影印本等各種印本。此本爲阮元之修改稿本，彌足珍貴。

鈐有“蕭山朱鼎煦收藏書籍”印。《中國古籍善本書目》經部第 4052 條著録此書。

注：①《揚州歷代名人傳》，盧桂平主編，廣陵書社 2015 年版，第 143 頁。

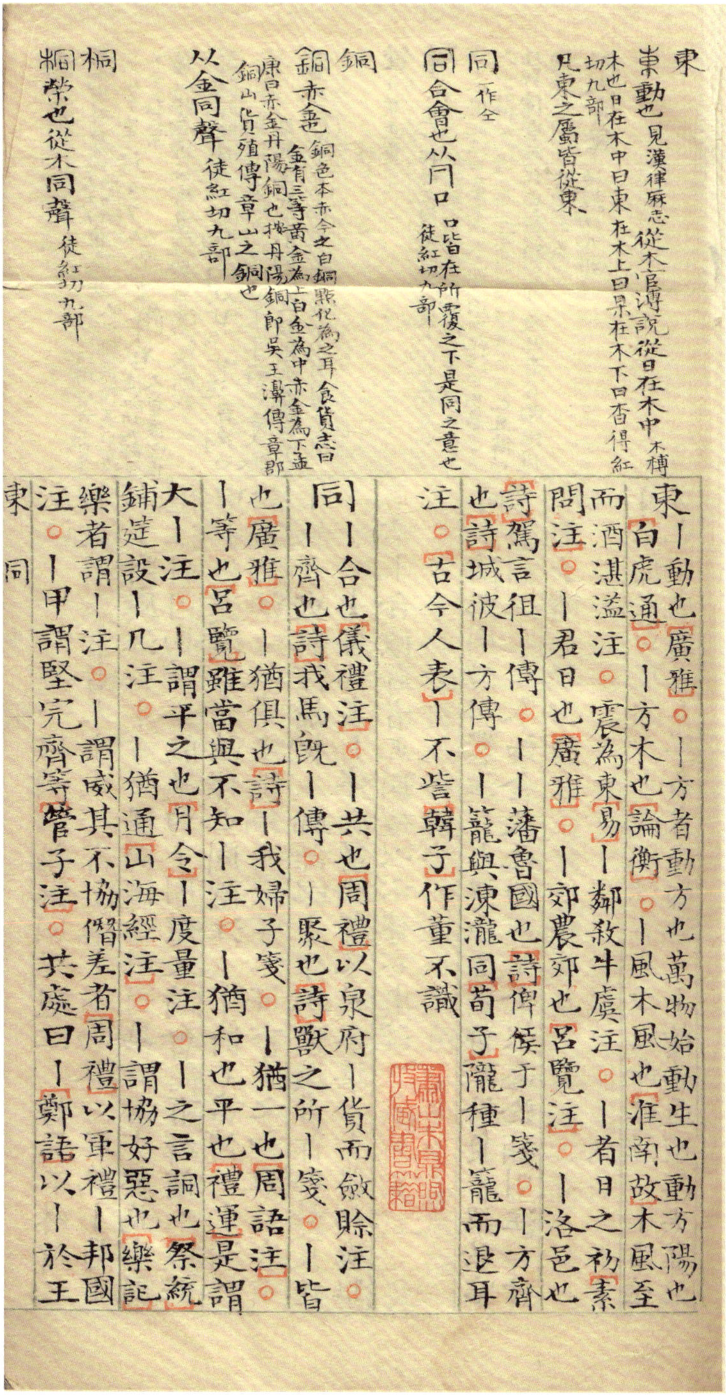

東
東動也 見漢律厤志 從木官溥說從日在木中 木榑木也日在木中曰東在木上曰杲在木下曰杳 得紅切九部
凡東之屬皆從東
同 一作仝
同合會也从冂口 口皆在所覆之下是同之意也 徒紅切九部
銅
銅赤金 銅色本赤今之白銅點化爲之耳 食貨志曰金有三等黃金爲上白金爲中赤金爲下 孟康曰赤金丹陽銅也 按丹陽銅即吳王濞傳章郡銅山 貨殖傳章山之銅也
从金同聲 徒紅切九部
桐
桐榮也從木同聲 徒紅切九部

東丨動也廣雅○丨方者動方也萬物始動生也動方陽也白虎通○丨方木也論衡○丨風木風也淮南故木風至而酒湛溢注○震爲東易丨鄰殺牛虞注○丨者日之初素問注○丨君日也廣雅○丨郊農郊也呂覽注○丨洛邑也詩駕言徂丨傳○丨丨藩魯國也詩俾侯于丨箋○丨方齊也詩城彼丨方傳○丨籠與涷瀧同荀子隴種丨籠而退耳注○古今人表丨不訾韓子作董不識

同丨合也儀禮注○丨共也周禮以泉府丨貨而斂賒注○丨丨齊也詩我馬既丨傳○丨聚也詩獸之所丨箋○丨皆也廣雅○丨猶俱也詩丨我婦子箋○丨猶一也周語注○丨等也呂覽雖當與不知丨注○丨猶和也平也禮運是謂大丨注○丨謂平之也月令丨度量注○丨之言詞也祭統鋪筵設丨几注○丨猶通山海經注○丨謂協好惡也樂記樂者謂丨注○丨謂威其不協僭差者周禮以軍禮丨邦國注○丨甲謂堅完齊等管子注○共處曰丨鄭語以丨於王

東 同

《經籍籑詁》卷端

倉頡篇校證三卷補遺一卷

　　清孫星衍輯，清梁章鉅重編。一冊。初稿本。版框高 17.5 厘米，廣 12.2 厘米，白口，單黑魚尾，四周雙邊，半葉七行，行十八字，小字雙行同。版心鐫"茝鄰撰著"。卷端題"陽湖孫星衍原輯，長樂梁章鉅重編"。卷前有清孫星衍序。寧波市文物管理委員會舊藏。

　　孫星衍（1753—1818），字伯淵，號淵如，江蘇武進人。乾隆五十二年（1787）殿試榜眼，乾嘉學派著名代表人物，《清史稿》有傳。梁章鉅（1775—1849），字閎中，又字茝林，號茝鄰，晚號退庵，福建長樂人。嘉慶七年（1802）進士。大學士紀昀入室弟子。曾任蘇、甘布政使，桂、蘇巡撫等職，力挺林則徐禁烟，官至兩江總督。古稀致仕，其子恭辰奉養於東甌署內，自此更專心於典籍考證與詩文創作，摯友王叔蘭稱其"略數平生著述，千秋大業擅名山"。事迹詳見其自編年譜。梁氏著述繁富，所著有《古格言》《退庵隨筆》《三國志旁證》《文選旁證》《楹聯叢話》等 40 餘種，其中多被數家翻刻。

　　書中有散葉《倉頡篇輯本原序》，是孫星衍於乾隆四十九年（1784）在陝西撫署環香書屋所撰，對此書編纂經過和價值有詳細叙述，序云：

> 　　《倉頡》七章者，秦李斯所作，一篇者趙高、胡毋敬所益，五十五章者漢閭里師所并，八十九章者揚雄所續，一百二十章者班固所續。《訓故》一篇爲二卷者，杜林所撰。《三倉》三卷者，晋張軌所合。《三倉訓故》三卷者，魏張揖、晋郭璞所撰。趙高《爰歷》、胡毋敬《博學》在《倉頡》中，揚雄《訓纂》、

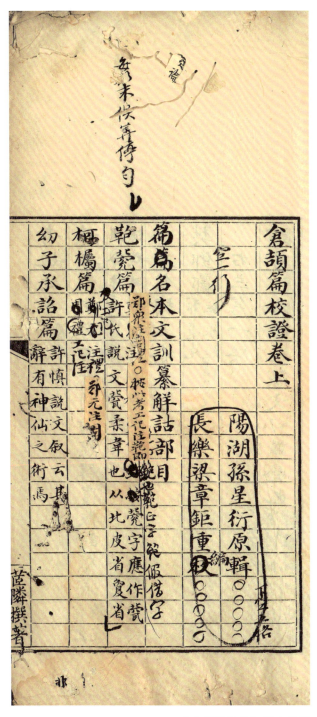

《倉頡篇校證》卷上卷端

賈魴《滂喜》在《三倉》中。杜林《故》亡於隋，《倉頡》《三倉》及《故》亡於宋，然自漢及唐，汔於北宋，傳注字部類書內典頗有引者，星衍始刺其文，撰爲三卷，《訓纂》《解故》即用説文部居，使讀者易於尋覽。……星衍以戊辰之歲，讀書江寧瓦官寺閣，游覽內典，見元應所著，并釋慧苑《華嚴經音義》，引《倉頡》爲多，隨加鈔摭，兼采儒書，閲五年矣，粗具條理，刊而行之，庶亦小學之助。元應、慧苑之書，世多不傳，南宋人博雅如朱子、王應麟亦未之見，中引古書尤多，足與陸德明《經典釋文》并垂於世。

此書謄寫在梁章鉅家用套格紙上，且勾乙塗抹，浮簽纍纍，故此書當以梁氏批校稿本目之。書衣題有"倉頡篇校證初本甲辰在浦城重鈔一"，可知此本爲梁氏之初校稿本。本館尚有此書修訂稿本，據內容可知在此本之後。

此本先楷書大字抄録孫氏原本，再以草書小字於天頭處添加文字，或者用浮簽添加內容，也有直接於原文下或者旁行斜出添加修改內容者，主要是補充孫氏之校證未詳未備者。如卷上"嚶嚶鳥聲也"條，孫文原注爲"李善《文選注》"，梁氏改爲"李善《文選注》，按，此《琴賦注》"，使得此條的出處更爲具體，讀者更易稽考。再如"煌煌光明也"條，孫注原文爲"《文選注》、唐釋元應《一切經音義》"，梁氏改爲"《文選注》、唐釋元應《一切經音義》，此《閑居賦注》及《寶如來三昧經音義》"，注釋更爲周詳。梁氏此稿之修訂添加之內容多爲此類，亦有"空一行"這樣調整格式的批語。讀此稿對瞭解梁氏之讀書學問頗有裨益，亦對吾輩讀書有所啓發。

《中國古籍善本書目》經部第 4081 條著録此書，著録爲"清梁章鉅撰"。

倉頡篇校證三卷補遺一卷

　　清孫星衍輯，清梁章鉅重編。二册。修訂稿本。版框高 20.6 厘米，廣 13.5 厘米，白口，單黑魚尾，四周雙邊，半葉六行，行二十字，小字雙行同。紅格。版心鎸"茝鄰撰著"。寧波市文物管理委員會舊藏。

　　孫星衍、梁章鉅生平見上條。

　　書中多有浮簽添改。據內容比勘可知，此紅格稿本係梁氏校注孫星衍稿本之修訂稿本，當在閣藏初稿本之後、刻本之前。

　　此書在謄錄稿上添加修訂的內容，其上又有浮簽修訂添加，或批校，或改誤字，如卷中葉九"右行道倉頡二條"，浮簽校云"右行道之'道'應作'部'"。也有諸如葉十七浮簽所校"此'凡'字當作'几'"此類因形近而抄寫失誤者。另有修改格式的批語，如卷下葉一浮簽"'佚惕也'以下三行宜另行低一格寫，以別於孫氏原文"。書中眉批多處有"已刻"字樣，可知此書乃刻本所本之修訂稿本。

　　孫星衍所著《倉頡篇》最早於乾隆四十六年（1781）刻於西安節署，畢沅爲其作序；四年之後孫氏又刺取書傳益多，以上次所刻篆文不通俗，遂復刊於大梁，即乾隆五十年（1785）大梁撫署刻本，亦有畢沅序。清光緒十六年（1890）江蘇書局又刊刻了孫氏《倉頡篇》三卷，并附刻了清任大椿撰《續本》一卷和清陶方琦撰《補本》二卷，流行頗廣。梁氏此書則在清光緒五年（1879）由其子梁恭辰手寫上板刊刻行世。

　　《中國古籍善本書目》經部第 4082 條著錄此書，著錄爲"清梁章鉅撰"。

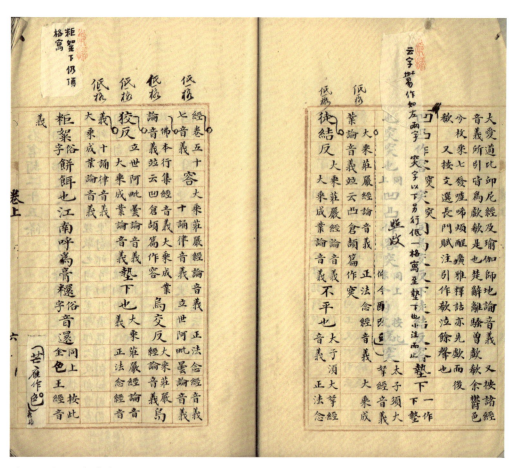

《倉頡篇校證》書中行文

隸楺九卷碑目一卷古今隸字書目一卷雜説一卷隸分筆法一卷附字一卷隸分書名家一卷

　　清董元宿輯。四冊。無框格，半葉行、字數皆不等，小字雙行不等。卷端題“四明董元宿增輯”。卷前有清盧鎬、孫簫、毛贄序，及著者自序與題識三則。孫氏蝸寄盧舊藏。

　　董元宿，字守素，號梅圍，浙江鄞縣人。董雰之子。生於清乾隆年間，卒於嘉慶年間。監生。能詩，與全祖望爲吟社友。工書，尤善隸書，嘗賣字於吳門。吳中士大夫無不求分隸，而求者皆知有梅隸先生。著有《隸藪》十卷、《自娛集》六卷等。生平見光緒《鄞縣志》。此書封面題簽爲《隸藪》，和光緒《鄞縣志》所載吻合。

　　乾隆十九年（1754）盧鎬序云：

　　　　梅圍先生幼攻六書，得家庭之學，壯歲履迹遍天下，遇殘碑斷碣必摩挲畫肚。故其爲隸也，纖波濃點，真有崇臺重宇層雲冠山之妙。聞見既博，研精彌深，因輯漢碑隸字，就沈韵而分配之，按部就班……又類其古字之通融者而詮釋之，分肌析理，如珪璧聯合……先生搜剔金石，窮覽載籍，覃數十年之力而爲此書……是真隸學之大成也。

　　此書卷前有《綱目》十五則。前六則爲宏觀内容之簡介，一爲碑考漢隸字源，依《隸辨》次其先後，無年月及他見者續列於後，二古今隸

《隸楯·上聲》卷端

書書目，三隸分雜説，四隸分筆法，五字體和偏旁，六隸分字名家。後九則爲本書編纂過程中一些具體而微的細節説明。

　　此書正文文字先楷書抄録，後有小字添加修改，如《碑目》天頭處有墨筆添加之數字，當是後來重新排列順序時所加。另有朱筆修改之内容，如《綱目》中首條墨筆原文爲"并列於目，今先後仍舊，晚出者續列於後"，朱筆改爲"兹依《隸辨》次其先後，無年月及他見者續列於後"，可見後來又考慮到了無年月之碑的編排問題。《碑目》天頭處除墨筆添加數字之外，又偶有朱筆添

隸釋碑目

孟郁修堯廟碑永康元年立在濮州集古作堯

帝堯碑熹平四年立在濮州

成陽靈臺碑建寧五年立在濮州雷澤堯母慶

祠祈雨碑

立黃屋集古作堯母祠碑又碑陰

都感赤龍而生堯後葬慶都名曰靈臺上

高朕修周公禮殿記初平五年立……文翁為蜀

郡立學安帝永初中火災被焚獻帝時太

守高朕重修立之本碑在成都府學禮殿

加數字，當是第三次修改順序時所加。《古今隸字書目》各書之上朱筆添加的數字也是修改次第順序時所爲。這些修改添加的文字可以看出其成書的大體脉絡。

此書内容宏贍，尤其是正文之前諸篇章，可見其取資之廣、資料之詳、體例之善。據其《碑目》上所列數字可以看出，其所收石碑足有二百六十一通。《古今隸字書目》所收古今研究隸書的書籍有十四種，詳列其書名、卷次、著者，有的還羅列其版本，簡述其内容。《雜說》詳列古今有關隸書的學説理論，從漢蔡文姬到清《康熙字典》共計二十八家。《隸分筆法》詳述古今有關隸書分筆之理論，共計十六家。《附字》字源有諸碑字體偏旁及常用字，韵書所不能載者，列於此處，共計十二字。《隸分書名家》詳列古今精通隸書之名家，共計三十五家。後有全祖望所撰《隸辨古八分真書答董梅圃社文》一篇。《隸楲》正文九卷，依韵次卷。此書文字布局醒目清晰，每通碑、每部書、每位名家皆單獨起行，其具體介紹低二格。

此書既有甬上諸君子所書之序展現的書法，又有董元宿自書隸書之序。董氏本身是隸書大家，書法風格古勁可愛，無甜俗之風，所以此書具有較高的書法藝術價值。

鈐有“鐵峰所藏書”“鐵峰鑒賞”“京甫”“鎬”“隱學書屋珍藏”“人生適意則爲士”“留心學到古人難”“夏序”“瀟灑在風塵”“懷袍觀古今”諸印，以及著者名章“董印元宿”“守素”“董元宿”。《中國古籍善本書目》經部第 4711 條著録此書，題名爲“隸楲不分卷”。

書契原恉十四卷

　　清陳致烘撰。十册。無框格，半葉十行，行二十一字，小字雙行同。卷端題"會稽北涇陳致烘小雲甫著，山陰中澤謝宗校芹軒校刊"，卷前有著者自序。朱氏別宥齋舊藏。

　　陳致烘，字小雲，浙江會稽人。"布衣，嘗館於族人家爲童子師，予與素識，向以村夫子視之。今觀是書，雖嚮壁虛造，憑肊自專，所得者鮮，而冥搜之功，自不可没。又聞其辛壬間，曾與鄉人舉事起義，固亦村塾之奇士矣。"①

　　卷前有咸豐五年（1855）乙卯六月朔日作者書於羅莊壽氏書館《書契原恉自述賦》，詳述此書之成書乃係作者窮十四年精力得以告成，次《標目音略》，《音略》末尾有簽條補充添加短跋："文每文繫以一叙一詩，叙中凡首稱示者即管窺契恉之大略，繼證以傳説，曰皆許氏原文，後或復稱按，或稱謹按，則又舉文之所從，而詳審以釋其理，其有無須更解者，即不復贅。至於詩則并不拘體裁，不計工拙，唯取達意而止，仍分爲一十四卷。"

　　此書楷書抄録。書中有塗抹添改痕迹，或者黏貼簽條重新楷書寫就文字。亦有格式調整修改的文字説明，如卷十卷端題名著者處有添加"離開一行移二格寫"等字樣。或有避諱改動的説明文字，如卷八"丘"字條天頭處有"聖諱，敬從缺筆"。若干卷次之末尾左下角又有草字字數統計字樣。此書或爲修改待刊稿本，是刻本之先驅，爲我們瞭解此書之成書過程提供了實物證據。此書有咸豐五年（1855）北涇草堂刻本。

　　《中國古籍善本書目》經部第 4754 條著録此書。

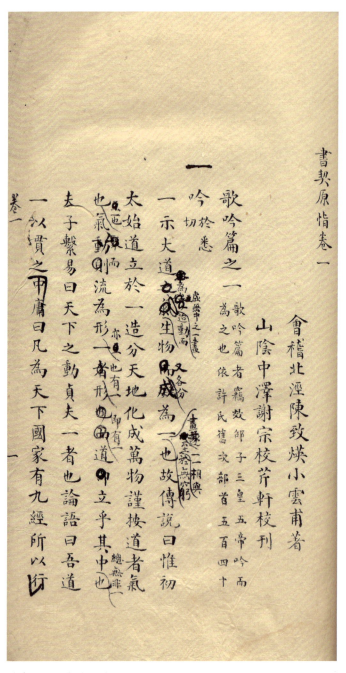

《書契原恉》卷一卷端

注：①《越縵堂讀書記》，（清）李慈銘撰，由雲龍輯，上海書店出版社 2007 年版，第 185 頁。

字體正譌一卷

　　清單丕撰。一册。版框高 21.0 厘米，廣 12.9 厘米，白口，單黑魚尾，四周雙邊，半葉六行，行二十字，小字雙行同。紅格。封面有朱鼎煦題簽"蕭山單不庵所著書，字體正譌"。朱氏別宥齋舊藏。

　　單丕（1877—1929），原名恭修，字詒孫，號伯寬，後名丕，號不庵，浙江蕭山人。清諸生。二十五歲補博士弟子員獲第一，後赴日本留學，歷任浙江圖書館西湖分館主任、中央研究院中文科主任兼漢文圖書室主任、北京大學教授等職。富收藏，其藏書抗戰前家人售出部分，留存者由浙江圖書館購藏，計 9921 册。此書爲其本人著作，流散在外，由朱鼎煦先生購藏者。

　　此書共收七百零五字。體例如其所言："凡正體之字大書，俗字旁注，其有承用已久之字，各注於正字之下，以示時趨。其本字之小異於今文者，閑舉一二，以存六書之旨。凡用作偏旁之字，曰某某準此；不能遍舉者，曰從某之字準此；其偏旁之訛可以類舉者，曰凡從某者不作某；偏旁相同者，曰某某并從某。數字同一偏旁者，則於其聲之最先者正之，或擇其字之習見者正之，餘皆附見於其下。"

　　鈐有著者名章"單不庵原名恭修""讀父書齋"。

《字體正譌》卷端

蕭山單不庵所著字書一卷

　　清單丕撰。一册。手稿本。無框格，半葉五行，行字不等，小字雙行不等。封面有朱鼎煦題簽"蕭山單不庵所著書"。朱氏別宥齋舊藏。

　　單丕生平見上條。

　　此書共收三十九字。先書大字小篆，次釋義，次指出字體結構和聲音，從某部某聲，小字引申解釋，摘引各種文獻中明其本義及各種引申含義。其中多有涉及名物風俗制度之語。如：葉二釋"長"字："長，久遠也。"下雙行小字注云："久者，不暫也，遠者，不近也，引申之爲滋長、長幼之長，今音知丈切。又爲多餘之長、度長之長，今皆音直亮切。兄下曰長也，是滋長、長幼之長也。"

　　此卷當爲作者手稿本，字體樸厚有味，有小楷隸的遺韵，摹寫小篆亦有佳構。

　　鈐有單氏"單不庵原名恭修""讀父書齋"諸印。

令 發號也

号部曰號者嘑也口部曰嘑者號也發號
者發其號嘑以使人也是曰令人部曰令善也挩詩
者令也義相轉注引伸爲律令爲時令詩箋曰令善也挩詩
多言令毛無傳古文尚書言靈見般庚多士多方般庚正義
引釋詁靈善也蓋本爾雅作令非

古也凡令訓善者靈之假借字也　　　　號嘑者
卪也故从亼卪　　　　　　　　　　　招集之
會意 力正切
說文亼三合也从亼一象三合之形讀若集秦入切

从 亼 卪

又卪瑞信也守邦國用玉卪守都鄙者用角卪使山邦者用
虎卪土邦者用人卪澤邦者用龍卪門關者用符卪貨賄用
璽卪道路用旌卪象相合之形　子結切

徐鍇曰號令者集而爲之節制
畏乎巧言令色孔壬又爲領　詩防有鵲巢傳麗令適也漢書
尹賞傳致令辟爲郭又爲合之誤字廣雅釋詁四令究也又
爲寒之誤字廣雅釋詁三令避也又重言形況字詩盧令令
傳緌緌環聲韓詩作泠說文引作狋皆同又鲁韻連語漢書陳
湯傳西破呼偈堅昆丁令東京賦北爕丁令注國名又託名

朱駿聲曰叚借爲靈賓爲良令靈良皆雙聲爾雅釋詁令善
也詩卷阿令聞令望蒸民令儀令色閟宮令妻壽母卑讒何

大小徐無邦字

《蕭山單不庵所著字書》卷端

韻學考原二卷

　　清范家相撰。一册。版框高18.2厘米，廣12.7厘米，白口，單黑魚尾，左右雙邊，半葉十行，行二十二字。卷端題"會稽范家相蘅洲甫"。卷前有著者自序。朱氏別宥齋舊藏。

　　范家相，字左南，號蘅洲，浙江會稽人。弱冠薄游，年四十歸而杜門研誦。乾隆十九年（1754）進士，與紀昀爲同年友。授刑部主事，歷任郎中，纂修例。乾隆三十二年（1767）出爲柳州知府，歲餘以疾告歸。平生著作頗夥，《四庫存目》載其《詩瀋》二十卷、《三家詩拾遺》十卷①。今存《詩瀋》二十卷，乾隆三十九年（1774）會稽范氏古趣亭刻本；《三家詩拾遺》十卷《源流》一卷，嘉慶古趣亭刻本；《夏小正輯注》四卷，乾隆二十三年（1758）刻本；《家語證僞》十一卷，乾隆三十二年（1767）刻本。前三種浙江圖書館有藏，後一種藏東北師範大學圖書館。另有稿本《漢史義法》六卷，上海圖書館藏。其詩文集今存者皆爲稿本，有《古趣亭未定草》七卷，天一閣藏；《古趣亭文集》十四卷，浙江圖書館藏；《蘅洲文稿》不分卷，國家圖書館藏；《環渌軒詩草》五卷，中國科學院國家科學圖書館藏。

　　此書分上下兩卷，卷前列總目。卷上內容包括原韻、韻始唐虞、七音、音生字、古人不言韻、書韻、易韻、詩韻、詩叶韻、三禮韻、楚辭、秦漢以下古韻、切韻、儒家反有反切、切韻四聲之始、沈約嚴辨四聲之説、隋人切韻、陸詞切韻、韻海鏡源、唐韻、雙聲疊韻、辨字五音、十四聲例。卷下內容包括切韻爲試韻之始、唐人試韻程式、奸韻嫌韻、宋廣韻、宋集韻、宋禮部韻、增修禮部韻略、宋切韻、吳氏韻補、吳氏古韻通轉説、壬子新刊禮部韵略、宋鄭庠古韵、金韓道昭五音集韵、元黃公紹韵會、元陰氏韵府、洪武正韵、明詩韵之始、顧氏音學五書、顧氏韵補正、毛氏古今通用韵、邵氏古今通韵略、古韵通轉。此書評騭歷代所出各種韵學文獻計有十五部，幾乎是一部韵學文獻史。四庫館臣言："家相之學，源出於蕭山毛奇齡。"②毛奇齡是和顧炎武相頡頏的研究音韵學的重要學者，著有《易韵》四卷、《古今通韵》十卷、《韵學要指》十一卷。

此書在謄清稿之上又有草書墨筆塗改增添痕迹，可見其爲修改稿本。此書不見刻本傳世，范氏韵學俱賴此稿以傳，更彌足珍貴。

鈐有藏書章"朱別宥收藏記"。《中國古籍善本書目》經部第 5175 條著録此書。

注：①《清人詩文集總目提要》（上），柯愈春著，北京古籍出版社 2001 年版，第 630 頁。

②《四庫全書簡明目録》，第 51 頁。

韻學考原

會稽范家相蕭洲甫

卷上

原韻

初氣主物物生有聲聲也者形與氣相軋而成者也聲之

在物有剛有柔有清有濁有開發收閉是之謂音音由人

心生也生於心有節於外謂之韻韻者均也和也聲

和聲以相應也雲書曰聲依永律和聲韻之謂也古

之聖人審陰陽以定律呂律感呂而聲生律而音和

是韻之所由起也天地萬物莫不有音即莫不有韻大塊

噫氣竽籟自生同聲相應容谷傳音明乎此者可以言韻

顧亭林曰三代以上言文而不言字李斯程邈出文降而

為字矣二漢以上言音不言韻周顒沈約出而音降為韻

矣余謂韻從音生有音即有韻豈自周沈始哉但切韻始

韻始唐虞

而韻學顯明耳

聖人剛書斷自唐虞音韻亦自唐虞始子書所載八士捉

網罟皇娥學者弗深攷矣若虞典之賡歌與

夫南風慶雲之詩耕田鑿井之謠皆出之經傳垂之億世非

蕭蕭頌詩歌迎風韻○○○○○○○

《韻學考原》卷上卷端

83

音韵部略不分卷詩音譜略不分卷

清黃式三撰。四册。無框格，半葉行、字數皆不等，小字雙行不等。楊文瑩題識，朱鼎煦題簽。朱氏別宥齋舊藏。

黃式三生平見《易釋》條。

此書計四册，未分卷。首册首葉有二十分韵之韵目，計有支部、微部、泰部、咍部、之部、幽部、矦部、宵部、模部、歌部、桓部、真部、諄部、登部、耕部、唐部、東部、覃部、侵部、談部。每部之下又有所屬之字各不等。次葉是根據發音部位所列的發音分類，有牙音、舌頭音、舌腹音、重唇音、輕唇音、齒音、邪齒、喉音、半舌半齒音，每種發音左邊又列所屬字母，如牙音列見、溪、群、疑，舌頭音列端、透、定、泥，諸如此類，乃三十六字母。以下爲正文。册一始於支部終於之部，册二始於幽部終於歌部，册三始於桓部終於唐部，册四始於東部終於談部。緊接正文有《詩音譜略》，亦不分卷，以東、唐、耕、登、侵、諄、真、談、桓、歌、模、矦、宵的順序列舉詩音之譜略。全書體例明晰，偶有少量補充修改之文字，爲黃氏之較爲成熟之稿本，可與光緒十四年（1888）刻本《儆居遺書》中所收録的四卷本《音韵部略》并案齊觀，或有新發現。

關於古之分韵，古韵家分部不同，自鄭庠六部而下，有顧炎武十部説，江永十三部説，戴震十六部説，段玉裁十七部説，孔廣森、朱駿聲等十八部説，乃至十九部、二十一部、二十五部不等，分部漸加詳密。黃氏此書便是針對這種清代以來韵部越來越繁複的情況，將不必分而分者予以改正。

此書有楊文瑩、楊復父子鈐印，可知其原本爲杭州楊氏父子舊藏。

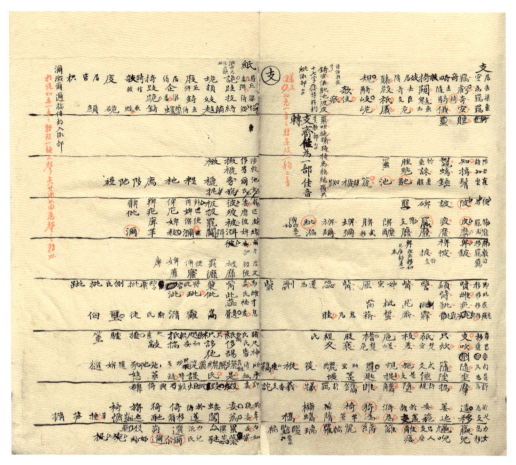

《音韵部略》卷端

楊氏藏書在中華人民共和國成立前被清華大學整體收購，此書當是被購前流出，并被朱鼎煦先生所得者。

　　鈐有楊氏父子之印"豐華堂藏閱書""豐華堂書庫寶藏印"，以及藏書章"蕭山朱鼎煦收藏書籍"。《中國古籍善本書目》經部第 5210 條著録此書，題名爲"音均部略四卷詩音譜略一卷"。

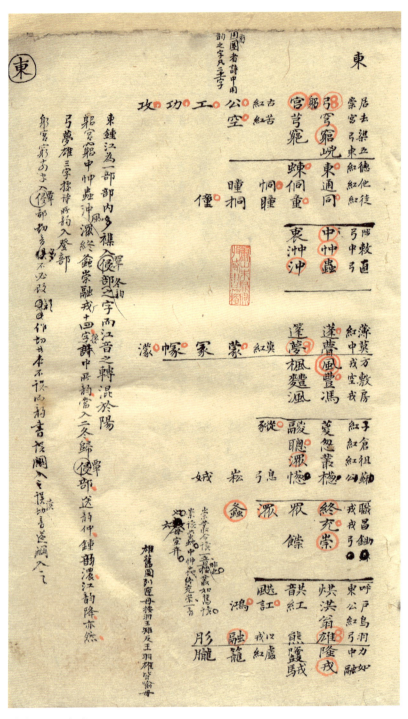

《詩音譜略》卷端

連珠均攷一卷

　　清張成渠撰，清郭傳璞參訂。一册。版框高 19.4 厘米，廣 13.3 厘米，白口，單黑魚尾，四周雙邊，半葉十行，行二十一字。紅格。卷端題"鎮海張成渠蘧軒輯著，鄞郭傳璞晚香參訂"。卷前有清劉芬序、張成渠《與郭晚香論連珠書》，卷末有清張宏楷、王蜆跋。朱氏別宥齋舊藏。

　　張成渠，字蘧軒，浙江鎮海人。黃式三弟子。郭傳璞（1855—？　），字恬士，號晚香、伽又，浙江鄞縣人。同治六年（1867）舉人。少從姚燮游，後爲浙東名家，工於駢文和詞章之學，又雅好音樂，精通音律，能自度曲。初署金峨山館，後更名望三益齋。撰有《金峨山館文酌》《金峨山館文甲乙集》《吾悔集》《游天窗岩記》《劫餘隨筆》等。編有《金峨山館叢書》，光緒八年至十六年（1882—1890）鄞縣郭氏刻本。事迹詳載於民國《鄞縣通志》。

　　此書屬經部小學類之韻書，所謂"連珠均"，"連珠"是一種文體，"均"即"韵"。

　　張宏楷跋曰：

　　　是書不特爲詞章家示之法程，實足爲説經家導夫門徑也。叔父嘗訓楷讀書當細心體會，毋得因陋就簡，人云亦云。凡古人載籍，義理、典章之大者無論已。即其中有一字歧异，必審其何者爲正，何者爲借。正者某字，借者何以爲某字；借者某字，正者何以爲某字，參合於聲音訓詁之間，斯得之矣。今是書所證引於用均之外，多及各類通轉之字，由此可以識聲音訓詁，

即由此可以考載籍歧异之文，而求其正借所在，讀經可消無數葛藤，此小學之所由，不可不講也。

卷前有《例言》，對此書撰述之緣由及經過有詳細叙述，曰：

> 連珠肇自《韓非》，先儒言之，然亦衹爲具體之似，與楊、班所作不類也。今考從《子雲集》起，依序遞下，章首少者原文并録，多者録其與今均不合之作，疏證之。至國朝諸集，則間登焉。緣作者或不知古均，誤以古人有均之文爲不均而效之，致有不均之作，要非文體之正……古均家分部不同，自鄭庠六部而下或十（顧氏），或十三（江氏），或十六（戴氏），十七（段氏），十八（孔氏、朱氏豐芑），十九（黃氏深詩名以愚，著有《聲訓緯纂》），二十一（王氏石臞、江氏晋三），二十五（張氏芸心）不等，蓋以漸加詳，亦加密焉。定海黃薇香先生（諱式三）常言，古均有不必分之部，有不容不分之部，然分之難，合之易，仍其分者而用，其不必分而宜合者，斯爲得之。是書中所舉如東冬幽侯真文微祭之類，皆二部合稱，從先生説也……是書屬稿於秋仲，成於秋終，又以二人同爲考訂，故止逾月而竟。

此書卷帙較薄，内容不多。所收計有揚雄《連珠》二首、庾信《連珠》二首、班固《連珠》一首、宋庠《連珠》二首、洪亮吉《連珠》十二首。每首之下有著者按語，皆抄録工整，天頭處版心上端有草字字數統計，偶有浮簽校改添加内容，如卷端天頭處有草書浮簽云："定海黃竹亭曰，遺、排本均屬微祭類，隱、顯當别爲一類。真、文與桓、删音通。"亦

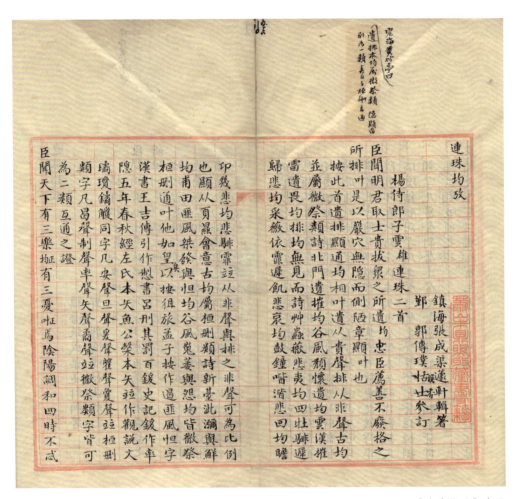

《連珠均攷》卷端

有浮簽爲存疑者，如葉十二"易傳有均，爻辭無均，此條待商"。由此可知此書實爲修改未刊稿本。卷前王蜆題跋曰："尚章作噩皋月月出艮丙，年愚弟王蜆讀過。"

鈐有郭傳璞"恬士""金峨山館珍藏""臣郭傳璞""苦地"諸印，王蜆名章"王蜆"，以及朱氏藏書印"蕭山朱鼎煦收藏書籍"。

爾雅輯解十一卷

　　清周道遵撰。存七卷: 四至十。三册。無框格,半葉九行,行二十二字,小字雙行同。版心上端大題"爾雅輯解",中間小題,如"釋宫",下端題葉次。卷端題"甬上周道遵述"。馮氏伏跗室舊藏。

　　周道遵生平見《書經輯解》條。

　　此書和周氏其他諸輯解之書寫法類似,也是把前人有關《爾雅》之成果輯録在册,特别是汲取了邵晋涵、翟灝、孫同元的學説,卷五"釋天"借鑒邵晋涵尤多,并申以己意,蔚爲大觀,是清代比較典型的考典章名物的著作。

　　全書原十一卷,現存七卷,所存各卷内容分類如下:卷四釋宫、釋器、釋樂,卷五釋天,卷六釋地、釋丘、釋山、釋水,卷七釋草,卷八釋木、釋蟲,卷九釋魚、釋鳥,卷十釋獸、釋畜。

　　此書體例非常嚴謹,綱舉目張,排列有序。全書大字正文,小字雙行爲注,注釋内容主要涉及反切注音、單字注音及校勘内容。如卷五《釋天》葉三十一有"何鼓謂之牽牛",下雙行小字注云:"何通作荷,《漢天文志》作河"之類。有些重要觀點之後又繫以出處,如"邵晋涵説""翟灝説""孫同元説"等。每卷之下有一類或者幾類,反映在文本上就是一卷之下有小題名一個或若干,如卷四之下有釋宫、釋器、釋樂三類,三個題名分别單行表明類别,小題名之下有簡短小序,如卷五《釋天》之下小序云:"天,顛也,至高無上。歲月日時星辰曆數皆本焉,故作《釋天》。"每類之下又分爲不同之屬,如卷五《釋

《爾雅輯解》卷四卷端

天》，有“四時”“祥”“灾”“歲陽”“歲名”“月陽”“風雨”“星名”“祭名”“講武”“旌旗”等分類。全書另有朱文批點，每卷卷末有字數統計如“共字某某”，數字用蘇州碼子表示。

史　部

史部叙

　　"知往而鑒來"是中國悠久而深厚的學術傳統，史部文獻是中國傳統四部文獻中尤爲重要者。天一閣所藏史部文獻頗多，以明代科舉録、明代地方志、明代政書以及近代家譜爲著。同時閣藏史部文獻亦不乏清代稿本，今擷取其中 21 種重要者叙録提要之。

　　此 21 種史部稿本文獻涉類頗廣，有紀傳類史書萬斯同手稿本《明史稿》（又名《明史列傳稿》）；有太平天國文獻《辛壬瑣記》和《溪上遭難志畧》；有史抄類文獻《南北史識小録》；有輯録歷代先賢事迹的傳記《見山録》；有甬上望族家譜文獻《濠梁萬氏宗譜内集》《鄞范氏族譜》《鄞西范氏宗譜》；有涉及清代建築之考工類文獻《工程算法》；有考證職官制度的《季漢官爵考》；有考證寧波一地藝文的《四明志徵》，以及考釋地理的《六陵刧餘誌》《新坡土風》和《彙録全校水經注》；還有書目類文獻如清代楊希閔之《海東載書識》、詞曲大家鎮海姚燮家藏目録《大梅山館藏書目》，以及甬上著名藏書家徐時棟之家藏書目《煙嶼樓書目》，幾乎囊括了史部文獻的所有類目。

　　稿本著者多爲浙江一代鄉賢學人，大都出身世守陳編的名門望族，學問精深，比如以"布衣"身份參加修纂國史的萬斯同、以經學聞名的萬斯大、海寧望族查氏子孫查奕慶、海寧藏書家陳鱣、甬上學者徐時棟、鎮海文人姚燮，還有乾隆時候以校書而享譽學壇的海寧周廣業。更多的是本地文人士大夫，如鄞縣王楚材，慈溪柯超、應文炳。

　　此 21 種史部稿本之中用功最著、影響最大者爲鄞縣萬斯同手稿《明史稿》，其藏於天一閣好比法國文豪福樓拜手稿《包法利夫人》藏於魯昂雅克·維庸圖書館一樣，都是輾轉而來，楚弓楚得，仿佛有神明護佑。兩部太平天國文獻皆詳細叙述了太平天國戰火對寧波普通民衆的摧殘，具有重要的史料價值。兩位作者雖非名人，却以一人之筆記録了一個時代的小影，正所謂事以人傳，人以文傳，人人可寫史。一部考工之屬的稿本記録了古代建築的各種類别如木作、船作、石作、瓦作、土作、漆作、金銀作等的一般法式，爲我們瞭解古建的基礎工程提供了詳盡的文獻資料。而三部家譜爲我們瞭解寧波萬氏家族和范氏家族的繁衍發展歷史提供了不可或缺的材料。兩部藏書目録又爲我們勾稽寧波地區藏書史助一臂之力。徐時棟之《新校廣平學案》原本是受人所托抄録學案，但最後却上升到家學師承的高度，精心校正，終成專著。《四明志徵》收録了四明地區從宋至清數百年間的詩詞文章及人物小傳，以人繫文，是纂修《鄞縣志》之重要參考。《六陵劫餘誌》原爲丁業所參與之工作調查，也竟成專著。可見清代浙江學人秉承"學有餘力而爲文"的態度，治學爲人皆本至誠。另有查奕慶所輯的《見山録》，自述以"自怡悦""教子孫"爲目的，同時也爲我們如何讀書做人提供了鏡鑒。

明史稿不分卷

清萬斯同等撰。十二册。手稿本。無框格,半葉行、字數皆不等。吴澤、葛暘、陳寥士、李晋華、張宗祥等題跋,葛暘繪像。朱氏別宥齋舊藏。

萬斯同(1638—1702),字季野,號石園,浙江鄞縣人。他師承黄宗羲,於史學獨有心得,以窮究明代三百年歷史爲己任,被史學界譽爲"明清兩代,究爲第一人"。康熙十八年(1679),他進京預修《明史》,以布衣身份擔任《明史》總纂。黄宗羲對這位學生寄予厚望,希望他以修史來考訂文獻,總結有明一代功過得失,臨別時贈詩云:"四方聲價歸明水,一代賢奸托布衣。"萬斯同是明遺民,氣節凛凛,絶不仕清,故他拒絶清廷的一切官職,不署銜,不受俸,隱忍史局二十餘年,自王公以至士流,無不尊之曰"萬先生"。

此十二册人物傳記皆經萬斯同親筆修訂,其中六册爲萬氏手稿,另六册經萬氏删改。歷朝官修國史向來以《明史》爲精審,正因爲有萬斯同這樣的"布衣史家"參與其中精心撰寫和校改,《明史》纔能成爲一代信史。此稿主要内容和價值詳見天一閣博物館編的論文集《萬斯同與〈明史〉》[①]。

此書不分卷,書中塗改勾抹者無慮千百處,從筆迹、印章、行文等多方面考證,此爲萬斯同修纂《明史》之稿本,傳統題作《明史稿》,實則祇有列傳部分,故又稱《明史列傳稿》。

鈐有"季野""蘇齋""覃溪""黄自元印""李瑞清清道人""周維屏印""劉積學""右任""右任之友""孫印光庭""孫澂讀過""孫澂印""孫氏蕙華仙館印章""張宗祥""東卿過眼""葉志詵""葛

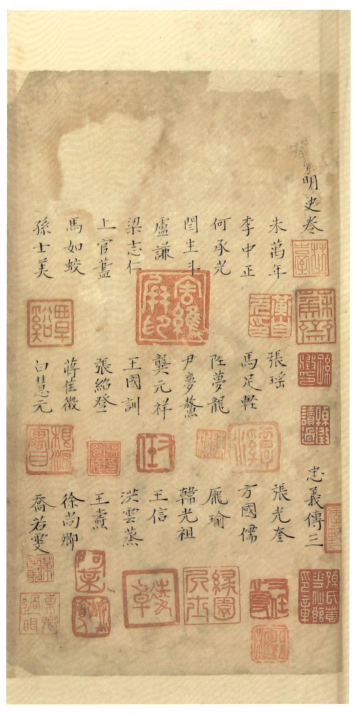

《明史稿·忠義傳三》卷端

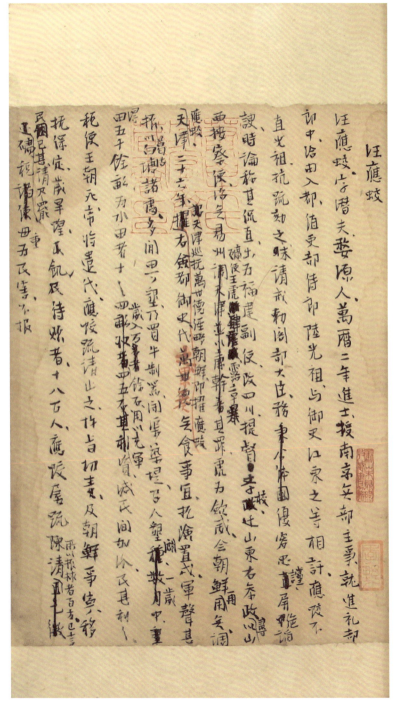

《明史稿》汪應蛟冊卷端

暘”“吳澤”“公皐不朽”“陳寥士”“去疾”“童弟德”“次布過眼”“陳
樾”“祖培”“平樞”“芷臺”“阿某”“綠園居士”“於思”“凌卓”“蕭
山朱鼎煦收藏書籍”“朱別宥收藏記”“別宥齋”“蕭山朱氏”“朱家”“朱
鄷卿”“鄷卿心賞”“甲”“執手相看淚眼竟無語凝噎”“賣書編書”“萬
黃齋印”諸印。“萬黃齋印”者，爲朱鼎煦專用藏書章。20 世紀 30 年代，
朱氏先後訪得萬斯同《明史稿》殘卷與黃宗羲《明文案》存稿，特地刻
了一方“萬黃齋印”朱文方印，遍鈐兩書，以示寶愛。此書爲《中國古
籍善本書目》史部第 949 條著錄，題名版本爲“明史不分卷（存列傳），
清抄本”。并入選第一批《國家珍貴古籍名錄》，著錄爲“明史稿不分
卷（存人物卷），稿本”。

注：①《萬斯同與〈明史〉》，虞浩旭、饒國慶主編，寧波出版社 2008 年版。

辛壬瑣記一卷附碧血記一卷

清柯超撰。一冊。版框高 20.4 厘米，廣 16.3 厘米，上黑口，單黑魚尾，四周雙邊，半葉十二行，行字不等。紅格。版心鐫"長豐號"①。卷末有著者自述。朱氏別宥齋舊藏。

柯超，浙江慈溪人。習賈。同治二年（1863）柯超記於慈溪鳳山東麓之藏修齋的《辛壬瑣記自述》云：

> 余自成童時，先君子見背，即弃讀習賈，勞神苦形，跋涉江湖間……道光二十八年，粵西髮逆洪秀全、楊秀清、石達開等倡亂，我宣宗成皇帝，聖文神武，起林文清公②於卿貳，辦理是案。何期民孽滋深，灾猶未滿，文清公未至廣西，中道遽薨，賊得猖狂無忌，延蔓東南，據金陵爲巢窟，上陷荆襄，下寇邗溝，而長江一帶爲其門户矣。……我文宗顯皇帝十一年辛酉，十月，逆寇寧波，百姓流離困苦，罹其毒害者，不知凡幾。今上御宇之元年，壬戌四月，大憲協同夷官，督率兵勇擊走之，民賴以生。兹恐年湮日遠，傳聞失真，爰就親目經歷，并所聞確鑿者，隨時記之，曰《瑣記》，以拉雜無論，詳略失當也。

辛壬指的是咸豐十一年辛酉至同治元年壬戌（1861—1862）這兩年，期間太平天國攻陷紹興、餘姚、寧波。稿本詳細叙述了太平軍在寧波諸地的所作所爲，以及當地士民流離失所的慘狀和抵禦寇賊的情況，記述了餘姚謝守雄、吳芳齡，諸暨包立身諸人的抗争事迹，保存了太

《辛壬瑣記》卷端

平軍寇亂浙東以及軍民抗擊的史料。

　　《辛壬瑣記》後附《碧血記》一卷，主要記録辛壬之間浙東地區抗擊洪楊之亂中出現的烈士和節婦，計有諸生徐曰瑋和明經董枚二位貞士和七位貞婦。

　　此書收入中國科學院歷史研究所第三所近代史資料編輯組所編《太平天國資料》，科學出版社 1959 年版。

注：① 當是紙號。
　　② "文清"恐爲"文忠"之誤。道光三十年（1850），林則徐奉清廷命前往廣西剿太平軍之亂，未至，逝於途中，諡號"文忠"。

碧血記

時危節見取義成仁烈士節婦何代善之特不
縈見耳足為
國家綱常維繫正氣所鍾所以
皇上有襄郵之恩當道有採訪之舉然僻壤窮鄉或
眾人徵引武限於勢力無由上達卒致湮沈是以謹
就里中聞見者備書於後以申貞魂烈魄於地下
地第草野編民所記之事原無足重視取罪戾
耳益由天經地義感動於中而罪能自己君子諒
三偏蒙
大人先生採芻蕘一併為其請
表列入志乘其感戴當與身受者等焉

《碧血記》卷端

溪上遭難志畧一卷

　　清應文炳撰。一冊。同治三年（1864）稿本。版框高 19.5 厘米，廣 12.0 厘米，白口，單黑魚尾，四周雙邊，半葉八行，行二十字。紅格。封面題"蘊齋氏稿"。寧波市文物管理委員會舊藏。

　　應文炳，號蘊齋，浙江慈溪人。撰修有［浙江鄞縣］《四明平水潭邵氏宗譜》四卷，光緒二十三年（1897）繩武堂木活字印本，天一閣有藏。

　　此書僅五葉半，約千餘字而已。卷前詳細記述了咸豐元年（1851）太平軍亂開始，至咸豐十一年（1861）九月至十一月及次年四月攻陷紹興、寧波之具體過程，以及給當地百姓造成的流離之苦，直至同治元年（1862）四月十二日太平軍被英人和官兵用落地梅花炮擊走。作者云："吾溪上爲之一大變。余也生不逢辰，親歷其境，爰略志之，俾後人知離亂之苦，傷心慘目，有如此者，雖居安樂，當思患難時也。并感賦五言十六韵，聊以當慟哭云。"次作者所賦五言十六韵。卷末有題"同治甲子歲秋九月中澣蘊齋應文炳撰"。

　　此書收入《中國近代史資料叢刊續編·太平天國》，廣西師範大學出版社 2004 年版。

溪上遭難志畧

天下之生必矣、一治一亂、際其治者耕田而食、鑿井
而飲、熙熙皞皞、何其盛也、不幸而遇亂世流離失所
生靈塗炭有可勝言哉、咸豐元年歲在辛亥、西粤
盜起、蓄蓄長髮裹以紅巾、人咸目之曰長毛、奸淫婦女
燒爇房屋、污穢字紙、輕棄五穀、好殺不敬神明、賊
首妄改正朔、稱天朝、掠地攻城、陷三楚、破豫
章、不數年據金陵而作都、自是流寇襄陽、繼揚江
藕武林等處、所過州縣鎮皆成赤土、十一年辛酉九
月二十九日入紹興寧郡、騷動勢若危卵矣、城中居
民震恐、挈家眷以逃、齋擁出城、甚有踏死城門者、舟
楫裝運財物、水路絡繹而來、至十餘畫夜不絕、十月
二十六日賊分隊窺寧城、一由奉化、一由慈谿兩路
益進、各村匪徒歸入賊黨、有郁昌榮者私鹽商也、寓
住大皎、與馬三高率領數十人出山投賊、梁徇周雲
臺王志剛等亦率領六七百人、出章村燒孔家民房二

《溪上遭難志畧》卷端

南史識小録八卷北史識小録八卷

清沈名蓀、朱昆田輯。二册。謄清稿本。無框格，半葉九行，行二十六字，小字雙行同。卷端題"錢唐沈名蓀澗芳，秀水朱昆田文盎抄撮"。清吴焯題跋。朱氏别宥齋舊藏。

沈名蓀，字澗芳，一字碉房，浙江仁和人。康熙二十九年（1690）舉人。工詩，少從王士禎游，與查慎行、朱昆田友善。著有《蛾術堂文集》十卷、《青燈竹屋詩》三卷、《退翁詩》一卷、《筆録》十卷、《史臠》八卷、《慊録》一卷、《冰脂集》四卷等。偶亦爲曲，著有《鳳鸞儔傳奇》。生平事迹見《清史列傳》卷七十一《文苑傳》二[①]。朱昆田（1652—1699），字文盎，號西峻，浙江秀水人。太學生，朱彝尊子。

清代著名藏書家吴焯跋云："此沈氏采摭時家塾底本也。"此書有著者沈氏及跋者吴氏之印，并謄録精整，因此當目爲謄清稿本。《兩浙著述考》第904頁提及此書，《中國古籍善本書目》著録的都是各家之抄本，清同治間亦有此書刻本。值得一提的是清張應昌對此書有補正，各爲《南史識小録》十四卷《北史識小録》十四卷，有同治十年（1871）清來堂刻本。

正如吴氏所云，此書是家塾讀物，正文大字是以簡短的語言叙述事件，下以雙行小字繫以典章名物制度和各種典故，通俗易懂。體例大略依仿南北史，是南北史的簡略版。《南史識小録》八卷内容如下：卷一宋齊梁陳帝紀，卷二宋齊梁陳后妃列傳、宋宗室諸王列傳，卷三至五宋列傳，卷六齊宗室諸王列傳、齊列傳，卷七梁宗室諸王列傳、梁列傳，卷八陳宗室諸王列傳、陳列傳、循吏傳、儒林傳、文學傳、孝義傳、隱逸傳、恩幸傳、夷貊傳、賊臣傳。《北史識小録》八卷内容如下：卷一魏齊周隋帝紀，卷二魏齊周隋后妃列傳及宗室諸王列傳，卷三至四魏列傳，卷五齊宗室諸王列傳、齊列傳，卷六周宗室諸王列傳、周列傳、隋宗室諸王列傳、隋列傳，卷七外戚傳、儒林傳、文苑傳、孝行傳、節義傳、循吏傳、酷吏傳、隱逸傳、藝術傳，卷八列女傳、恩幸傳、僭僞附庸傳、四夷傳、序傳。

鈐有沈名蓀名章"澗芳""沈印名蓀"，以及吳焯"劍南新擘""繡谷""一生於此足矣""繡谷熏習""鵝籠生""性命以之""尺鳧氏"諸印，并周輔"虞山周輔借觀"，朱鼎煦"蕭山朱鼎煦收藏書籍""蕭山朱別宥"藏書章。

注：① 《中國文學家大辭典（清代卷）》，錢仲聯主編，中華書局 1996 年版，第 364 頁。

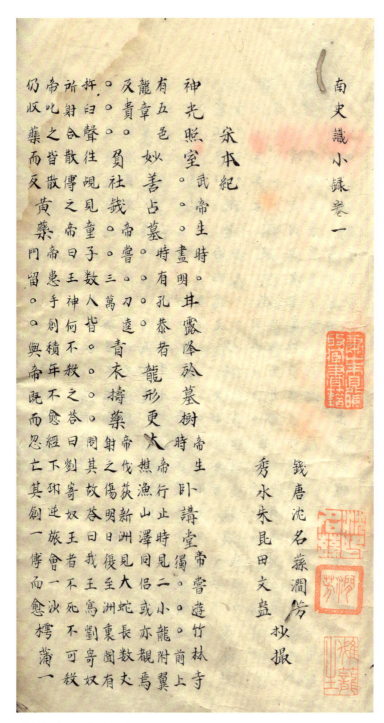

南史識小録卷一

錢唐沈名蓀澗芳抄撮

秀水朱崑田文盎

宋本紀

神光照室。。武帝生時。。畫明。井露降於墓樹時。帝生卧講堂。帝嘗遊竹林寺。前上有五色。妙善占墓。時有孔恭者。龍形更太。蕉漁山澤同侶。或亦觀焉。龍章反貴。。賈社錢。帝嘗三萬。刀遠青衣搗藥。射之傷。明日復至。大蛇裹聞有數夫問其故荅曰我王者不死不可殺。扞曰聲住覘見童子數人皆。荅曰劉寄奴王神何不教之。帝叱合散傳之。帝既而忽亡其劍一傳而愈。所叱之皆散。帝患手劇積年不愈。經下邳逆旅會一沙㢱蒲一仍收藥而反黃藥門留。

《南史識小録》卷一卷端

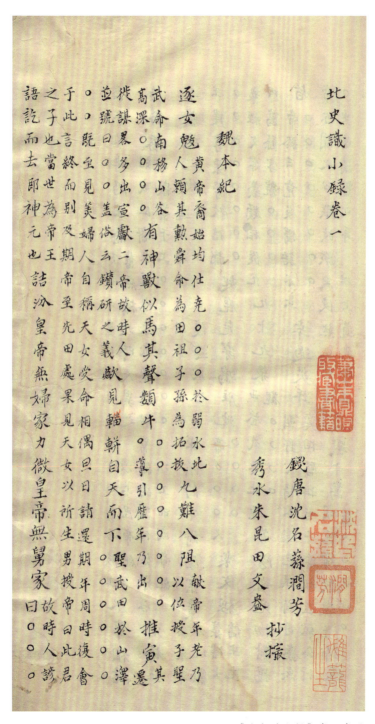

北史識小録卷一

鋟唐沈名蓀潤芳
秀水朱昆田文盎
抄撮

魏本紀

黄帝喬姤均仕堯。○○恭弱水北北凡難八阻以位授子聖其獻帝年老乃

逐女魃人賴其勲舜命為田祖子孫為拓拔○○○○○○○○○○推寅遷

武命南移山谷。○○有神獸似馬其聲類牛○導引歷年乃出○○○聖武田於山澤

高梁。○盖俗云鑌研之義○○○○○○○○○○○○○○

徙謀畧多出宣獻二帝故時人歉見軒轅日天而下聖武田於山澤

並號曰。○○○○○○○○○○○○○○

○既至見美婦人自稱天女受命相偶旦日請還期年周時復會

于此言終而別及期帝至先田處果見天女以所生男授帝曰此君

之子也當世為帝王詰泳皇帝無婦家力微皇帝無舅家故時人諺

語訖而去郎神元也○○○○○○○○○○○○○○○

《北史識小録》卷一卷端

見山録二卷

清查奕慶輯。二冊。無框格，半葉九行，行三十字，小字雙行不等。卷前有著者自序。朱氏別宥齋舊藏。

著者自序署名"莳湖對齋"。《晚晴簃詩彙》卷一百二十九載："奕慶，字莳湖，海寧人，諸生。"[①]檢宣統元年（1909）刻本［浙江海寧］《海寧查氏族譜》卷四十六："奕慶，字致章，號秀崖，太學生，捐職州同。生於乾隆丁巳九月廿四日午時。奕惠之弟。"查氏著有《查莳湖先生雜著》，咸豐七年（1857）刻本。

自序云：

> 前言往行可法可鑒者，莫備於《綱目》一書。予自癸丑歲閑覽隨筆，散弆篋中，六閱春秋矣，每欲編次而未遑。戊午秋，東君奉檄入闈，涼秋新爽，傾篋類輯，分爲九目，曰倫紀，曰學識，曰風節，曰權智，曰節義，曰治行，曰法鑒，曰闊略，曰特書一書。晨夕掌抄，至臘初哀然成帙，名曰《見山録》，取高山仰止之義。昔吳玠讀史，凡往事可師者，録置座右，積久，墻墉皆格言也。兹集較便携覽，尤所心喜，特是千三百六十二年，益以宋元名賢輩出，挂漏居多，疚心不少，假我數年，當益輯所未備，以伸予仰止之願云。莳湖對齋自題於古斟灌署之聽音軒。

目録後有對齋識"手輯自怡悅，兼以教子孫。漫藏及借者，真乃犬與豚。花甲老人對齋誠筆"。可見此書編纂之緣起，有娛樂和教育子孫

《見山録》卷一卷端

的雙重目的。是書上集分倫紀、學識、風節、權智、節義，下集分治行、法鑒、閨略、特書一書，體裁類《世說新語》，每則故事之上有人名，如丁鴻、劉愷、明帝等，是爲了便於檢索。

鈐有著者印"對齋""念慈堂印"，以及清代鄞縣學者陳勱藏書章"運甓齋藏書印"。

注：①《晚晴簃詩彙》，第 5571 頁。

璽菴碎筑集四卷

清林時對撰。一册。手稿本。無框格，半葉七行，行二十字，小字雙行不等。卷前有清林日光、徐鳳垣序，著者自序。朱鼎煦題跋。朱氏別宥齋舊藏。

林時對，字殿颺，號璽菴，明末清初浙江鄞縣人。崇禎十三年（1640）進士。光緒《鄞縣志》有傳。著有《留補堂文集選》，刻入《四明叢書》第六集中。《海東逸史》[①]卷十八云："林時對，字殿颺，號璽菴，鄞縣人。崇禎十三年進士，年未冠也，授行人。性恬淡，嘗曰：'士人若愛一錢，即不值一錢。'丁艱歸。福王立，起吏科都給事中（《甬上續耆舊傳》云：福王監國，召爲御史。《鄞縣志》據莊元辰奏疏，亦從御史）。爲阮大鋮所惡，罷歸。魯王監國，遷太常寺卿，佐孫嘉績幕事，力主渡江。熊汝霖之下海寧，時對實贊之，擢都察院右僉都御史。逾年而紹興陷，遂歸。又十八年而卒。所著《璽菴逸史》，皆紀國難事。"

朱鼎煦跋云：

右《璽菴碎筑集》四卷，分死節、死義、死難、死事。清鄞林時對著。無格，竹紙，稿本。書法絶似顧亭林、李孔德諸先生，古拙可愛。首昭陽大淵獻（注一）三山年宗弟日光（注二）叙，次老友徐鳳垣霜皋氏引，次辛酉暮春鼎湖泣血日明山遺民璽翁謹述。以官銜字號姓名出身爲題，繫以七律一首，附以小傳數行，唯孫嘉績爲五律四首，沈宸荃七律二首。小傳稱：余與君兩榜同籍，又同任皇華使者，有文章氣誼之雅，成莫逆交，余別有傳。

璽菴碎筑集卷之一

左都御史贈太子太保山陰劉忠端公念臺先生

韓宗周辛丑進士

死節

正學清標仰巀山隻藤倚户肅　班批鱗屢疏千霆

怒秉笏幾回傴巨奸了我平生惟一夬念忠報國在

其間同心把臂呼文正壯節千秋起懦頑

公筮仕大行郎告假終養家食廿載若筮節貞操

始終如一海內仰之如祥麐威鳳總肉憲杭章箴

亥闕屢棚巀齷齪難進易退易有古大臣風乙酉六月絕

粗甸餘辛示為兒子巀未伸君恩未報當忠而夬夬

有餘悼示秦塔嗣盤信國不可為偷生宣能火止水

與疊山只爭先後差云袁夏甫時地皆非偶得正而

斃矣廢幾全於受廿二日致命詞雷此旬日夬以存康

濟意決此一朝忠了我平生事懶慨與後容何難亦

何易公潛心理學學者稱為巀山先生

吏部尚書贈太傳嘉善徐忠襄公

薛石麒字寶摩魏厲求士戌進士

《璽菴碎筑集》卷一卷端

《劉中藻傳》：筮仕星垣與余最契，每師事之，別有傳。《黃大鵬傳》：甲申以考滿，過四明，余同葛太史杯酒款敘云云，足資譚助，故略記之。書中挖補，年久脫漿，爲之黏帖。已佚去者無可踪迹矣，惜哉。徐鳳垣與著者之兄時躍共撰《正氣集》（注三）。

注一：昭陽爲癸，大淵獻爲亥，當康熙二十二年，即一六八一②。

注二：林日光，《人名大辭典》無考。

注三：見《人名大辭典》五八六，而徐鳳垣不收。

書中夾有詩籤，一在翁明瑛，一在陳潛夫，恒作恒，字迹出於一手，故目爲作者稿本。次日又題。

此書乃晚明殉國諸臣之重要史料，分死節、死義、死難、死事四卷，所收人物一百六十餘人。卷前有康熙二十二年（1683）林日光撰《璽菴碎筑集叙》，次清徐鳳垣書《璽菴碎筑集引》，次辛酉（1681）林時對述《碎筑集自序》。林氏云："璽菴……細搜殉難諸公，紀其行實，繫其族里，各綴以詩。"徐氏曰："璽菴先生……一絲熱血宜與遜國諸記存有明一代故事，心亦良苦矣。"自序云："此皆十三朝培養之精忠，而三百年間生之正氣，嘆音容之既窈，眡箕尾以云遥，恐漸遠漸湮，金銷石泐，則余後□者之罪，又何逭焉。雪涕綴詞，銜哀結響，敬詳爵里姓氏，各繫以詩，以志人琴之慟。"此書是研究晚明人物和歷史的重要資料。

鈐有"香句賞心""別宥齋""鼎煦小印""蕭山朱氏"諸印。

注：① 《海東逸史》十八卷，（清）翁洲老民撰，光緒十年（1884）慈溪楊泰亨經畬塾刻本。
② 應爲 1683 年。

［浙江寧波］濠梁萬氏宗譜内集□□卷

　　明萬表修，清萬斯大增修。存二卷：四至五。一册。謄清稿本。版框高 20.8 厘米，廣 14.8 厘米，白口，單黑魚尾，左右雙邊，半葉十行，行二十六字。藍格。版心鐫“萬氏宗譜”，有個别葉版心鐫“息耕堂”，此皆是萬氏家製之專用稿紙。孫氏蝸寄廬舊藏。

　　萬表（1498—1556），字民望，號鹿園，又號九沙山人，浙江鄞縣人。正德十五年（1520）進士。萬斯大（1633—1683），字充宗，號跛翁，學者稱褐夫先生。清初經學家。萬氏家族在有明一代爲甬上望族，纍世軍功，自第七世萬表始以儒術顯，到明末萬泰時，弃武從文。萬泰有八子，師事黄宗羲，各有成就，人稱“萬氏八龍”，如第六子萬斯大承黄氏經學，第八子萬斯同承黄氏史學。

　　此書原卷數不詳，根據卷端題名僅存四、五兩卷。卷四存《世恩録》，録萬氏一族從萬斌以武功起家至萬邦孚九世之中所受誥贈制敕之類。卷五存《遺容録》，録萬氏家藏先祖遺像；《祖訓録》，録萬氏歷代之格言垂訓；《冠婚儀》，記録了萬氏一族所遵循的冠禮與婚禮之儀式；《祭祀儀》，記録萬氏家族祭祀之禮。以上幾種皆有萬斯大所撰小序置於前，詳述纂述之緣起與宗旨。另有部分關於“喪葬”與“厚祖”的内容，皆不全。

　　此書抄寫精整，似爲一謄清抄本，唯卷五第十葉粘簽云“此係嘉一府君原本，是明時服制，刻時應注明”，嘉一府君即萬邦孚，可知此本乃謄清待刻稿本。乾隆三十七年（1772）辨志堂刻十四卷本《濠梁萬氏宗譜内集》卷十三亦注明此意，可見，此稿本和後世之刻本有淵源。

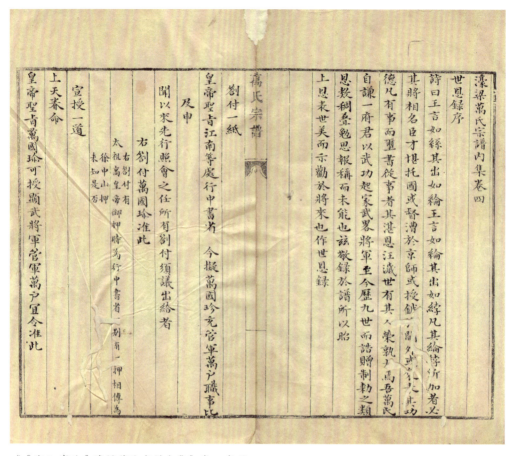

《［浙江寧波］濠梁萬氏宗譜內集》卷四卷端

　　但此稿本和辨志堂刻本分卷殊不同。刻本各分卷内容爲：卷一姓源、始祖録、世系圖、宗子圖，卷二至十世傳，卷十一世恩録、崇祀録，卷十二先塋録，卷十三遺容録、祖訓録、冠昏儀、喪葬儀、祠堂儀、祭祀儀、厚族儀附刻辨志堂祀規，卷十四家集録、世澤録、遺迹考。刻本目次後有乾隆壬辰（1772）萬福（承式）題記云："先府君原刻宗譜目次内集十三卷外集七卷，時因視學黔南，先以世傳八卷付梓，尚餘世傳一卷及世恩録至遺迹考十三則，并外集存徵録、藏書録，雖編目次，未有成書。後遭回禄，藏本盡毀，兹從長房覓得伯考手抄内集十三則底稿，謹一并付刻，緣世系加增續叙世傳一卷，計梓成内集十四卷。至外集七卷，仍存其目，以備搜羅散佚云。”刻本每卷卷端之編纂者題名各不相同，比如卷一卷端題名爲“六世孫全作，九世孫表重修，十一世孫邦孚續修，十三世孫斯大增修”，又如卷五卷端題名“曾孫斯大輯”，卷十一卷端題名“十三世孫斯大增輯，十四世孫經續增，十五世孫承式福續增，十六世孫縣前校刊”。由此可以看出閣藏稿本與刻本實爲不同的系統。

［浙江寧波］鄞范氏族譜不分卷

　　清范上林修。二册。無框格，半葉行、字數皆不等。寧波市文物管理委員會舊藏。

　　范上林，字濱篁，號鑑塘，浙江鄞縣人。天一閣主人范欽裔孫。

　　此書凡例末題“乾隆五十六年歲次辛亥林鐘月二十四世裔孫上林敬輯”。范上林另撰有《城西宗譜序》，此本未見，保存在閣藏稿本［浙江寧波］《鄞西范氏宗譜》中。此序叙述了本族譜修纂的概況：“吾族之譜則元至正間第九世御史臺經歷仲信公草創，其從子十竹公嘗請序於烏斯道，經海南公重修付梓，然流傳絶少。其後七二房有名廷臣者，作序次一册，自始祖至大字行止，紀載爲詳，而汝字行至多字行又九世，未有繼其事者，故義不相屬，歲時聚會往往至不能别其行輩，此靖節所以有路人之嘆，涪翁所以有同四世祖兄六十始相識之悲也。”

　　本譜始修於清乾隆五十六年（1791），世系修録至第二十六世。卷目分爲譜序、世系。内容包括遷居四明之前之范氏世系，一世祖到十三世祖宗尹；范氏居鄞族譜世系圖表總記，從一世宗尹到二十五世邦浩。始遷祖宗尹，又名仲尹，號覺民，宋代自湖北鄧城遷居浙江鄞縣城西。

　　此書爲天一閣原藏書，後散出，又從北京中國書店蕭新祺處購買歸閣。《浙江家譜總目提要》[1]著録此書。

注：①《浙江家譜總目提要》，程小瀾主編，浙江人民出版社 2005 年版，第 340 頁。

范氏居鄞族譜世系圖表總記

一世行福　　二世行禄　　三世行承　　四世行延　　五世行孟

宗尹　諱覺民　　字世瑞　　字德芳行　　字景昭行　　字継先

公麟　行福一　　行禄二　　承一以南　　明延四恩補

宋建炎　　宋高宗　　　　　　承直郎黃　　隆嗣行孟八
南渡隨　　陽籍中　　　　　　門絡事娶
三年參　　興甲申　　　　　　行春坊趙　　　　　　嘉泰中
知政事　　門絡事　　　　　　仕常州　　　　　　　舉賢良
四年爲　　覺民公　　　　　　軍事推
尚書右　　進士官　　　　　　官娶南
償射兼　　慶駕至　　　　　　門内楊
摳密院　　臨安聲　　　　　　氏卒于
事生三　　即娶趙　　岸嗣宗嗣　官遂葵
　　　　　于鄞之　　隆嗣宗嗣　于武進
于公麟公　仲夏魏　　生二于　　縣南鄉
巽公麒　　坊汪氏　　　　　　一碎村
仍居鄞　　宜人附葵
城公巽　　封女
氏封宜　　父堂生二
　　　　　于明同

弟因窆　　議大夫奉　　　　　同　　　　宗嗣　字仲孫
巫相女　　都水員　　　　　名　　　　行孟十
都水員　　　　　　　　　　節之行
外郎魏　　　　　　　　　　延五娶黃
　　　　　　　　　　　　　春橋陳氏
　　　　　　　　　　　　　于武進
　　　　　　　　　　　　　葵吳家岸
五　　　　　　　　　　　　于友直

《［浙江寧波］鄞范氏族譜》卷端

119

［浙江寧波］鄞西范氏宗譜不分卷

清范邦瑗修。二册。無框格，半葉行、字數皆不等。朱鼎煦題簽。朱氏別宥齋舊藏。

范邦瑗，字邃卿，號采蓮，浙江鄞縣人。天一閣主人范欽裔孫。范邦瑗所修家譜另有哈爾濱師範大學圖書館藏《［浙江寧波］鄞西范氏本支譜》不分卷，光緒八年（1882）四明邃廬山房稿本，一册；上海圖書館藏《［浙江寧波］鄞西范氏雙杏堂支譜》，清四明邃廬山房抄本，一册，存卷一之六，記事至清光緒間。

此譜修於清光緒六年（1880）。卷前有明十五世孫范鎬《范氏世系鄞城源流考》、元至正七年（1347）慈溪烏斯道《鄞西范氏宗譜序》、元四明卓説《鄞西范氏宗譜序》、元至正九世孫范孚《仲信公宗譜舊序》、明洪武丁卯（1387）周翰《鄞西范氏宗譜序》、明洪武己巳（1389）許芳《鄞西范氏宗譜序》、明建文二年（1400）陸景龍《鄞西范氏宗譜序》、明嘉靖二十八年（1549）十五世孫范鎬《海南公宗譜原序》、清乾隆五十七年（1792）裔孫范上林撰《城西宗譜序》。

鈐有“蕭山朱鼎煦收藏書籍”印。

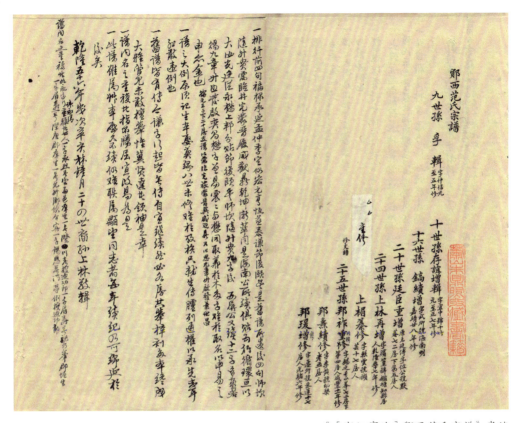

《［浙江寧波］鄞西范氏宗譜》卷端

新校廣平學案二卷附舒文靖公類稿附録二卷

　　宋舒璘撰，清黄宗羲輯，清全祖望修補，清徐時棟輯校。存三卷：廣平學案二卷、附録卷上。二册。版框高 19.2 厘米，廣 14.1 厘米，上下黑口，雙對黑魚尾，左右雙邊，半葉十行，行二十一字，小字雙行同。紫格。版心鎸"烟嶼樓初本"。卷前有清徐時棟序。馮氏伏跗室舊藏。

　　舒璘（1136—1199），字元質，一字元賓，學者稱廣平先生，浙江奉化人。師事張栻、陸九淵，又問學於朱熹、吕祖謙。宋乾道八年（1172）進士，歷任江西轉運司幹辦公事、徽州教授、知平陽縣，官終通判宜州。樸拙不能文章，然長於教學，世人稱其爲當今第一教官。淳祐中，特謚"文靖"。著有《舒文靖集》[1]。黄宗羲（1610—1695），字太冲，號南雷，世稱梨洲先生，浙江餘姚人。明末清初傑出的思想家、史學家。著有《明夷待訪録》《明儒學案》等。全祖望（1705—1755），字紹衣，號謝山，浙江鄞縣人。乾隆元年（1736）進士。著名史學家。著有《七校水經注》《經史問答》《鮚埼亭文集》等。徐時棟生平見《尚書逸湯誓考》二卷條。

　　《廣平學案》原爲黄宗羲所輯，全祖望修補，此爲徐時棟抄校稿本，勾乙塗抹，多所校正。卷前有清同治十一年（1872）徐時棟書修改序言，詳述新校此書之緣起："奉化舒芙嶠太守亨熙牧河南汝州，刻其遠祖文靖公《類稿》，貽書數千里，屬余校正，且乞鈔《宋元學案》中《文靖學案》。鈔竟讀之，則其書非復黄、全二先生之舊，割裂移置，非故編矣，附益儳亂，非元文矣。乃爲復其可知，而訂其不能復者。及終讀之，則雖二先生之舊亦若或不能無間於吾心，而家學與師承則於鄙意尤有所未愜也。其他考據之錯誤、攟摭之遺漏，蓋時有焉……若宜考訂增補者

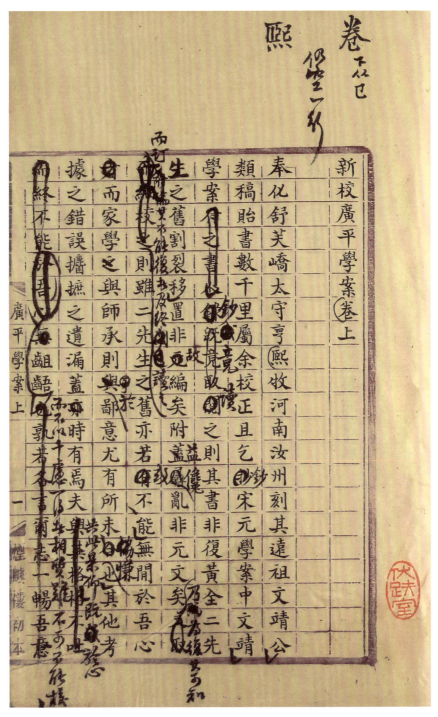

新校廣平學案卷上

奉化舒芙嶠太守亨熙牧河南汝州刻其遠祖文靖公

類稿貽書數千里屬余校正且乞鈔宋元學案中文靖

學案有之書必竟取鈔之則其書非元文矣益

生之舊割裂移置非復編矣附蓋益非元二先

而家學之與師承則與鄙意尤有所未及其他考

據之錯誤攟摭之遺漏蓋時有焉夫廣平學案上

而終不能於吾心亂語而不以十廬志一暢吾意

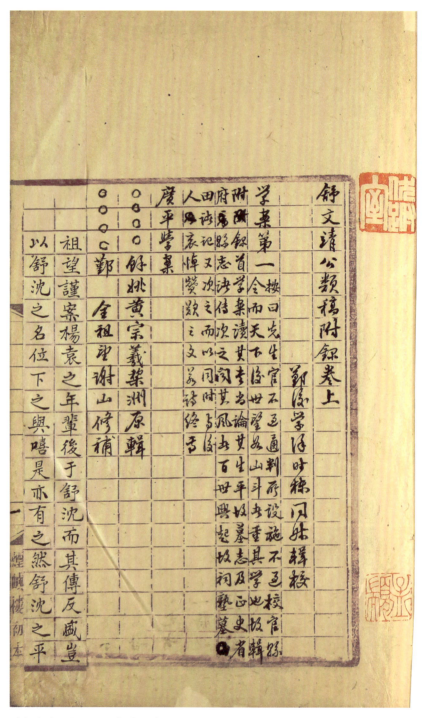

《舒文靖公類稿附録》卷上卷端

并細書分注卷中，積二十餘日克有就緒，既付來使復汝州，復存其稿，序之爲《新校廣平學案》。"可見徐氏作此書原本是爲了完成舒芙嶠（亨熙）之托。

此書的體例徐時棟在文中也有詳細的説明："元本黄、全二先生各有案語，道光間鄞王梓材薐軒重校，慈溪馮雲濠五橋付刻，又各有案語，今録諸案語悉仍其舊稱，臆見所及則加'校曰'二字以別之。"徐氏校此稿當不止一次，有原文下雙行小字正楷寫就的"校曰"條目，如上文提到的校改體例便是這類情況，屬於初次校對的痕迹。天頭地脚或者旁行斜出處亦有草書"校曰"的條目，比如卷上葉二天頭處對開篇全祖望按語所作的批校説明："此謝山牢騷語也。傳之盛否，固不繫於名位，然豈有以年輩論學術者哉。"也有墨筆草書修改意見，如卷上葉二天頭"薐軒以下當移入廣平類稿四字之下"云云。

此書是針對王梓材所重校《廣平學案》之失誤而進行的批駁修正，有正本清源、撥亂反正之意。卷末徐氏還輯校了《舒文靖公類稿附録》二卷。

鈐有"伏趺室""孟顥""伏跗室"諸印。《書林掇英》[2]著録此書。

注：①《宋代人物辭典》（下），楊倩描主編，河北大學出版社 2015 年版，第 726 頁。
②《書林掇英》，魏隱儒著，李雄飛整理校訂，國家圖書館出版社 2010 年版，第 176 頁。

張忠烈公年譜一卷

　　清趙之謙輯。一册。無框格，半葉九行，行二十字，小字雙行同。卷端題"賜謚忠烈明大學士兵部尚書鄞張忠烈公年譜"。卷前有著者自序。寧波市文物管理委員會舊藏。

　　趙之謙（1829—1884），初字益甫，後改字撝叔，號悲庵、梅庵、冷君、無悶等，浙江紹興人。趙之謙的篆刻成就巨大，近代的吳昌碩、齊白石從他處受惠良多。譜主張煌言（1620—1664），字玄箸，號蒼水，浙江鄞縣人。崇禎十五年（1642）舉人。明亡後，起兵於鄉，輾轉抗清十九年，清康熙三年（1664）在杭州就義。著有《張蒼水集》。黄宗羲《思舊録》、全祖望《張忠烈公年譜》《張公神道碑銘》《甬上族望表》、李介《天香閣隨筆》、許重熙《甲乙彙略》等文獻記載其史事。

　　此書主要内容爲張煌言自萬曆四十八年①（1620）出生至康熙三年（1664）四十五歲間之生平事迹，繫以年月之下。

　　卷前有趙之謙自序：

　　　　《鄞張忠烈公年譜》題全先生祖望輯。其書出自鄭氏，鄭氏言得之姚江黄氏。董君孟如修鄞志時，嘗據以校正。之謙乞孟如假寫以歸，今反覆讀之，有大疑焉。全先生所著書，其弟子董秉純稱三十餘種，未詳其目，是書有無曾不可知，然《鮚埼亭集》與《外編》所存文字，於忠烈畢生志節行誼求之唯恐不盡。忠烈之女爲全先生諸母行，先生年十八時已從之問遺事，補黄楊二徵士志記闕失，糾吳星叟《嘯臺集》謬誤，一見之《神道碑銘》，再見之《與萬九沙趙谷林書》，蓋至審且慎矣。《年譜》晚出，一人之書復相違異若此，或謂昔信以是，今知其非……忠烈賜謚在乾隆四十一年，距先生之殁已二十年（全先生以乾隆二十年七月二日卒）……自乾隆中東南收繳禁書，遺黎窮里複壁罔敢伏匿，抽毀既定，殘剩百一，今亦半歸滅没，幸故鄉耆宿猶及此者，每酒酣耳熱間述舊聞以息諧謔，三十年前口耳之師默記四五，雖老而健忘，尚能説約略也。忠烈之自序《奇零草》也，日思借聲詩以代年譜，竊仰斯旨，聞疑載疑，願有述焉，證諸本集，期可徵信，旁及異聞，有資考索，仍其是者，去其誣罔，別爲《年譜》一通，以竟全先生之志，亦慰忠烈於九京也。

全祖望輯《張忠烈公年譜》，有光緒二十二年（1896）慈溪童氏刻本。鈐有"南通馮氏景岫樓藏書"印。《中國古籍善本書目》史部第5702 條著録此書。

注：①原書爲"萬曆四十九年（庚申）"。

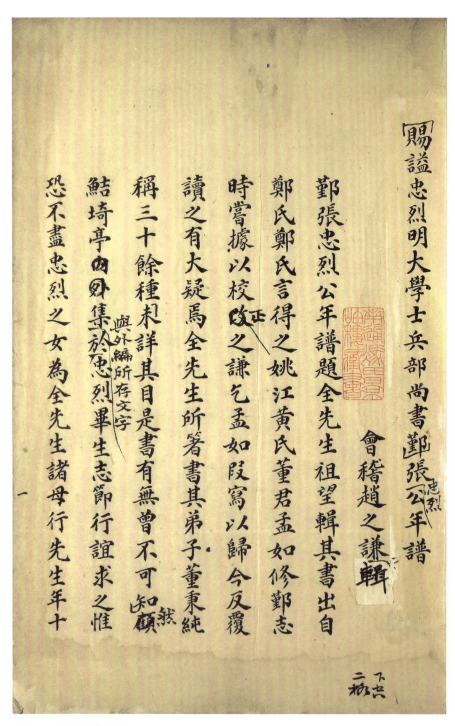

賜謚忠烈明大學士兵部尚書鄞張公年譜

會稽趙之謙輯

鄞張忠烈公年譜題全先生祖望輯其書出自

鄭氏鄭氏言得之姚江黃氏董君孟如修鄞志

時嘗據以校改之謙乞孟如段寫以歸今反覆

讀之有大疑焉全先生所著書其弟子董秉純

稱三十餘種秖詳其目是書有無曾不可知顧

鮚埼亭內集於忠烈畢生志節行誼求之惟

恐不盡忠烈之女為全先生諸母行先生年十

《張忠烈公年譜》卷端

128

工程算法四卷

　　清岑傳撰。存三卷：一至三。三冊。無框格，半葉十行，行二十六字。稿紙上有"履祥字號"戳記。卷端題"東浙岑傳纂述"。朱氏別宥齋舊藏。岑傳生平待考。

　　全書分四卷，存前三卷。卷一爲木作（圓木、四方木、六方木、長短圓木見方、長短圓木解板、方木解板、斜木、帳篷梁柱），船作（戰船龍骨木、戰船底旁板、桅木、圓木折方）。卷二石作（六方石、長石、斜石、三角石），瓦作（攔土、碎磚、山墻、墇頭、墙肩、筧瓦、灰工、水關券洞、槽口、城門裏外進、城門券洞、夫工）。卷三土作（臺基增底灰土、填廂素土、夾堆虛土折方築），搭材作（竪立大木架、坐檐曬盤架、砌墻垣架、上石匾、上城樓通金木柱石頂），油畫作（油飾檐柱），油枋梁過畫作（彩畫枋梁、油畫藤牌），漆作（漆飾八仙桌），裱作（裱頂槅），河工（閘壩橋梁），藤作（藤牌），箭作，竹作（攢竹杆），棕作（棕氈），繩作（帳篷繩），掘井。卷四據目録，爲金銀作、銅鐵鉛錫作、皮作、氈作、縤作、纓作等各項。

　　鈐有"鄺卿心賞""蕭山朱鼎煦收藏書籍"兩印。

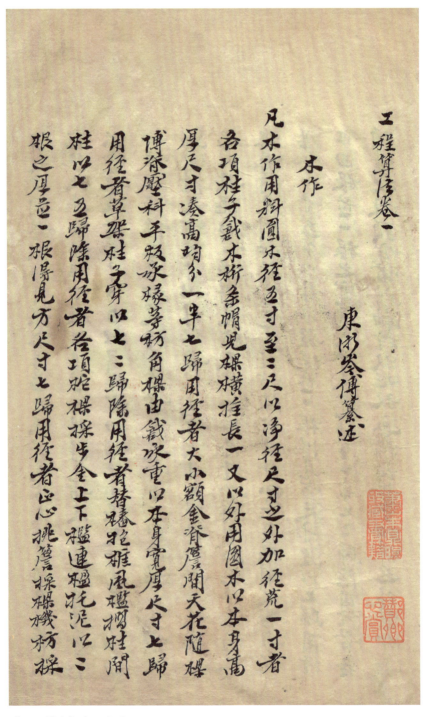

工程算法卷一

木作　　　　康熙峰傳纂述

凡木作用斜圓木徑五寸至三尺以淨徑尺寸之外加徑荒一寸者

各項柱子不戴木斜金帽兒楪橫掛長一丈以好用圓木以本身高

厚尺寸湊高折分一半七歸用徑者大小額金脊簷開天花隨楪

博脊壓科平板承椽等枋角楪由戴次重以本身實厚尺寸七歸

用徑者草架柱子穿以七三歸除用徑者替樁挑雄風檻榻柱間

柱以七五歸除用徑者各項鸵楪楪步金上下檻連磹托泥以二

根之厚並二根得見方尺寸七歸用徑者正心挑簷榡楪機枋榡

《工程算法》卷一卷端

季漢官爵考二卷

清周廣業撰。二册。無框格，半葉十行，行二十二字，小字雙行不等。
卷前有清周春《季漢官爵考序》以及佚名序，卷末有清吳騫、蔣師爚跋。
朱氏別宥齋舊藏。

周廣業生平見《孟子章指》條。

周春序云：

> 考稽漢，賈誼有《五曹官制》，王隆有《漢官解詁》，蔡
> 質有《典職儀式》，應劭有《官名秩簿》，其述官制詳矣；馬
> 班有《諸侯王》《功臣》《王子》《外戚恩澤侯表》，宋熊方
> 有《續漢書表》，其載封爵亦詳矣。自是而降，唯季漢獨缺焉。
> 耕厓根據《國志》，旁引他書，仿《通考》之成例，作季漢《官
> 職》《封爵》二考，信乎繼豐城廣居子之後可以補史顏其齋者也。
> 耕厓博雅嗜書，多所撰述，茲特其一斑耳。采輯富而考核精，
> 已足令人傾倒，由是而及諸史，詎可量乎？

佚名《季漢官爵考序》言：

> 爰取《蜀志》《華陽國志》諸書所載，參考傳記闕疑補佚，
> 依仿《續志》《宋志》《通考》之成例，作季漢《官職》《封爵》
> 二考，凡建設始末、秩禄冠服，已詳《表》《志》，及應有之

員無因考見者，概不復紀，遇有异同，間爲詮注，聊以存一代
之遺聞，踵二京之令緒焉。

卷末吳騫跋云：

　　昔四明萬季野徵君嘗爲《歷代史表》，其《漢季方鎮表》及《漢
大事表》《將相大臣年表》《諸王世表》等并極詳核，若更合
以耕厓之二考，真所謂人异志同，世殊事合。

以上諸序跋對此書内容述之甚詳，不再贅述。值得一提的是清代研
究季漢史的除了萬斯同、周廣業外，尚有王復禮，其所撰《季漢五志》
十二卷，有康熙四十一年（1702）刻本傳世，此三人之書可以并觀之而
後快。

周氏此書用力甚久，世所稱稿本者除此外尚有兩部，即南京圖書館
藏一部稿本三卷，上海圖書館藏一部稿本三卷，有清吳騫校并跋、清周
春跋。另外國家圖書館藏一部清周氏種松書塾抄本，清周勳懋校，勳懋
爲廣業子。

鈐有周廣業名章"畊厓""廣業""勤齋"，及藏書章"蕭山朱鼎
煦收藏書籍"。《中國古籍善本書目》史部第 12265 條著録此書，題名爲"季
漢官爵考三卷"。

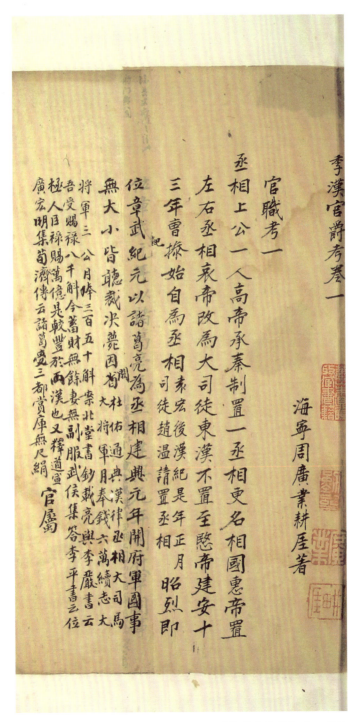

季漢官爵考卷一

海寧周廣業耕崖著

官職考一

丞相上公一人高帝承秦制置一丞相更名相國惠帝置

左右丞相哀帝改爲大司徒東漢不置至愍帝建安十

三年曹操始自爲丞相司徒趙溫請置丞相昭烈即

位也

位章武紀元以諸葛亮爲丞相建興元年開府軍國事

無大小皆聽裁決亮薨因省杜佑通典漢律丞相大司馬

大將軍月奉錢六萬績志大

將軍三公月奉三百五十斛案北堂書鈔載亮與李嚴書云

吾受賜祿八千斛今蓄財無餘妻無副服武侯集答李平書云位

極人臣祿賜萬億是較豐於西漢也又釋道宣

廣宏明集荀濟傳云諸葛亮受三都賞庫無尺絹 官屬

133

季漢官爵考二卷

四明志徵不分卷

　　不著撰者。六冊。是書有兩種稿紙，其中大部分爲二老閣藍格紙，版心鐫"二老閣"，版框高 18.7 厘米，廣 13.9 厘米，上黑口，雙對花魚尾，左右雙邊，半葉九行，行字不等，小字雙行不等；另一爲黑格稿紙，版心鐫"四明志徵"，版框高 19.4 厘米，廣 14.3 厘米，上下黑口，雙對花魚尾，左右雙邊，半葉九行，行字不等，小字雙行不等。封面手書"灌浦鄭實甫珍藏"。清鄭喬遷題識，1959 年朱鼎煦題跋。朱氏別宥齋舊藏。

　　關於《四明志徵》的作者，康熙《鄞縣志》汪源澤序中有言："戴少參鯨輯《四明志徵》。"則知此書爲戴鯨所撰，但戴氏此書隱而不彰，世所流傳者爲宋王應麟撰、明鄭真輯之《四明文獻集》，後張壽鏞將之刊入《四明叢書》第一集中。戴鯨，字時鳴，號南江，浙江鄞縣人。明嘉靖二年（1523）進士，知番禺縣，纍官至福建左參議。嘗輯《四明文獻錄》，著有《閩廣集》《東白樓稿》，嘉靖間又刊刻《杜工部詩集》二十卷行世。光緒《鄞縣志》卷三十六有傳，言鯨"垂老好學，日坐東白樓，手一編不置，自成化以後郡志闕然未修，乃續爲搜補，考諸先輩所言述而不斷，名曰《四明志徵》。又從楊茂清見宋宏之所輯《四明雅集》，因增所未備，序而傳之，又合爲《四明文獻錄》，俱有功學者"。

　　此書現存六冊，内容皆爲四明人物之詩詞文章，首繫以作者小傳，略述其生平及著述，爲四明一地藝文之薈萃。所收人物涉及宋元明清四朝，册五首葉有康熙雍正時人周維槷，最晚者有乾隆時人。此書明

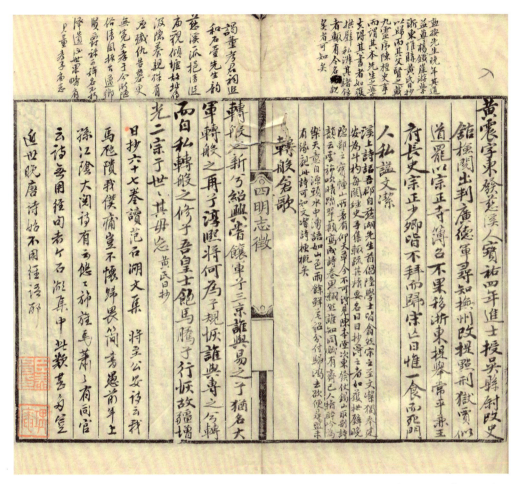

《四明志徵》册一葉二

嘉靖至清之内容并非戴氏原作，或爲後人所補。卷中“丘”“弘”已避諱，知其編纂時間當在乾隆以後。

此書雖不分卷，而細檢其排列，亦略有體例可言。册一共收黄震之下二十三人詩文小傳。册二所收人物始於宋紹興間高文虎，終於嘉定間鄭清之，共三十人，後又接明末清初中期姜晉珪、王治皥、胡亦堂三人。册三始於明弘治六年（1493）進士姚鎮，至萬曆時馮有經、盛廷謨，計十三人，以下又有從洪武至永樂、正統、景泰、成化及弘治乃至萬曆元年（1573）

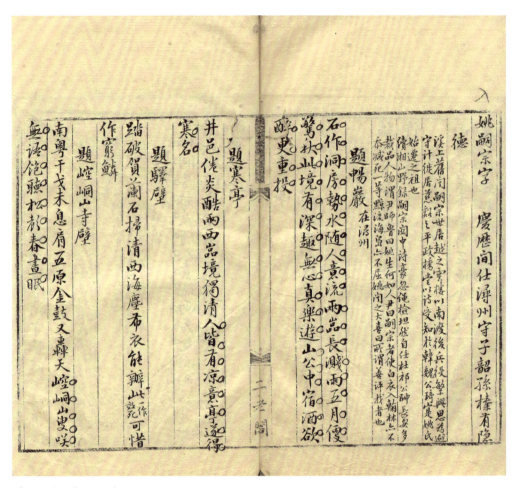

《四明志徵》册一葉四

之桂氏二十八人及乾隆時人桂廷藹共計二十九人之小傳與文章，及雍正時人周恂、烏思道、沈謙，其後竟然又出現了元末明初烏斯道、桂彥良之小傳及文章。統觀此册之內容，實爲元、明、清三代四十七名四明文人之傳記與文章。册四所收人物始於嘉靖八年（1529）進士趙文華和明人林庭梧二人，然後是從隋朝虞世南、五代林無隱，治平二年（1065）進士舒亶以下共計慈溪人十七，及鄞人王應麟、方山京，共計宋人十九，又以清康熙間柴夢楫、姜宸萼二人殿後。册五收康雍乾時人周維械、王國，乾隆辛卯

（1771）副貢生陳同文，乾隆己酉（1789）拔貢葉宗舒四人，然後又有明洪武時人陳恭和永樂時人顧慤二人。册六所收皆爲釋道之屬，先釋後道。

此書初讀龐雜無所統系，有永樂時人在洪武之前者，有成化之人在永樂之前者，有萬曆在正統、景泰、弘治之前者，且把隆慶萬曆時諸人劉伯淵、姜應麟、楊守勤、馮有經、盛廷謨放在桂氏諸人之前，而烏斯道却放在最後。故懷疑此册裝訂順序或有誤，致使其編纂混亂。但是，從其人物小傳詳述科舉之年和爲官之年來看，作者的編纂還是有內在理路的，即按時間來編排。

此書天頭處有朱墨兩色筆書寫"人""速寫誤空""此處應低一格"等語，在册三葉五十九天頭沈謙小傳處有墨筆"非《樂府新編》，乃《左傳樂府》也，見《浮生聞見録》，壬午仲夏志局識"，知此書當爲編纂乾隆《鄞縣志》時的參考書。

册五陳同文小傳之末尾有朱筆行草"嘗讀靖安百姓祭先生文，曰'公來何遲，公去何速'，即此可想見先生之爲治矣。喬遷識"。由見鄭喬遷參與此書之編寫。鄭喬遷，字仰高，號耐生，浙江慈溪人。鄭氏二老閣後人。

戴氏《四明志徵》無刻本行世，此本當是在戴氏原本基礎上又有所添加，內容詳實，但體例未備，展現了未定稿的狀態。此書字體不一，有粗筆樸茂遒勁者，極具書法韵味，有稍纖細勁秀者，亦爲佳抄。其以清代著名藏書樓鄭氏二老閣稿紙抄就，曾經四明楊氏飲雪軒收藏，後歸朱氏別宥齋。

鈐有楊泰亨"理庵""臣泰亨印""太史氏""楊印泰亨""泰亨讀"諸印。

六陵刦餘誌不分卷

清丁業撰。四册。嘉慶稿本。無框格，半葉九行，行二十一字，小字雙行同。卷端題"會稽丁業在文輯"。卷前有雍正七年（1729）修葺歷代帝王陵寢上諭及著者自序。朱氏別宥齋舊藏。

丁業，字在文，浙江會稽人。著有《螳臂録》四卷，浙江圖書館藏其清抄本，南京圖書館藏其鳴野山房抄本。

丁業嘉慶壬申（1812）自序云："《兩浙防護録》，嘉慶六年經大中丞阮公元欽遵雍正七年諭旨，飭令方伯劉公柣督率教職諸員，將閣省陵寢祠墓詳加稽考訂正……阮大中丞采訪防護山邑祠墓，業曾與此役。"此書便是他參與這項工作的成果。

此書首册内容是參稽史料考出宋高宗以下六陵之情況，即高宗、孝宗、光宗、寧宗、理宗、度宗六陵皆在會稽寶山。次列《有明告祭文》，包括有明一代官方文書以及私人文章宋濂以下四篇。其中《南宋諸陵復土記》之下録有嘉慶戊辰（1808）鮑廷博題記。次附考寶山、泰寧寺。次宋明清人三十二人之古詩文，按照五古、七古、五律、七律、七絶的分類編排。

册二至四内容是稽考編排了涉及南宋六陵、雙義祠、冬青穴等古迹的詩文，尤其是明清以來諸人有關收宋六陵遺骨的南宋義士唐珏、林景熙的記、傳、考、吊之文。雙義祠即祭祀二義士的祠堂；冬青穴爲雙義士以玉函葬宋陵骨處，其上遍植冬青。

《八千卷樓書目》[①]卷八史部地理類著録此書爲"《六陵刦餘誌》不分卷，國朝丁業撰，抄本"。此書全文抄録工整，不見其他傳本傳世，并且有作者本人之章，所以定爲稿本著録。

　　鈐有著者印章“節山”“丁業之章”，丁氏“八千卷樓藏書”印，周氏“虞山周輔”“唐廿八人造像之室”“虞山周左季藏書記”印，以及藏書章“朱別宥所藏記”。

注：①《八千卷樓書目》二十卷，（清）丁丙藏，民國十二年（1923）錢塘丁氏鉛印本。

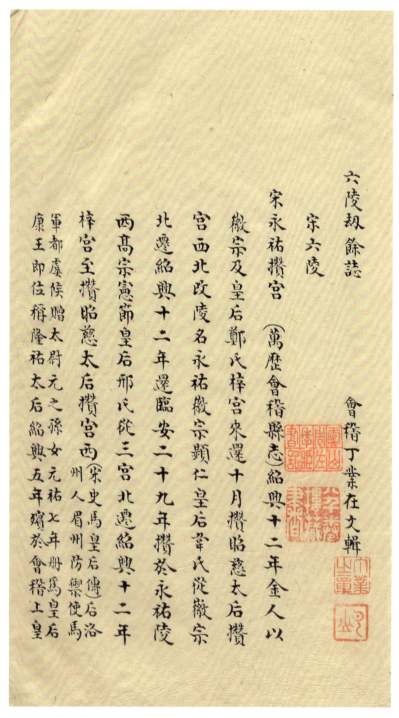

六陵劫餘誌

宋六陵

宋永祐攢宮（萬歷會稽縣志）紹興十二年金人以

徽宗及皇后鄭氏梓宮來還十月攢昭慈太后攢

宮西北改陵名永祐徽宗顯仁皇后韋氏從徽宗

北遷紹興十二年還臨安二十九年攢於永祐陵

西高宗憲節皇后邢氏從三宮北遷紹興十二年

梓宮至攢昭慈太后攢宮西（宋史馬皇后傳）后洛

軍都虞侯贈太尉元之孫女元祐七年冊為皇后

康王即位稱隆祐太后紹興五年殂於會稽上皇

會稽丁業在文輯

《六陵劫餘誌》卷端

新坡土風不分卷

　　清陳鱣、陳小弼撰。一册。無框格，半葉八行，行二十字，小字雙行不等。卷端題“海寧陳鱣仲魚，族侄小弼振周和韵”。清秦瀛序。清王朝、郭宗泰、陳夢弼、鄒黼題跋。朱氏別宥齋舊藏。

　　陳鱣（1753—1817），字仲魚，號簡莊，浙江海寧人。嘉慶初舉孝廉方正，再中舉人，先後從錢大昕、翁方綱、段玉裁游學。好藏書，精於校勘，撰有《續唐書》《論語古訓》《經籍跋文》《恒言廣證》等著作①。陳小弼，字振周，浙江海寧人。陳鱣侄。

　　此書有楷書、草書、隸書三種字體，朱墨爛然，浮簽纍纍，具有完整的稿本形態。前有小弼草書題曰：“吾伯簡莊著述甚富，《新坡土風》百首，偶然寄興之作。今月桂侄手鈔一册，屬余校正，爲勘訛字數，寄而歸之，因嘉其志，兼懷老友。”

　　秦瀛序云：“今仲魚詩既工而又多於余，庶幾其鄉先進朱檢討《鴛鴦湖棹歌》之遺。然檢討所咏爲嘉禾一郡之事，而仲魚取材僅在鹽官一邑，且多出於志乘記載之外，以徵故實，以備風謠，尤不可少也。”

　　卷前有陳夢弼題詩：“一編風土記新坡，小阮傳鈔學負荷。搜討古今遺佚事，由來喬木世家多。《樂郊私語》解人知，細雨東風屬釣師。竹下書堂懸一榻，拜經樓上共撚髭。”

　　鈐有郭宗泰名章“泰”、陳夢弼名章“夢弼”“佐伯印”、鄒黼“捺花”印，另有“閒中味”印，以及“蕭山朱鼎煦收藏書籍”“別宥齋”等藏書章。《中國古籍善本書目》集部第 15149 條收錄國家圖書館藏《新坂土風》一卷，清陳鱣撰，清抄本。天一閣藏本未收入，二本之不同及淵源關係待考。

注：①《二十五史人名大辭典》，黃惠賢主編，中州古籍出版社 1997 年版，第 712 頁。

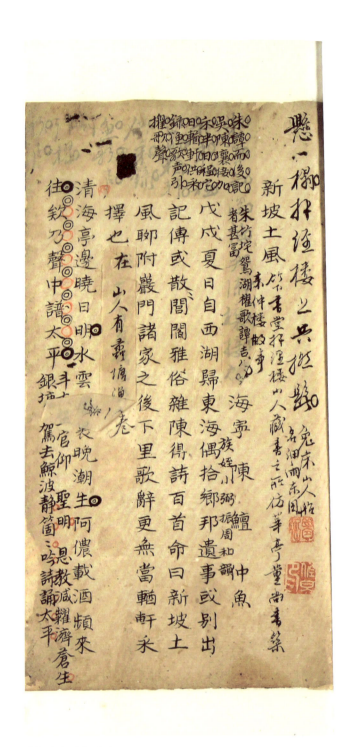

《新坡土風》卷端

彙録全校水經注四十卷

　　北魏酈道元注，清全祖望校，清王楚材録并校。十二册。謄清稿本。版框高 17.0 厘米，廣 14.5 厘米，白口，單黑魚尾，左右雙邊，半葉十一行，行二十一字，小字雙行同。紅格。版心鎸“醉經書屋”，乃慈溪馮雲濠之家用套格紙。卷端題“范陽酈道元注，鄞全祖望校”，卷末題“後學王楚材録”。卷前有王楚材序，署名王梓材《題附平定張穆趙戴水經注校案》，又有《全氏七校水經本考略》，不著撰者。寧波市文物管理委員會舊藏。

　　酈道元（466—527），字善長，范陽涿縣人。北魏地理學家、散文家，撰有《水經注》。全祖望生平見《新校廣平學案》條。王楚材（1792—1851），初名梓，字楚材，後更字梓材，以字行，學者稱艤軒先生，浙江鄞縣人。祖鍔，父謨，世居鄞西柳莊坊。光緒《鄞縣志》卷四十四有傳，引陳邁《運甓齋稿》云：“道光十四年以優行充貢考取教習，期滿出宰廣東署樂會縣，未幾卒於官。生平勤著述，以黄宗羲所撰《宋元學案》未及成編，乃搜索其子百家及全祖望所嘗補輯者而增訂之，慈溪馮雲濠、道州何紹基并爲刊行，别成《宋元學案補遺》百卷。又以祖望嘗七校《水經注》無定本，梓材得其遺稿，重加釐正，闕佚者取趙一清所引全氏語及《鮚埼亭集》中題跋以補之，書始粲然可觀。平定張穆爲覆校，刊入《楊氏叢書》。又依酈注作《水道表》，見者多稱許之。其於諸經各有箋釋，彙之爲《解經録》。他撰著十餘種，皆精審可傳世。古文曰《樸學齋文鈔》，詩曰《北游剩語》，卷帙不多，亦足見根柢云。”

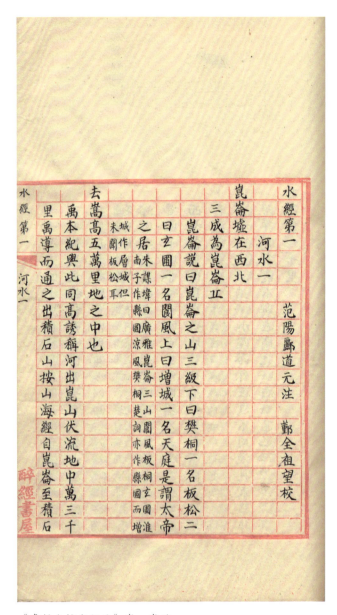

《彙録全校水經注》卷一卷端

　　此本便是王氏之全校《水經注》厘正謄清本，原著録爲醉經書屋抄本，實則爲王梓材之謄録批校本，亦可看作王氏《水經注》批校稿本，是後世全校《水經注》刻本之底本。

全校水經酈注水道表四十卷

　　清王楚材輯。七册。道光二十八年（1848）謄清稿本。版框高 17.0 厘米，廣 14.5 厘米，白口，單黑魚尾，左右雙邊，半葉十一行，行二十一字，小字雙行同。紅格。版心鐫“醉經書屋”。總目首葉題“鄞王楚材籐軒輯，男龍光在甸校字”。卷前有著者自序及清張穆記。寧波市文物管理委員會舊藏。

　　王楚材生平見上條。

　　陳勘《先師王子行狀》云：“一曰《彙録全校水經》四十卷，謝山先生以《水經》舊本經注混淆，屢經考訂，晚主端溪講席，猶朝夕披覽，蓋已七校而未成完書。先生得其遺稿，重加厘正，闕佚者取趙東潛本引全氏語兼采《鮚埼亭集》以補之。其副本一寄山右張石舟穆，屬其覆校刻入《楊氏叢書》，一存慈溪馮氏。又依酈注作《水道表》，如原書卷數，由是讀《水經》者，瞭若指掌。”張壽鏞《世本集覽識》云：“三爲《全謝山七校水經注》十二册，先生取謝山遺稿，重加厘正，更補《水道表》，所謂王氏重録本也。”張氏《世本集覽序》云：“若夫全氏《七校水經注》，光緒戊子已梓行，獨不及《水道表》。是表爲先生輯，其子龍光校，亦宜刊也。”①

　　此本爲王楚材之謄清稿本，後張壽鏞刻入《四明叢書》第六集，民國二十九年（1940）刻本。另，天津圖書館藏有清抄本王楚材輯《水經注重校本》四十卷附《全校水經酈注水道表》四十卷一部，存七十四卷：重校本四十卷、水道表七至四十，有清陳勘題跋。

注：① 以上三篇皆録自《世本集覽原起》一卷《提綱》一卷《條例》一卷《目録》一卷《通論》一卷，（清）王梓材編撰，《四明叢書》第四集第七十八册，張壽鏞編，民國二十五年（1936）張氏約園刻本。

全校水經酈注水道表卷第一

河水表一

崑崙墟在西北去嵩高五萬里地之中也其高萬一千

里河水出其東北陬屈從其東南流入於渤海

河水又出於陽紆之山而

紆陵門之山即川

注於馮逸之山

阿耨達太山出

六崑崙山其山出

大山西有山水名

一名新河　新頭河

陶頭河

又西屈而南流

《全校水經酈注水道表》卷一卷端

海東載書識三十五卷

清楊希閔撰。三十二册。版框高 18.2 厘米，廣 13.5 厘米，白口，單黑魚尾，四周雙邊，半葉十一行，行二十三字。紅格。卷端題"江右新城楊希閔鐵傭撰"。卷前有著者自序。朱氏别宥齋舊藏。

楊希閔（1808—1882），字鐵傭，號卧雲，江西新城人。道光十七年（1837）拔貢，候選内閣中書。咸豐六年（1856），建昌府所屬各縣被太平軍攻陷，楊希閔舉家流落到福建邵武，後遷福州，先後被福建學政吳南池和布政使周開錫延聘。同治九年（1870），他東渡臺灣，主講海東書院十一年①。著有《餘師録前集》十卷《後集》六卷《續集》四卷，稿本，藏湖南師範大學圖書館；《四朝先賢年譜》七卷，稿本，藏華東師範大學圖書館；《水經注彙校》十二卷，稿本，藏福建省圖書館；《鐵傭旅寓碑帖隨記》十卷，稿本，藏江西省圖書館；《鐵傭集》十卷、《鐵傭集》八卷，兩者皆爲稿本，皆藏福建省圖書館；《鄉詩摭譚正集》十卷《首》一卷《續集》十卷，稿本，藏江西省圖書館，國家圖書館有清抄本一部。

卷前作者自序云：

閔鳳有書癖，曩家居積書不少，嘗爲書題五十卷，部次州居，粗經寫定，兵燹來，連棟煨燼，存者無幾。咸豐丁巳以後，流寓福州，境况疏澹，節縮衣食，購籍遣日，校舊未及十之二三。同治庚午，東渡臺陽，掌教海東書院，携籍更不能多，凡無關要繫者，概寄存福州。而以自隨，猶六七十櫝，同行者竊目笑之也。壬申之冬，課暇，將所携者録存一目，每書述其

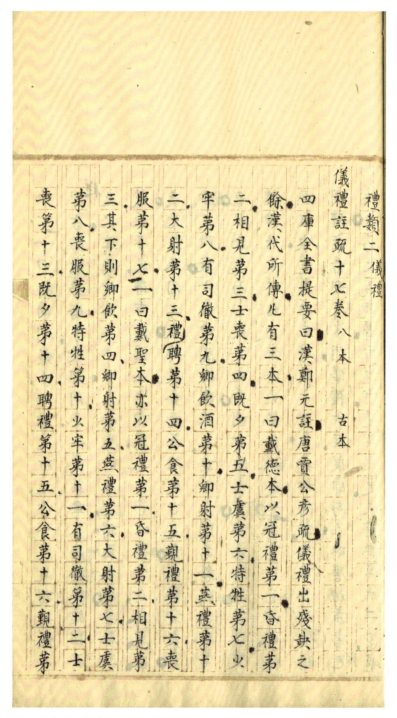

禮類二 儀禮

儀禮註疏十七卷 八本 古本

四庫全書提要曰漢鄭元註唐賈公彥疏儀禮出殘缺之
餘漢代所傳凡有三本一曰戴德本以冠禮第一昏禮第
二相見第三士喪第四既夕第五士虞第六特牲第七少
牢第八有司徹第九鄉飲酒第十鄉射第十一燕禮第十
二大射第十三禮聘第十四公食第十五覲禮第十六喪
服第十七一曰戴聖本亦以冠禮第一昏禮第二相見第
三其下則鄉飲第四鄉射第五燕禮第六大射第七士虞
第八喪服第九特牲第十少牢第十一有司徹第十二士
喪第十三既夕第十四聘禮第十五公食第十六覲禮第

《海東藏書識》卷二禮類二卷端

大旨，或録前人序論，或下己意，大概取《四庫提要》者居多，
既藉以温習舊業，而學者閲之，亦略得學問之塗轍，不無小
補……因援晁氏《郡齋讀書志》之例，命曰《海東載書識》云。

據卷前《例言》所云，此書沿襲《隋志》以來的經史子集四部分類，
但亦微更新例。比如新增立叢書一門，將類書從子部改爲集部，詞曲、
樂府皆入子部，等等。此書是解題目録，解題之語多取前人，仿馬氏《經
籍考》、朱氏《經義考》例；於目下記幾本，記某刻，仿《文淵閣書目》、
顧氏《彙刻書目》例。對《四庫全書提要》之後即乾隆四十七年（1782）
之後所出之書，若有録原序或者他説者，必標明出處。

此書分經史子集四部。卷一至十爲經部，卷十一至十八爲史部，卷
十九至二十九爲子部，卷三十至三十五爲集部。經史子集四部各部類之
下各有總序。此書於版本多所著録，有原刻、明刻、各地方刻本（浙刻、
蘇州刻、閩刻、饒州刻）、通志堂本、聚珍本、通行本、坊刻、官刻等。
特別是別集類古籍於原刻、新刻或者某地刻多有標明，可見楊氏在版本
目録上有自己獨到的見解。卷前《海東載書識餘》詳細論述了中國古代
從漢至清主要官私目録的優缺點，可知作者於古今書目的編纂非常嫻熟，
其所服膺者晁陳馬三氏，尤推馬氏爲至善。

楊氏藏書有得自福州鄭氏注韓居者，其中有徐興公紅雨樓舊藏百十
種。此目所收諸書皆爲實用常用之書，不以廣博、異書炫目，正如其序
中所言以宋宣獻公藏書自比，以精要爲宗。是本倩人謄清，之上以草書
墨筆添加内容，"淳"皆改字爲"湻"，且用"囗"框起來，"玄""丘"
皆避諱，"顒"避諱不嚴。是書從未刊行，也未見抄本行世，此本爲僅
存之本。

注：①《江西省人物志》，《江西省人物志》編纂委員會編，方志出版社 2007 年版，第 289 頁。

大楳山館藏書目不分卷

　　清姚燮撰。二册。手稿本。版框高 18.8 厘米，廣 13.0 厘米，白口，單黑魚尾，四周雙邊，半葉十一行，行二十二字。紅格。封面題"大楳山館藏書目稿本"。馮氏伏跗室舊藏。

　　姚燮生平見《胡氏禹貢錐指勘補》條。

　　此書不分卷，有尺牘、書目、詩文話類共計五十四種；類家計二十一種；四明蛟川文獻計六十三種；釋典計六十四種；道藏計一百六十二種；醫學養生之屬計五十七種；天文、曆算、兵家類共計三十五種；太乙壬奇術數星卜陰陽之屬共計七十八種；總集計六十七種；別集計五百七十二種；文集計四十三種。分類具有較大的個人特色和隨意性，和當時流行的一般藏書目不同，這大概與其藏書的興趣和書籍的總體情況有關。每種著録題名、卷數、册數，偶有作者及版本。版本多著録寫本、稿本、手録本、校本等，可見其對版本形態中之稿抄校本較爲留心。此外書目中還著録有櫥號，當是尋常賬簿式目録，亦是其早期藏書目録。此書卷中"玄""寧"皆諱，塗抹勾乙，具有典型的稿本形態，且有姚氏鈐印，字體和天一閣所藏其他姚氏手稿本相同，故此本是姚氏手稿無疑。

　　鈐"復莊姚氏"等印。《中國古籍善本書目》史部第 14124 條著録此書，題名爲"大梅山館書目不分卷"。另，《中國古籍善本書目》還著録了《大梅山館藏書目》十六卷，稿本，藏浙江圖書館。

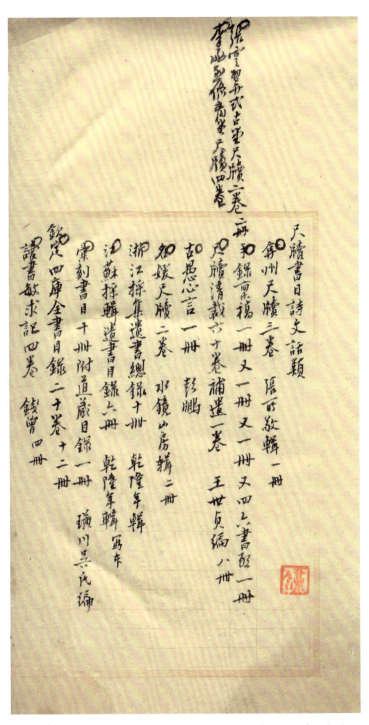

張西墅刻古案尺牘一卷二冊

李嗣初彙佘藏尺牘四卷

尺牘書目詩文話類

蘇州尺牘三卷　張西敍輯一冊

錄稟稿一冊又一冊又一冊又四六書啟一冊

尺牘清裁六十卷補遺一卷　王世貞編八冊

却愚心言一冊　彭鵬

知媛尺牘二卷　水鏡山房輯二冊

浙江採集遺書總錄十冊　乾隆年輯

江蘇採輯遺書目錄六冊　乾隆年輯寫本

彙刻書目十冊附道藏目錄一冊　瓛川吳氏編

欽定四庫全書目錄二十卷十二冊

讀書敏求記四卷　錢曾四冊

《大楱山館藏書目》卷端

煙嶼樓書目不分卷

清徐時棟撰。四册。版框高 19.2 厘米，廣 14.1 厘米，上下黑口，雙對黑魚尾，左右雙邊，半葉十行，行二十一字。紫格。版心鐫"烟嶼樓初本"。馮氏伏跗室舊藏。

徐時棟生平見《尚書逸湯誓考》二卷條。

此書根據封面作者手題又名《徐氏甲子以來書目稿本》，每册封面處依次有經部、史部、子部、集部字樣。全書有徐時棟之墨筆修改、添加痕迹，是徐氏親手編訂的《煙嶼樓書目》稿本。此稿依傳統目録分類體系劃分爲經、史、子、集四部，詳細記載了自徐時棟居水北閣以後的藏書情况。在這部目録中，徐時棟對子部道家與釋家的傳統排序提出了自己的看法："道家當在釋家之前。夫老氏之學早見於周代，而釋氏其後起也，且夫子嘗師事老聃。"此目著録釋家和道家書籍近五十種，如《佛説四十二章經》《寶藏論》《道德經解》《神仙傳》等等。

全書首行著録題名、卷數、册數，次行著録著者，偶然於册數之下小字著録版本，如擺板、某叢書本、重刻本、抄本等，又有朱文木戳"文淵著録"和"四庫附存"蓋在相關書名之側。原稿之上有墨筆草書修改，多爲前後重見或三見的條目，或者添加、删改相關的内容。

此書爲未定稿本，無明顯二級類目，但是實際上有暗分，每類重新起頁。類目則詳細抄録於版心。經部有易、書、詩、禮、春秋、孝經、群經、四書、樂、小學；史部有正史、編年、紀事本末、別史、雜史、奏議、傳記、史鈔、載記、時令、地理、職官、政書、目録、史斷；子部有儒家、兵家、法家、農家、醫家、天文算法、術數、藝術、譜録，以及雜

《煙嶼樓書目》卷端

家、叢書、類書、小説、釋家、道家諸類；集部有楚辭、別集、總集、詩文評、詞曲諸類。此書目不出清代一般藏書家目録之範疇，子部雜家、小説和集部別集是其中的大宗。除此目録外，徐時棟另有《煙嶼樓藏書志》十六卷，可并爲研究其藏書成就的雙楫。

153

子　部

天 一 閣 藏 清 代 珍 稀 稿 本 提 要

子部叙

　　此所收 13 種著作，曰《九山隨筆》《今白華堂筆記》《青琅玕館叢録》《節霞紀逸》《臺灣外志選摘稿》《玉几山人書畫涉記手稿》《歷朝史印》《七十三壺圖》《曼殊沙盦三十六壺盧銘》《鏡録》《止止室雜鈔》《稱謂録》《琴詠樓姝聯韵藻》，以四庫分類，統屬子部。其中除《歷朝史印》《曼殊沙盦二十六壺盧銘》及《稱謂録》外，均未見刊刻。

　　倪象占的《九山隨筆》謄寫在其經學著作《周易索詁》的套格稿紙上，載録了倪氏讀書時所見所思，涉獵頗廣。《今白華堂筆記》乃鄞人童華爲其父童槐遺墨《眉叟筆記》之整理校録稿，皆爲童槐對所讀之書的選撷摘録，間有評論，頗具足見特識。《青琅玕館叢録》等 5 種爲會稽書法家陳祖望從其所閱書中選撷摘録之語，首曰《青琅玕館叢録》，次曰《求放心齋讀書叢説》，三曰《讀史識餘》，四曰《硯譜集録》，五曰《古今法帖鑒藏》。《節霞紀逸》爲會稽人俞忠孫游歷各地時所見所聞，内容包羅萬象，多近乎志怪。《臺灣外志選摘稿》則是佚名氏利用墨海樓舊套格稿紙選摘清人江日昇《臺灣外志》中少部分内容。

　　黄學圯《歷朝史印》爲天一閣藏清代稿本中唯一一部鈐數百枚自篆章作傳成稿的本子，可謂"羅良史數十百人於胸中以爲印"，史學字學盡於此。梁章鉅《稱謂録》卷帙浩繁，乃集古人數千條稱謂之大成，并有各稱謂歷史沿革考釋，讀之如入郇廚，令人目不暇接。以上兩書皆爲付梓前詢求意見稿，由此足可考證兩書編撰緣起以及從成稿至付梓之全過程，其刻本天一閣亦有藏，稿、刻兩書相得益彰，互爲印證，更見珍貴。

　　《玉几山人書畫涉記手稿》爲鄞人陳撰摘記其所藏所觀書畫題記及

書畫簡目，讀之如數家珍，如臨其境。此書故家散出後輾轉流入書肆，咸豐二年（1852）爲管庭芬購得。《曼殊沙盦三十六壺盧銘》乃是慈溪葉金壽爲自製壺盧所撰銘文，皆爲托物言中隱之作，郭傳璞注釋附於各篇之後。此書有初稿和謄清稿兩個本子。《鏡録》爲一部關於古代銅鏡實用類書，編撰者鄭勳十餘年尋訪，從百餘種文獻中輯録古今銅鏡資料，薈萃成稿。鄭勳爲慈溪半浦鄭氏第十七世裔孫，二老閣第四代傳人，此稿亦可謂鄭氏翰香世家藏書之一粟也。

《七十三壺圖》有兩個本子，依書中所題分別爲“康熙二年釋普荷稿本”和“雍正二年普荷稿本”，然此二書很可能是托名普荷之作。理由之一，兩書所畫七十三種傳統紫砂壺樣，記録的都是歷代的經典壺型。將之與清代藝術大師陳鴻壽的“曼生十八式”相較，發現許多壺型是相同的；理由之二，該書的“匏瓜”銘文，其中“泓”字缺末筆，説明這個本子應當形成於乾隆之後，但普荷在康熙十二年（1673）就已經圓寂，故雍正本爲僞本；理由之三，將以上兩部《七十三壺圖》的鈐印形製、銘文字體與普荷的存世書畫作比對，發現二者絶不相類，因此康熙本也難逃嫌疑。雖然閣藏《七十三壺圖》不一定是普荷之作，但就憑其保存的七十三種壺型與豐富的銘文，也可以在紫砂壺藝術史上占一席之地。

《止止室雜鈔》爲海昌人周勳懋輯録其所觀之書中典故、名詞詮釋及字考數百條，名曰雜鈔，實可視爲名物及字彙類書。《琴詠樓姝聯韵藻》則是姚燮之子景夔從數百種文獻中輯録各種奇女子事迹之薈萃，上起遠古，下迄明季。

歷代著述，往往重經史及別集總集，而對内容駁雜的子書最爲忽視。子書雖雜亦良莠互見，但多有精品蘊藏其間。經過水火兵燹，前人稿本大多已不復存世，以上13種子書，實爲其中之幸存者也。

九山隨筆不分卷

清倪象占撰。一册。版框高 19.4 厘米，廣 14.7 厘米，白口，單黑魚尾，左右雙邊，半葉十行，行十六至二十字不等。版心鎸“周易索”。朱氏別宥齋舊藏。

倪象占，名承天，字象占，以字行，又字九山（三）、韭山，浙江象山人。乾隆三十年（1765）優貢，曾官嘉善訓導。倪氏著作頗豐，如《青櫚館集》，清刻本，多家圖書館有藏；《蓬山清話》十八卷，清抄本，藏浙江圖書館；《九山類稿》三卷《詩文》二卷《近稿偶存》一卷，稿本，藏天一閣；《鐵如意齋詩稿》一卷，稿本，藏天一閣。

此書卷端題名“九山隨筆”，於十五葉另有單獨起訖題名爲“韭山筆記”者，全稿內容皆爲筆記體著作。然版心則鎸“周易索”，是因爲此稿寫在《周易索》一書的專用墨色套格紙上，《周易索》，即《周易索詁》，爲倪象占所著經學著作。《兩浙著述考》著録此書：“此書刻本甚精，每卦爻雜取漢、宋各家卦變、爻變諸説，欲合程子《易傳》、朱子《本義》爲一書。凡八歲而成。”①《周易索詁》有嘉慶六年（1801）回浦倪氏順受堂刻本，爲金陵刻書名家穆其善鎸刻而成。稿本《九山隨筆》所用的套格紙便是刻本《周易索詁》所餘之紙張。

卷端“九山隨筆”題名之下有似爲序言者：

董遇有言“讀百遍，義自見”，今諷味前言，多有悟會，豈理可旁通，思之亦一適乎。書其簡直者與舊注參，愚慮之得或不能忘焉，非蘄免莊生暖姝之謂，亦非立異説以相角也。其

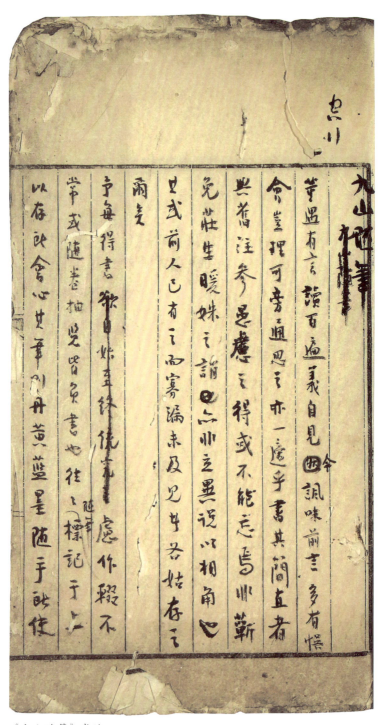

《九山隨筆》卷端

或前人已有之而寡漏未及見者，各姑存之爾矣。予每得書，慮作輟不常，或隨卷抽覽，皆負書也。往往隨筆標記於上，以存所會心，其筆則丹黃藍墨隨手所使，不能一例也。此卷即從各本錄之，故無詮次，若早年所評，有已贈友人及散失者，不及悉入矣。

由此可知，此本乃作者平日所作於各書之筆記，抄録下來，未排次第，簽條每每，多有所缺，中亦多空白葉，當爲未成之稿。

此書卷帙甚薄，而内容非常龐雜。其中"九山隨筆"題名之下有條目二十餘，内容涉及説易、卜筮、《永樂大典》、《周易索詁》、藏書、書法等内容。"韭山筆記"題名之下有條目十五餘，内容涉及度量衡、藏書（其中有關《永樂大典》收録於此條之下，且與前文重複）、官、刺史、諸子、書院、霜露、魂魄、孿子、七數、題《困學紀聞》後、《國語》、《國策》等。

此書編次凌亂，書寫草草，是典型的未完成稿本，對我們瞭解倪氏之讀書治學頗有意義。

注：①《兩浙著述考》（上），第 160 頁。

今白華堂筆記四卷

　　清童槐撰，清童華校録。四册。光緒元年（1875）童氏白華堂稿本。
版框高 19.7 厘米，廣 14.4 厘米，白口，單黑魚尾，四周雙邊，半葉十行，
行二十二字，小字雙行同。紅格、紫格兼有。版心鎸“白華堂”。卷端題“鄞
童槐樹眉著，男華校録”。朱氏别宥齋舊藏。

　　童槐（1773—1857），字晋三，一字樹眉，號萼君，浙江鄞縣人。
學使院元重其才，招入幕中，以優行貢。嘉慶十年（1805）進士，以主
事分工部，尋考取軍機章京第一，入直樞垣，内廷供奉文字多出其手。
十九年（1814）出爲甘肅蘭州道，後授山東兗沂曹濟道。二十四年（1819）
升江西按察使，調山東。道光元年（1821）調湖北，未履任，改通政司
副使，二年因事左遷，引疾歸里。咸豐七年（1857）卒，年八十五。槐
生平好學，早官秘省，熟諳典章。工書善射，能畫山水人物。先後掌教
寧波月湖、慈湖書院，以及陝西關中書院、江西鵝湖書院、廣東學海堂。
光緒《鄞縣志》卷四十三有傳。其著作由子童華於同治間彙刻成叢書《今
白華堂集》，計有 6 種，爲：《今白華堂詩録》八卷、《今白華堂文集》
三十二卷、《今白華堂時文》一卷、《今白華堂試帖》一卷、《過庭筆記》
一卷、《關中書院試帖》一卷。光緒三年（1877），童華增刻《詩録補》
八卷、《詩集》二卷，與《文集》《詩録》一并印行。《今白華堂筆記》
四卷，天一閣、臺灣“國家圖書館”均藏其稿本，未有刻本傳世。“今
白華堂”爲童槐堂號，其地位於寧波月湖芳草洲旁，原爲南宋章郇公紅
蓮閣舊址。因按察使又稱臬臺，亦稱銀臺，故郡人皆呼童宅爲“銀臺
第”。現闢爲“銀臺第官宅博物館”，免費向公衆開放。童華，字唯兖，號薇研。

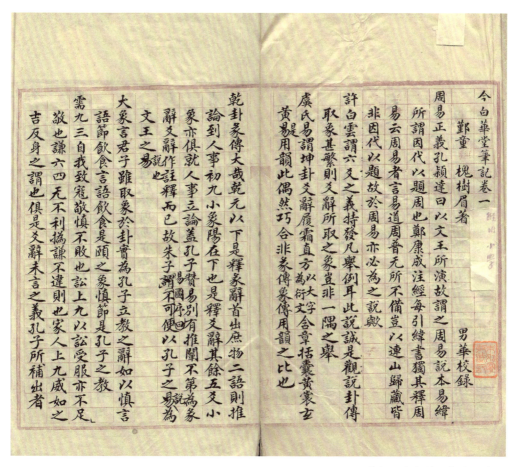

《今白華堂筆記》卷一卷端

童槐子。道光戊戌（1838）進士，改庶吉士，授編修，官至左都御史，降禮部右侍郎[①]。除校録其父《今白華堂筆記》外，童華所著今尚存《竹石居文草》四卷《詩草》四卷《詞草》一卷，國家圖書館、中國科學院國家科學圖書館藏光緒刻本；《竹石居詞草》一卷《川雲集》一卷，國家圖書館、上海圖書館、香港中山圖書館等藏光緒十一年（1885）刻本。

　　此書乃童華爲其父遺墨四卷本《眉叟筆記》之整理校録稿。《眉叟筆記》是童槐從所觀書中選擷摘録，間附心得及按語，頗具足見特識。全稿分裝四册，每册一卷。卷一經，輯録歷代著名經學家有關《易》《詩》《書》《禮》《樂》

《春秋》等經義詮釋，兼及其代表人物，末附以小學，卷二史、子，卷三至四皆爲雜説。史多涉及歷代史事内容及人物介紹，子及雜説的内容駁雜而宏闊，難以一語概之。

此書楷書謄寫，勁力工整。書葉上有浮簽及校録痕迹多爲排版改正意見，卷末有童華光緒元年（1875）三月初十日題跋，曰："先府君有《眉叟筆記》四卷，皆讀書隨時鈔録之語，亦間有加評論者，蓋初非著述，故不先立體例。華檢尋遺墨，略使有類可從，重成是編，仍爲四卷，唯次序既非依原本，則不可仍襲原名，謹題曰《今白華堂筆記》，從先府君詩文集之名也。抱殘守闕，存之家塾，庶有足爲讀書之助者。"書尾寫"四本總共約計六萬六千字"一行。

鈐有"朱别宥收藏記"印。

注：①《晚晴簃詩彙》，第6196頁。

青琅玕館叢録一卷求放心齋讀書叢説一卷讀史識餘五卷硯譜集録一卷古今法帖鑒藏一卷

　　清陳祖望輯。九册。道光十年（1830）手稿本。版框高 15.6 厘米，廣 9.6 厘米，上下黑口，單黑魚尾，左右雙邊，半葉九行，行字不等。《青琅玕館叢録》卷端題“會稽陳祖望冀子”一行。著者題跋。朱氏别宥齋舊藏。

　　陳祖望生平見《易卦大義合鈔》條。

　　此書爲陳祖望從其所閲書中選擷摘録之語，分裝九册：

　　册一《青琅玕館叢録》一卷，所録見於宋沈括《夢溪筆談》、宋龔頤正《芥隱筆記》、宋張世南《游宦紀聞》、元吾衍《閑居録》等。册二《求放心齋讀書叢説》一卷，所録見於隋蕭吉《五行大義》、唐封演《封氏聞見記》、宋龐元英《文昌雜録》、明謝肇淛《五雜俎》、清王士禛《居易録》等。册一、册二所選輯内容較爲駮雜，舉凡掌故、逸聞軼事，風土人情、文物鑒賞、藝文、小學、考古、曆法、術數、醫藥、園藝、雜事舊聞、工藝技術、養生、古迹、雜論等皆有。

　　册三至七爲陳氏讀《南史》摘記，曰《讀史識餘》五卷：《南史》一卷附《本紀》、《列傳》四卷附《外戚》。

　　册八《硯譜集録》一卷，所録見於宋唐積《歙州硯譜》、宋米芾《硯史》、宋佚名氏《端溪硯譜》、宋杜綰《雲林石譜》、元曹紹《歙硯説》

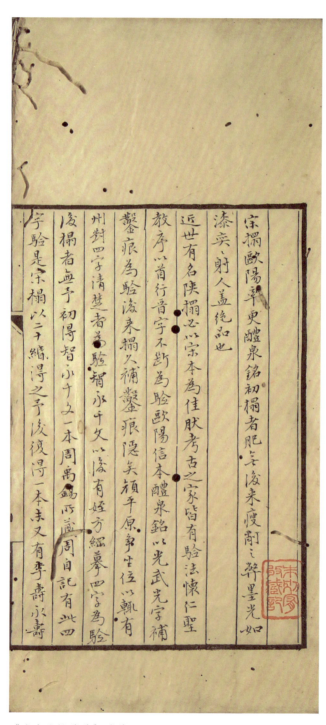

《古今法帖鑒藏》首葉

及《辨歙硯説》。

册九《古今法帖鑒藏》一卷。此册録《法帖刊誤》及《秘閣第三卷法帖跋》兩篇。末有陳祖望跋："長睿子乃跋云：'此卷真迹藏西洛王晋玉（名玖）家，經靖康之亂已散亡矣。'此長睿所親録，乃以附於《刊誤》之後者。予録《刊誤》竟遂，并録之以備參考。"

全書字體出自一人之筆，草書寫就。舊藏者朱鼎煦先生稱此書爲陳祖望手稿本，當信。鈐有"兩峰山房""朱别宥收藏記"印。

節霞紀逸一卷

　　清俞忠孫撰。一册。無框格，半葉八行，行二十四字。卷端題"會稽俞忠孫祖臣著"。卷前有清孫鐘序。朱氏別宥齋舊藏。

　　俞忠孫，字祖臣，號節霞，乾隆時浙江會稽人。據孫序，節霞幼承家學，壯而歷游，所交皆一時碩彦，聞見廣而詣力純，以詩古文詞著聲海内。所著今存除《節霞紀逸》外，尚有《越殉義傳》六卷（清陶亦魯、俞忠孫撰），乾隆三年（1738）刻本，國家圖書館有藏。

　　此書爲作者游歷各地時所見所聞之隨録，内容包羅萬象，天文地理、風俗民情、遺聞佚事、神話傳説、醫卜星相、狐仙道術、古迹靈异等，無所不及，或記述有據，或近乎志怪。如俞氏磁州之行，聞曹操疑冢之事，謂："曹操疑冢凡七十二，錯列磁州城南，卒不知真冢所在。仇太史兆鰲注《杜詩》，載'冢在漳河内'。康熙甲寅乙卯間，有入河浴者，輒斷腰折足截頭死。乃糾衆堵上下流。一鐵輪挾利刃無算，旋轉若飛，投以草，輪不得動。碎輪去刃，忽銅弩發石壁中，衆障扉破闞入，石榻二，卧男女衣冠□□如生，迹碑志，則曹操冢也。"接着又列舉章兆曾等人所言，并輯録所見詩："奸雄智計有時窮，樵夫牧竪開神變。荒烟蔓草付耒鋤，忽然驚識奸雄面。衣裳冠冕帝王姿，當年豈有山陽獻。"又如："陸夢龍年六歲，潘珠山試以偶句，云：'門上將軍，兩脚何曾着地？'應聲曰：'朝中宰相，隻手可以擎天。'"再如："明孫紹先字振之，隱居無錫縣横山。精術數，庭有古松，每爲人言'吾與此松同壽'。及年七十九，大風松仆，紹先果於是冬卒。"諸如各類記載，也可謂對保存民俗佚聞有所裨益。孫鐘序稱，讀此書"如入鮫宫睹百寶之光怪……

故所著作原本經術，即偶然紀載，率可維風會而正人心，不屑苟同於小說家言。如此則斯編洵可與《文存》《詩存》《詞存》并傳不朽"。雖有溢美，然亦非無據。

此稿行楷書寫，筆勢隨意，通篇圈畫塗抹，修改纍纍，看似大刀闊斧，其實細心謹慎，改動之處大多清晰可察。未見諱字。

鈐有"孫鍾""雅南"兩印。

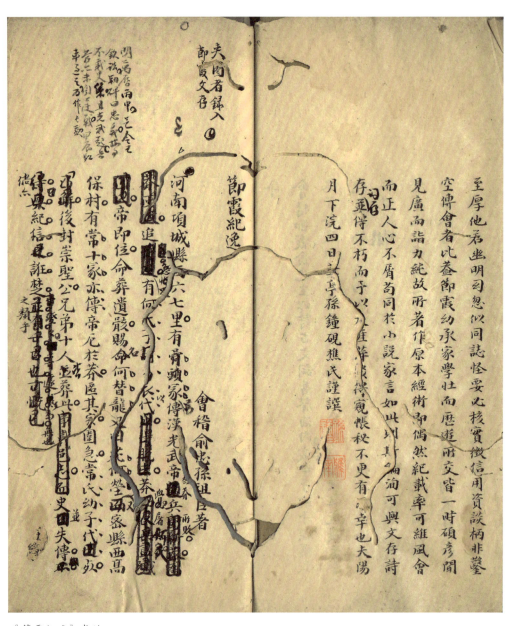

《節霞紀逸》卷端

臺灣外志選摘稿十九回

　　清江日昇原撰，不著編者。一册。墨海樓稿本。版框高 14.9 厘米，廣 10.5 厘米，白口，單黑魚尾，左右雙邊，半葉七行，行字不等。版心上端鎸"墨海樓書録"，下端鎸"四明蔡氏珍藏"。朱鼎煦題跋。朱氏別宥齋舊藏。

　　江日昇，字東旭，本姓林，字敬夫，福建惠安人。父親江美鰲爲南明將領，曾歸鄭成功指揮。日昇自幼聽聞父親論明鄭事迹，對臺灣鄭氏事耳熟能詳。康熙二十三年（1684）赴臺灣，親吊遺墟，歸來後撰《東平紀略》及《臺灣外志》①。

　　此書爲佚名氏利用墨海樓舊套格稿紙選摘《臺灣外志》中極小部分内容而成，版心所印卷次與此稿無涉。墨海樓爲清末民國間鄞縣巨族蔡鴻鑒之藏書樓，鼎盛時藏書近十萬卷。後蔡氏經商失敗，墨海樓藏書以四萬銀圓之值抵押給姻親李氏，歸藏李氏萱蔭樓。中華人民共和國成立後，李氏將全部藏書捐給浙江圖書館。

　　《臺灣外志》原書爲五十卷一百回，屬子部小説類，主要記述鄭成功父子收復和開發臺灣遺事。此稿存一至十九回，回名題於書腦，由選摘者自擬，與《臺灣外志》原題不同，如第十四回《郭子威投身夷舶，荷蘭夷傷師内港》，《臺灣外志》此回曰《應天命對罪登極，承舊基立王嗣統》；第十七回《爭班聯唐藩假號，議戰守何相陳言》，《臺灣外志》此回曰《芝龍鴻達扶唐藩，道周何楷争班位》。摘録稿回目依次曰：第一回《江夏侯驚夢保山，鄭飛黄出洋結客》；第二回《秋水堂鍾情婺婦，中元節异兆産兒》；第三回《肆攻劫日本敗謀，興土木臺灣創業》；

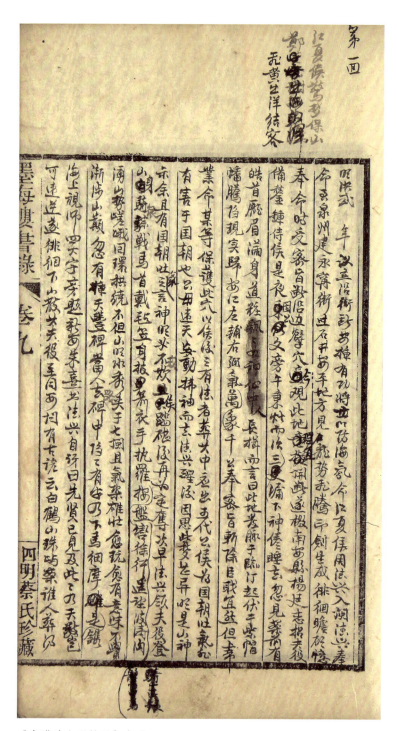

《臺灣外志選摘稿》卷端

第四回《擲碗茭少年領衆，犯金厦劇盜寇邊》；第五回《泊園頭降賊叛志，戰陸鵝大帥就擒》；第六回《陳希范全師避敵，顏繼祖上疏論奸》；第七回《鄭芝龍二次就撫，褚采志三戰殞身》；第八回《受重寶宮中納賄，借前箸席上設謀》；第十回《受賄賂化淳炊主，劫艨艟香光戕友》；第九回《鄭蟒二誘敵入内港，日本國送兒回中郷》；第十一回《劉知府升堂決獄，熊軍門傳檄起兵》；第十二回《用西法傷劇賊帥，殲東寇恃志將軍》；第十三回《郭壯士詳論夷舶，陳將軍暗伏漁舟》；第十四回《郭子威投身夷舶，荷蘭夷傷師内港》；第十六回《攝政王書請史督師，許定國計戕興平伯》；第十五回《揆一王請師復仇，和蘭夷得地踞營》；第十七回《争班聯唐藩假號，議戰守何相陳言》；第十八回《何相窮途遇救，國姓召對承恩》，第十九回《洪承疇創議招降，鄭成功苦勸就撫》。其中第九與第十回、第十五與第十六回順序顛倒。

　　封面有民國二十九年庚辰（1940）朱鼎煦題跋：“此章回小説稿，存第一回起至第十九回《洪承疇創議招降，鄭成功苦勸就撫》，佚其書名并著者姓氏，與南明史事頗有關涉，惜乏暇清稿，與剛主先生覽觀焉。”又記：“馮孟崇氏謂是《臺灣外志》稿，當信。封面有西清手録，疑非其人。”可知謝國楨、馮貞群也閲覽過此書。題跋中提到的“西清手録”已佚。

注：①《中國古代海洋文獻導讀》，梁二平、郭湘瑋著，海洋出版社 2012 年版，第 188 頁。

玉几山人書畫涉記手稿不分卷

　　清陳撰撰。一冊。康熙乾隆間手稿本。無框格，半葉行、字數皆不等。清釋六舟、汪士驤題識。寧波市文物管理委員會舊藏。

　　陳撰（1678—1758），字楞山，號玉几，浙江鄞縣人。據光緒《鄞縣志》等載，撰有逸才，工詩，善書畫，精賞鑒。性孤潔，不肯因人以熱。僑居錢塘，有玉几山房，蓄書畫極富。嘗客儀徵，長年不歸，意思蕭澹，屏絕人事。乾隆元年（1736），通政使趙之垣以博學鴻詞薦，辭不赴，有謝啓，極工，事詳杭世駿《詞科掌録》。生平隨筆纂記不下數十百冊，然多散佚。陳氏著述除《玉几山人書畫涉記手稿》外，今尚存《玉几山房聽雨録》一卷，清孫星衍校，清許乃釗、丁丙跋，南京圖書館藏稿本；《春江聽雨録》二卷，國家圖書館藏清刻本；《聽雨録》一卷，南京圖書館藏清抄本；《玉几山房吟卷》三卷，吉林大學圖書館藏抄本，上海圖書館、天一閣等藏康熙五十五年（1716）刻本。按，《玉几山房吟卷》天一閣藏本原爲馮貞群伏跗室舊藏，首曰《繡鋏集》一卷，次曰《秋吟》一卷，次曰《擬古》一卷，内有佚名批粘簽8條及夾注多處，均是版式調整或文字糾訛意見，爲馮氏向張壽鏞所提供《四明叢書》底本之一，後刊入《四明叢書》第四集，馮貞群在《編輯四明叢書記聞》中有憶及。

　　此書爲陳撰摘記其所藏所觀書畫題記及書畫簡目之稿，故家散出後輾轉流入書肆，咸豐二年（1852）爲管庭芬購得，重經裝訂。封面之一爲釋六舟小篆："陳玉几先生手迹《書畫涉記》，壬子夏季南屏六舟題。"并鈐"六舟"印；封面之二題《書畫雜記》，佚名行書；内封之一爲汪士驤大字隸書兩行："玉几山人書畫涉記手稿"，款識曰："芷湘先生

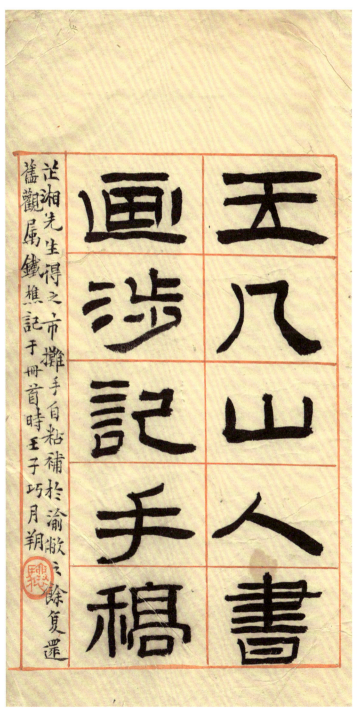

玉几山人書畫涉記手稿

芷湘先生得之市攤手自粘補於渝澂文餘复運舊觀屬鐵樵記于冊首時壬子巧月朔

《玉几山人書畫涉記手稿》汪士驤題名并識

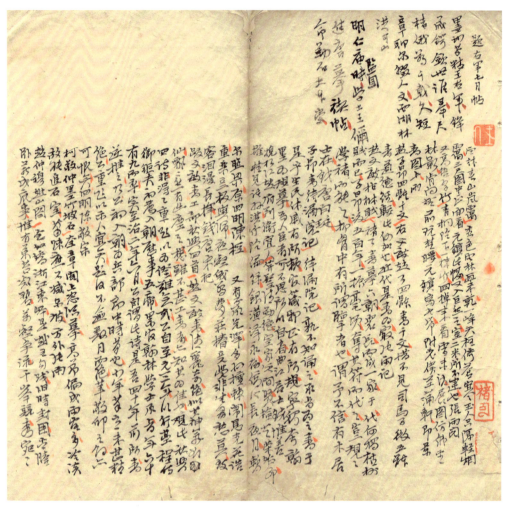

《玉几山人書畫涉記手稿》卷端

得之市攤，手自粘補於渝敝之餘，復還舊觀，屬鐵樵記於册首。時壬子巧月朔。"
并鈐"驤"印；内封之二楷書題記："此書前有六舟僧題字，内有'管芷湘'
小印，管藏□□'。"并鈐"富人大萬""君乘車我戴笠他日相逢下車揖"印，
印主不詳。管庭芬（1797—1880），號芷湘，浙江海寧人。諸生。工詩善畫，
精鑒賞、校勘。釋達受（1791—1855），字六舟，浙江海寧人。工篆刻，阮
元嘗以"金石僧"呼之。汪士驤，字鐵樵，浙江錢塘人。工篆隸，精小楷。

授杭州營千總，咸豐十一年（1861）殉難。

　　此書行楷書寫，古拙遒勁，行間有朱筆圈點及墨筆勾畫塗改，書腦多遺漏補充。全書包括書畫題記近百篇及書畫簡目數百種，亦間有加陳氏按語或評論者。如錄張雨評倪雲林《春山嵐靄》和《高梧翠竹》條：“秀色雲林畫未乾，一峰天柱倚蒼寒。玉人祇隔輕烟靄，三尺圖中正面看。元鎮此幅，又入巨然之室，二米所不逮也。張雨閱。”“青桐陰下一株竹，回棹來看雪未消。展圖仿佛雲林影，肯向燈前玩楚腰。元鎮寫此紙，附老僕至蒲軒，即景書圖上。雨。”又如“項五官家見李營邱畫卷、孫過庭景福殿草書《殿賦》、李唐《江南小景》，又《夷齊采薇圖》。案：五官即墨林次子”，“王中翰處見趙千里《百鳥圖》，幅不盈數尺，而百鳥呈態，係臨筆”等等，讀之若身臨其境。

　　今上海圖書館藏有咸豐二年（1852）管庭芬抄本《書畫涉筆》一冊，《中國古籍善本書目》子部第 4347 條著錄，乃管氏據此稿本謄錄抄寫，并跋於卷末：“此卷余從青雲街冷攤所得，塗乙添改，幾不可讀，余體認旬日，始得錄存清本，蓋皆涉錄賞鑒家所載書畫精品，并以瑣碎雜事終之，亦不異采珊瑚於鐵網者。”“余友六舟上人曾藏《鸞江小志》一冊，乃先生客儀徵時手稿，其漶漫亦與此卷相埒，聞已轉貽歙友，不能假錄其副矣，并附記之。咸豐壬子孟秋之杪，海昌管庭芬芷湘氏識。”

　　鈐有“玉几”“六舟”“管芷湘”“管印庭芬”“天道忌盈人貴知足”諸印。《中國古籍善本書目》子部第 4346 條著錄此書爲“書畫涉記一卷，清陳撰撰，手稿本”；又見首批《浙江省珍貴古籍名録》第 00128 號。

歷朝史印十卷

　　清黄學坦篆刻并輯。存五卷：六至十。二册。乾隆嘉慶間稿本。版框高 16.4 厘米，廣 12.3 厘米，白口，無魚尾，左右雙邊，半葉十行，行十八字，小字雙行三十六字。版心上端鎸"歷朝史印"及"卷"，下端鎸"楚橋書屋"。朱氏別宥齋舊藏。

　　黄學坦，字楚橋，號海西漁父，江蘇如皋人。王重民在《中國善本書提要·附録》之《黄楚橋詩稿跋》①中詳考其事迹。兹摘録相關部分："考黄學坦字楚橋，如皋人，名字相應，是必其人。學坦工詩善書法，尤精篆刻，無科名，游幕寄食，以終其身，故事迹無傳。余既讀其遺詩，因爲稍次其行迹：學坦蓋生於乾隆三十年前後，（其妻蔣氏，卒於嘉慶二十五年，于歸已三十七年，則結褵在二十歲左右，亦一旁證。）嘉慶三年，與黄洙（字澹人，揚州人）謁朱石君②於皖江使署，呈以所輯《歷代史印》，石君爲序而行之。《史印》凡十卷，取古今作史諸人，人篆一章，都四百餘方。陶澍總督兩江時③，復爲作序。二十年，游揚州，繼游崇川。蓋自嘉慶至道光三十年來，足迹已遍於皖、贛、兩浙。道光十三年，陶澍以書招之；翌年，再客五山。（按：崇川、五山皆指南通州。）年逾七十，遂歸老故鄉。"同治《如皋縣續志》入學坦《方技傳》。黄氏所著除《歷朝史印》外，今尚有《東皋印人傳》，上海圖書館藏民國西泠印社鉛印本；《黄楚橋詩稿》不分卷，美國國會圖書館藏稿本；《楚橋印稿》一卷，國家圖書館藏乾隆間雪聲堂鈐印本。《歷朝史印》除此稿本外，尚有嘉慶二年（1797）黄氏楚橋書屋刻鈐印本，河南省圖書館藏；

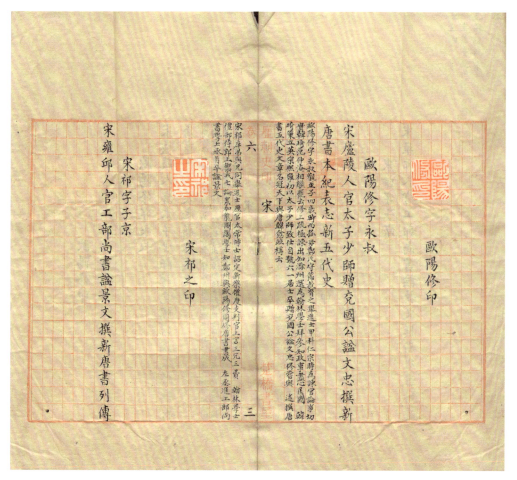

《歷朝史印》卷六葉三

道光九年（1829）刻鈐印本，國家圖書館、上海圖書館藏。

　　此書所纂之印皆爲歷朝史家，入選人物不以官品論高下，而以節操實學
爲準則，既有帝皇名臣，亦有布衣學者。半葉錄一人，人鈐一正方章，除卷
九"劉一清印"爲陰陽文，其餘各印或朱文，或白文，鐵筆蒼勁雋逸，得籀
斯遺意。鈐印之後附以釋文、印主簡傳。簡傳詳略不一，少者僅十字，後留
空白待補餘地，如卷六"江贄"條："江贄，字叔圭，宋崇安人。撰《通鑑

節要》。"又如卷七"馬令"條："馬令,宋陽羨人。撰《南唐書》。"
多則娓娓道來,猶如小傳別史,注釋不厭其詳,足以補正史之未記,
如卷八"王世貞"等條,蠅頭小楷密布版面空間。卷六至八録宋代史
家一百五十七人,卷九録元代史家二十五人,卷十録明代史家四十五
人。據卷末所記,推知此書散佚部分爲卷一周五人、漢四人,卷二漢
三十三人,卷三晋二十九人,卷四南北朝三十一人、隋八人,卷五唐
四十人、五代五人。若未散佚,全稿所録史家當爲三百八十二人,與
重民先生所云"人篆一章,都四百餘方"有所出入。細究之,"都
四百餘方"實指繼此稿本之後的兩個不同時期刻本,故有此差異,不
足爲怪。學圯拜謁朱珪時所呈之本,爲嘉慶二年(1797)梓行的黄氏
楚橋書屋刻鈐印本,學界稱初刻本;而"陶澍總督兩江時,復爲作序"
之本,則爲道光九年(1829)刻鈐印本,學界稱重輯本。初刻本朱珪
序冠卷首,沈業富、汪棣、李謹、胡翔雲、顧翃跋置卷末;重輯本新
增陶澍、石韞玉、陸蔭奎等序及諸多名家名士題詞。朱珪贊是書篆刻"雄
渾高秀,有秦漢人風格,元明來名家可與頡頏者屈指無多";陶澍嘆
曰"羅良史數十百人於胸中以爲印,則非業此者所知也";李謹稱之
謂"史學字學盡於此";胡翔雲評爲"見之如火亦如荼,按之中繩而
中墨";石韞玉譽其"諸法皆備","可以正俗流之誤,且令千載良
史集於一編,斯真洋洋乎大觀也"。

　　此本尚有六十餘位史家有印章及簡傳,然鈐印處則留置待補空位。
亦有若干位史家雖已鈐篆印,但簡傳內容則待補充。據黄學圯活動時代
及初刻本行世時間推,此書約成稿於乾隆晚期至嘉慶初,乃初刻本付梓
前未完全寫定之底稿。全書謄寫工整,避"丘"諱,未諱"寧""淳",
書腦及行間偶有删改增補文字和塗抹圈畫痕迹,如卷六"石介"條,書

腦有補充語"《先朝政範》一卷，直集賢院徂徠石介守道編"；又如卷七"徐次鐸"條："徐次鐸，宋東陽人。舉進士。……"，墨筆細痕勾去"舉進士"三字，旁改"官衢州通判"。此稿在付梓以後可能疏於保存，且流轉多家，以致缺失成半，然畢竟是《歷朝史印》原有底稿僅存部分，彌足珍貴。

注：①《中國善本書提要》，王重民著，上海古籍出版社 1983 年版，附錄第 10 頁。

　　② 朱珪，字石君。

　　③ 陶澍於道光十年至十九年（1830—1839）任兩江總督。

七十三壺圖不分卷

清釋普荷繪撰。一册。無框格，半葉行、字數皆不等。內封題"康熙癸卯春三月""晋寧普荷書"各一行。卷末題"康熙二年夏六月擔當寫圖并題"。朱氏別宥齋舊藏。

釋普荷（1593—1673），號擔當，俗名唐泰，字大來，雲南晋寧人。年十三補弟子員，師事董其昌。明亡後，剃髮隱於僧，黃卷青燈，以詩畫了殘生。

此書共繪七十三種紫砂壺的樣式，前爲壺圖，後爲題銘。壺圖上方用漢隸書寫壺名，下方鈐"賞奇"印，每一個壺圖中心，又鈐有"玉如"之印。銘文以行書寫就，偶有出校，首尾鈐"率真""普荷""擔當"印。壺圖綫條流暢，形製古雅，有摩古器者、仿花果者，井闌桐葉、石鼓梅花等無不入壺，肖形傳神，楚楚可愛，依次爲：仿溧陽唐井闌壺、石銚、乳鼎、東井、傳爐、斗棱、匏瓜、飲瓢、如意、却月甘泉、果籃、柱礎、寶珠、飛鴻延年、合歡、石鐘、合盆、玉印、坡笠、百衲、大吉羊洗、玉杓、千秋、橄欖、桐葉、棋奩、月橋、商史卣、秦權、覆斗、石瓢、商鐘、箬笠、茄瓢、石鼓、木鐸、横雲、鷄心、天鷄、觚棱、瓜棱、汲直、員珠、梅匏、鉢盂、瓠瓜、延年半瓦、邊鼓、葫蘆、周盤、井闌、乳甌、梅花、合斗、提筐、蓮房、覆瓦、海棠、邊珠、覆蓋、豆杯、石鼎、玉斝、大吉、七政、覆盂、花樽、金罍、瓦盉、琴匣、葵方、仿漢鏡瓦文、錠心。

壺圖題銘詩文雋永，禪意幽深，格調清雅，韵味醇厚。如"東井"之銘曰："汲石泉，松火煎，誰作者，是玉川。天茶星，守東井，占之吉，得茗飲。"東井，即二十八宿之井宿；玉川，就是唐代清風生腋、品茶成仙的盧仝。又如"斗棱"壺銘："其形斗,其味厚。伴我詩,醒我酒。"銘旁另畫有一壺圖,題曰"時大彬製六棱"。時大彬,明末製壺大家。又如"柱礎"銘："石臼泉,柱礎間。茶鼓聲,春烟隔,梅子雨,潤礎石,滌煩襟,乳花碧。"後三句押入聲韵,仿佛有李賀《蘇小小詩》的空靈瑰麗之味。又如"玉印"銘："如印傳心,如斗量才。君子酌之,金樽玉罍。玉爲印,瓦爲鈕,寒夜客來可當酒。方山子,玉川子,君子之交淡如此。"以茶代酒,君子恬淡。又如"大吉羊洗"銘："飲者壽,樂未央,長宜子孫大吉羊。形似洗,承菊霞,千愁解,南柯寤。"寥寥數句,彌漫着漢代銅鏡瓦當的古拙。又如"玉杓"銘:"舒州杓,趙州茶,惠泉水,紫雲芽。玉爲骨,水爲神,閑對茶經忙古人。"最好的泉水,最好的芽葉,用最好的器具來煎,古人品茶如此風雅。

本館另藏有原著録爲"清雍正二年普荷稿本"的《七十三壺圖》一册,內封題"雍正二年夏六月""普荷寫圖并題銘"。卷末題"雍正二年夏六月擔當老人書"。

此本字體、鈐印、紙張、版式與康熙本完全相同,連壺圖與壺銘也基本一致,衹是在"匏瓜"銘中避"泓"之諱,各篇順序亦有所變動,依次爲:仿漢鏡瓦文、梅匏、七政、玉斝、石鼎、桐葉、百衲、豆杯、邊珠、覆瓦、蓮房、提筐、合斗、梅花、乳甌、瓜棱、觚棱、天鷄、鷄心、木鐸、石鼓、防溧陽唐井闌壺、茄瓢、箬笠、商鐘、錠心、葵方、琴匣、瓦盉、金罍、花樽、鉢盂、覆盂、覆蓋、汲直、員珠、瓠瓜、邊鼓、葫蘆、周盤、井闌、大吉、石瓢、覆斗、秦權、商史卣、月橋、棋盒、橄欖、千秋、玉杓、大吉羊洗、坡笠、玉印、合盆、石鐘、合歡、乳鼎、石銚、却月甘泉、果篦、柱礎、寶珠、飛鴻延年、飲瓢、匏瓜、斗棱、東井、傳爐、延年半瓦、海棠、橫雲、如意。

我們認爲,以上兩書很可能是托名普荷之作,或許是清末一位雅好紫砂壺的文人,在藝文之餘,遍訪名壺,録銘寫圖,連綴成篇,并且,

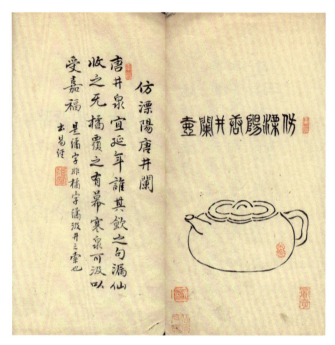

《七十三壺圖》康熙本

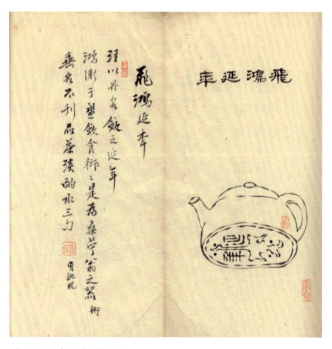

《七十三壺圖》康熙本

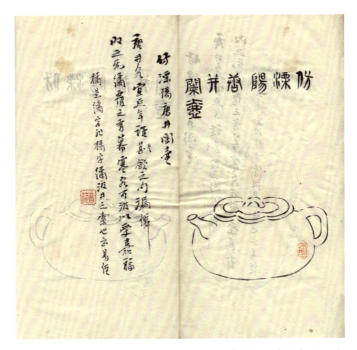

《七十三壺圖》雍正本

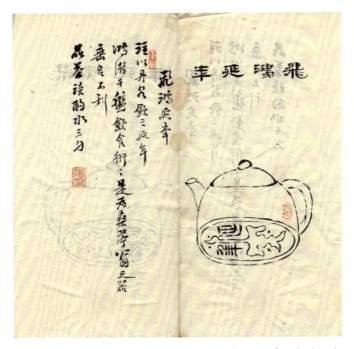

《七十三壺圖》雍正本

相同的本子還製作了不止一部。

理由之一，兩書所畫七十三種傳統紫砂壺樣，記録的都是歷代的經典壺型。將之與清代藝術大師陳鴻壽的"曼生十八式"相較，發現許多壺型是相同的，如石瓢、井欄、合歡、周盤、橫雲、石銚、乳甌、匏瓜、葫蘆、合斗、半瓦、汲直、百衲、天鷄、員珠、棋奩、飛鴻延年等。有的其至連壺銘都大同小異，如"石銚"，兩者均有"銚之制，摶之工；自我作，非周種"之銘文，不同的是《七十三壺圖》比曼生壺多了"銚以瓦，何如石。招坡仙，吸江月。提壺相呼，松風竹爐"。又如"橫雲"，曼生壺銘曰"此雲之腴，餐之不癯，列仙之儒"，《七十三壺圖》爲"此雲之腴，餐之不癯。吸雲之腴，列仙之儒"，基本相同。又如"石瓢"，曼生壺銘"煮白石，泛緑雲，一瓢細酌邀桐君"，《七十三壺圖》亦多了"石可袖，亦可漱，雲生滿瓢，咽者壽"。由此看來，兩者之間可能存在著源流關係，究竟何者爲源，何者爲流？按内封和卷末所題，此兩册《七十三壺圖》成書於康熙二年（1663）和雍正二年（1724），而陳鴻壽爲乾嘉間人，應該是陳鴻壽沿襲前賢的製壺樣式，但是，陳鴻壽是紫砂壺藝術史上著名的設計者，"曼生壺"均由他獨立創作，并成爲文人壺的典範。

理由之二，普荷在康熙十二年（1673）就已經圓寂了。再者，該書的"匏瓜"銘文，其中"泓"字缺末筆，説明這個本子應當形成於乾隆之後。故雍正本肯定是作僞，則康熙本也難逃嫌疑。

理由之三，將以上兩部《七十三壺圖》的鈐印形製、銘文字體與普荷的存世書畫作比對，發現二者絶不相類。

因此，閣藏《七十三壺圖》爲普荷稿本的可能性很小。雖然此書有作僞嫌疑，但就憑其保存的七十三種壺型與豐富的銘文，也可以在紫砂壺藝術史上占一席之地。更何况那簡潔流暢的綫條和自成一派的書法，也給後人以美好的審美享受。

鈐"普荷""擔當"諸印。

曼殊沙盦三十六壺盧銘一卷

　　清葉金壽撰，清郭傳璞釋。一冊。同治光緒間郭傳璞稿本。版框高20.2厘米，廣12.1厘米，白口，單黑魚尾，四周雙邊，半葉八行，行字不等，小字雙行不等。藍格。版心鐫"詩痕畫影樓詩文詞曲雜著之稿"。封面題"曼居士壺盧銘"。卷端題"曼盦葉金壽著，晚香郭傳璞釋"。卷前有清姚燮親筆序，及著者自序。清王蒔蘭、葉聯芬、楊炳題跋。朱氏別宥齋舊藏。

　　葉金壽，字小蘭，號曼盦，浙江慈溪人。從弟葉金緘稱云："先從兄曼庵先生生有雋才，傲睨一世，凡星象、輿地、律呂、兵陣、壬遁、醫卜、篆隸、圖畫、家言，無不研究……爲人孤冷，及見宜興吳仲倫、定海厲白華、鎮海姚復莊、寶山蔣劍人、鄞張梅史諸丈，及伯叔父心水、小譜、叔蘭諸先生，所學故有淵源。其遺著《三十六壺盧銘》……予借鈔副墨久矣。今年夏，葛君理齋自滬抵甬，見而愛之，刻入《嘯園叢書》。"[1]葛元煦，字理齋，號嘯園，浙江仁和人。晚清旅滬學者。自光緒二年至九年（1876—1883），擇家中及摯友藏書陸續雕版，輯爲《嘯園叢書》，其中有《曼盦壺盧銘》一卷，并在刻書跋中稱之爲"慈溪葉曼盦先生之遺製"，乃是據郭傳璞所注稿本《曼殊沙盦三十六壺盧銘》梓行。光緒五年（1879）夏葛氏自滬抵甬，在葉金緘家經眼此稿，後刻入《嘯園叢書》。《嘯園叢書》本又補入了吳門十如居士葉廷琯題詩、光緒三年丁丑（1877）秀水沈景修作偈等。葉廷琯題詩款識時間爲光緒五年（1879）《嘯園叢書》本付梓之際，"時年七十又六"，而此詩原稿爲作者手筆書箋一張，夾於閣藏稿本中，款識時間往前四年，稱當時葉金壽"以所撰《三十六壺

《曼殊沙盫三十六壺盧銘》卷端

盧銘》稿本見示"，廷琯"時年七十又二"，即光緒元年（1875）。又沈景修偈末題記曰："光緒丁丑秋八月，晚香同年偕游天童，夜宿僧盧，出慈溪葉金壽《壺盧銘》遺稿見示，索予題辭，予觀稿中叙文、題後詩俱備，戲作一偈。"從序跋、題記等及曼盦師友交往看，葉金壽當爲道咸同光間人物，卒於光緒元年（1875）葉廷琯題詩後至光緒三年（丁丑，1877）沈景修作偈前。據光緒《慈溪縣志》卷四十九載，葉氏所著除《曼殊沙盦三十六壺盧銘》外，尚有《小樓明月調箏譜》三卷（一名《詩痕畫影樓詞稿》）、《曼盦隨筆》五卷。另有《有正味齋駢體文箋注校正》六卷、《霹靂韜》八卷，惜皆散佚。郭傳璞生平見《連珠均攷》條。

此書乃是葉金壽爲自製壺盧所撰銘文，凡三十六篇，"精心結撰，隨意詼諧，或雅或莊，亦儒亦墨"（葛元煦語），郭氏注釋附於各篇之後。自序有"續愁以墨，織怨爲騷，假彼掌故，寫我心曲"等語。銘文依次曰而囊、中有、雲間、阿堵、憨道、長安、皤其、爲無、上馬、橘皮、阿家、頤有、依樣、一拳、玉川、了却、犀齒、剖而、道人、油也、或以、字嬰、甜苦、椒山、其中、刳爲、鴿兮、詩興、無竅、拋在、色似、風聲、嗟哉、豺狼、曷用、腰舟，皆爲托物言中隱之作，如《腰舟》銘："腰舟腰舟，滄海橫流，吾與子同游。天下滔滔，恕可無蹈溺之憂矣。"書中夾葉廷琯手筆題詩："避兵且學壺公隱，數典無慚瓠史名。爲問巢家匏作器，可能一一勒銘成。（明末禾郡巢端明種匏製器賣以自給，而未聞製有銘詞。）"

此書爲郭傳璞謄清待刊之稿，行草一氣呵成，自然流暢。卷末有王蒔蘭題詩及葉聯芬、楊炳跋。王氏題詩爲姚燮手筆過録，楷書繕寫，勁力內涵。王蒔蘭，初名尚忠，字紉香，號渚山，浙江象山人。葉聯芬跋題署"同學宗兄隺皤老人聯芬跋""同學宗兄補蹉跎老人聯芬跋"。葉聯芬，浙江慈溪人。道光四年（1824）歲貢。楊炳跋題署"新城楊炳注墨"，

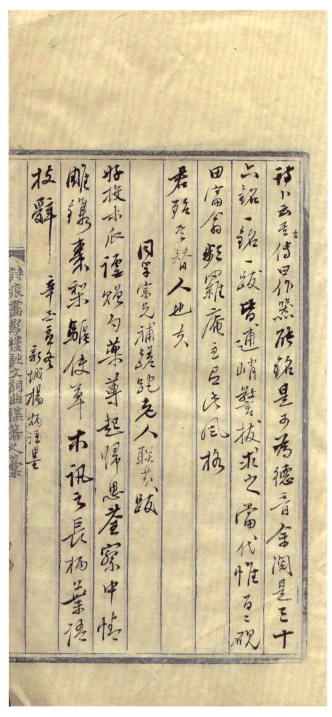

《曼殊沙盦三十六壺盧銘》葉聯芬、楊炳題跋

并鈐印。楊炳，字子萱，江西新城人。

鈐有姚燮"五十以後作""姚燮印信""復翁"諸印，楊炳名章"子萱"，藏書章"朱別宥收藏記"。此書刻入《嘯園叢書》之後，又收録於民國鉛印本《美術叢書》第四輯，國家圖書館、上海圖書館等多家有藏。

天一閣另藏有《曼殊沙盦三十六壺盧銘》一卷，清葉金壽撰，清郭傳璞釋。同治光緒間郭傳璞未定稿本。一册。此書爲前書之初稿，兩稿出自相同套格紙，其行款、版式、開卷及封面所署書題、版框和開本尺寸等，均與謄清稿完全一致。封面題名旁寫"此本注釋過詳，未定本也"一行，字迹與正文相符。卷端題"歙闕葉金壽著"。孫氏蝸寄盧舊藏，鈐"蝸盧長物""翔熊"印。書中多勾乙塗改添抹，篇次排列也與謄清稿多有不同，卷端篇名後常見篇次改動提示，如銘三《阿堵》，謄清稿爲銘四；銘十七《抛在》，謄清稿中爲銘三十。兩書相對比，謄清稿删繁多於添補，行文更爲精練。

兩書均未見有關書目著録。

注：① （清）葉金緘《〈曼盦壺盧銘〉跋》，《嘯園叢書》第五函，光緒仁和葛氏刻本。

鏡録九卷

清鄭勳輯。一册。嘉慶三年（1798）手稿本。無框格，半葉九行，行二十四字。目録首葉題“慈溪鄭勳簡香編輯”。卷前有著者自序。寧波市文物管理委員會舊藏。

鄭勳（1763—1826），初名繼高，字書常、冠軍，號簡香、研香，人稱二硯先生，又自稱百二十鏡樓主人、烟霞杖者、小花嶼農，浙江慈溪人。廪貢生，嘉慶元年（1796）舉孝廉方正，授六品銜。勳出身名門，其高祖鄭梁師從黄宗羲，曾祖鄭性築藏書樓名曰“二老閣”，父鄭竺爲諸生。勳七日而孤，及壯，問學於鄞縣蔣學鏞，與顧栖、桂廷藺、董秉純、盧鎬、范永祺、黄定文、梁同書、余集等前輩交好。鄭勳篤學勵志，以振起古文爲己任，曾應召校書文瀾閣，并受知於阮元，又掌教鎮海蛟川書院。光緒《慈溪縣志》卷三十二有傳。鄭勳著述頗多，今尚存《二硯窩雜文偶存》不分卷，北京大學圖書館藏稿本；《先寒村公年譜》一卷《家書》一卷，國家圖書館藏嘉慶十三年（1808）刻本；《二硯窩文稿》一卷，國家圖書館藏嘉慶刻本。除《鏡録》外，天一閣另藏其稿本《二硯窩文》一卷、《二硯窩文稿偶存》不分卷、《二硯窩詩稿偶存》五卷《閒情偶寄》一卷、《湖海交游録》四卷。

此書爲古代銅鏡實用類書，采集廣泛，典出有據，分類清晰。編撰者從類書、志書、紀傳、小説、諸子百家、釋道、戲曲、詩文集等百餘種文獻中，輯録古今銅鏡資料，薈萃成稿。卷前目録列十一卷：卷一鑄造（附鏡匠）、賞識，卷二异靈，卷三銘詞，卷四詩録，卷五文録，卷六雜録，卷七附録，卷八外録，卷九百二十鏡圖考，卷十百二十鏡題詞，

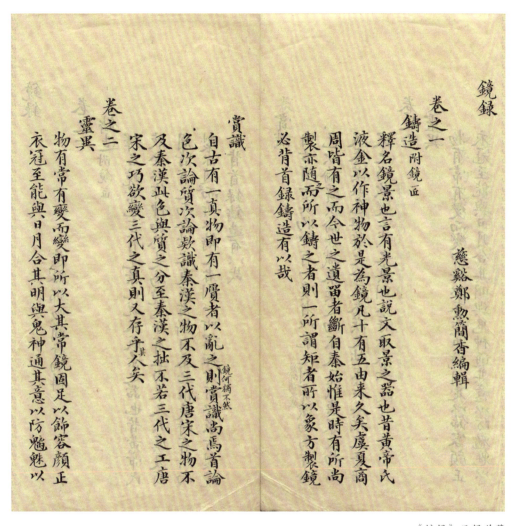

鏡録

卷之一

鑄造附鏡匠

慈谿鄭勳簡香編輯

釋名鏡景也言有光景也說文取景之器也昔黄帝氏
液金以作神物於是爲鏡凡十有五由來久矣虞夏商
周皆有之而今世之遺留者斷自秦始惟是時有所尚
製示隨而所以鑄之者則一所謂矩者所以象方製鏡
必背首録鑄造有以哉

賞識

自古有一真物即有一價者以亂之則賞識尚爲首論
色次論質次論欵識秦漢之物不及三代唐宋之物不
及秦漢此色與質之分至秦漢之拙不若三代之工唐
宋之巧欲變三代之真則入存乎其人矣

卷之二

靈異

物有常有變而變即所以大其常鏡固足以飾容顔正
衣冠至能與日月合其明與鬼神通其意以防魑魅以

《鏡録》目録首葉

卷十一寓賞。正文卷數及卷名與目録不盡一致，未編卷次，實爲九卷，依次
曰賞識、無名（此卷未命名，故以"無名"稱之）、靈異、寓賞、雜録、詩録、
文録、外録、附録，各卷若有類似、前後顛倒或重複輯録等，即在書眉或行
間一一説明。以《無名》卷爲例，此卷比較龐雜，收集有關銅鏡起源、鑄造、
銘詞、鏡匠、鑒賞、异聞傳説、鏡名由來等五十五條。若遇某條應歸入他卷者，
即在其上下或旁邊細墨注明。如"蛇盤鏡"條出於《前定録》，謂："袁孝

叔遇异人，得書云：'每受命開一幅，纍仕皆驗，最後一幅畫蛇盤鏡。'"下有鄭勳墨筆注："此條已入《靈异》。"又用朱筆再注於右："當入《雜録》。"又如"紫珍"條出於《隋唐嘉話》，稱："御史王度家有寶鏡，云是蘇綽家舊物，大業中，有寶外國僧至，云宅上常有碧光連日，絳氣屬月，此寶鏡氣也。……"鄭勳朱筆注曰："此條本王度《古鏡記》，載之甚詳，當另録其《記》入《藝文》。"

《賞識》卷爲鄭勳從明曹明仲《格古要論》中輯録關於銅鏡之色澤、銅質、價值、辨新舊銅器、論賞識之法、論銅鏡鑄造及鏡匠等内容。如"銅器入土千年者，色純青如翠；入水千年者，則色緑如瓜皮，皆瑩潤如玉；未及千年，雖有青緑而不瑩潤""若三代之物，迄今何止千年，豈盡瑩潤而青緑各純者也""凡三代之器，入土年遠，近山岡者多青，山氣濕蒸，鬱而多青；近河源者多緑，水氣滷浸，潤而成緑""銅質清瑩不雜者多發青，質之渾雜者多發緑。譬之白金，成色足者，作器純白，久乃不發黑；不足色者，久則發紅發緑。此論質不論製，理可推矣""今之鏡以銀背爲上，鉛背次之，青緑又次之。又若鉛背埋土年遠，遂變純黑，爲之黑背，此價又高，而此色甚易爲假"。鄭勳總結此卷云："自古有一真物即有一贗者以亂之，鏡何獨不然，則賞識尚焉。首論色，次論質，次論款識。秦漢之物不及三代，唐宋之物不及秦漢，此色與質之分。至秦漢之拙不若三代之工，唐宋之巧欲變三代之真，則又存乎其人矣。"

《靈异》卷爲鄭勳"按史及子、集、説部得若干首，如夢幻泡影而確有所據，録之，以次於賞識之後云"。鄭勳認爲"鏡固足以飾容顔，正衣冠，至能與日月合，其明與鬼神通，其意以防魑魅，以整疾病，則莫測其涯涘矣"。此卷各條乃從《抱朴子》《續搜神記》《宋史》《琅嬛記》《异苑》等處輯録。

《寓賞》卷爲編撰者對唐代"仁壽鏡"的一小段描述，鄭勳題云："物聚於所好，有好而力莫能致者，夫豈忘情乎？余既作百二十鏡樓於家，以藏所獲，而游踪所至，評奇品异之餘，手拓而筆識焉。他日抒卷讀之，亦足徵一時之興會云爾。"此卷雖不足百字，但他卷中有多條文字，聲明將補入於此，纍計足成一卷。如《無名》卷中"唐四神透光寶鑑"條，書眉有朱筆注"此條入《寓賞》"。

《雜録》卷乃是鄭勳從《抱朴子》《宋史》《南史》《北史》《古今詩話》《三十國春秋》《搜神記》《黄帝宅經》《列女傳》《藝文類聚》《潛夫論》《山堂肆考》《异苑》《世説新語》《酉陽雜俎》《戰國策》《漢書》《晋書》《新論》《周易參同契》等文獻中輯録有關古鏡記載六十餘條，其輯録宗旨，正如鄭勳所云："雜以録之，即推而廣之之意。"

《詩録》爲歷代名人《鏡詩》或《鏡歌》《鏡篇》二十一首（篇），如梁簡文帝《鏡詩》、北周庾信《鏡詩》、唐白居易《咏百煉鏡詩》等。

《文録》爲《鏡賦》十一篇，有晋傅咸《鏡賦》、梁劉緩《照鏡賦》等。此卷字迹尤爲工整娟秀，幾無改動。

《外録》卷是從《孝經援神契》《吴興郡記》《蜀王本紀》《拾遺記》《拾遺録》《幽明録》《潯陽記》《方輿勝略》《梁四公記》《古今注》等文獻中輯録璣鏡、石鏡、月鏡、泥鏡、霻霴鏡、玻璃鏡、玉境、地鏡、沙鏡等"凡名鏡而實非鏡者"，"故不得不録之以别其派，又不得不外之以定其宗"。每鏡均有其來由，如"月鏡"條出於《拾遺記》，云："周穆王時，有如石之鏡，此石色白如月，照面如雪，謂之月鏡。"末有鄭勳注："又《拾遺記》，周靈王時，外國貢石鏡，白如月，照人則寒，名月鏡。"

《附録》卷則是從《魏武雜物疏》《三國典略》《晋東宫舊事》《世説新語》《宋元嘉起居注》《酉陽雜俎》等文獻中輯録有關鏡臺、鏡匣、鏡殿、鏡堂、磨鏡人各條，鄭勳曰："附之義大矣哉，日月星辰附於天，

鏡錄

外錄上

方諸鏡

璣鏡 地鏡

石鏡 泥鏡

沙鏡 蠻虫鏡 玻璨鏡 火齊鏡 水火之鏡 玉鏡

海鏡凡各鏡而寶非鏡者皆錄古

尚書洪範五行

傳曰夫握方謝之

鏡處深澤之下光可為鏡

而上引太清物類

相随可不慎邪

孝經援神契云神靈滋液則百寶用則璣鏡出宋均注大珠有

東方朔傳曰郭舍

合珠福二章舍

有俎索兩人相見

朋餞知之為上宋

朝旦此和之鑿石

精▢表外▢▢日襄

粢星高人相▢相知

情州名為鏡也

吳興郡記云臨安縣東五里有石鏡山東有石鏡一所徑二尺四

▢清亮具見人形狀錢鏐幼時照之衣冠儼然王者

蜀王本紀云武都丈夫化為女顏色美好蓋山精也蜀王要以

為夫人無幾物故蜀王於武都山擔土於城都葵之蓋地三畝

號曰武擔以石作鏡一枚表其墓 按揚雄蜀都記成都石鏡徑二丈高五尺

《鏡錄·外錄》卷端

山川萬物附於地，鏡何所附？以附之者爲附，常則有臺有匣，變則爲堂爲殿。卒以磨鏡人附，而其名并彰矣。"

鄭勳《鏡録序》稱："乾隆丙午，家遭鬱攸之厄，先世遺澤幾盡。余既於墻東老屋作二硯窩，貯先高州公二硯，復築樓數楹，將燼餘秦漢之鏡十二藏之。後游江南，得漢以後、明以前之鏡，不一而足，遠近好事者又争鬻於余，余勉力收之，十餘年來約有百餘，唯是醇疵間出，隨得隨去者有之，於是郵書至余秋室太史[①]，乞題其楣曰'百二十鏡樓'，將期合其數。"序中所述及的"百二十鏡樓"，除此書外未見其他文獻記載。據鄭序，此樓當建於乾隆五十一年至嘉慶三年（1786-1798），用以收藏先祖遺留及鄭勳在此十餘年間所訪得之古鏡，計其數命名曰百二十鏡樓；又私淑王希默，輯録古鏡"鑄造之由、賞識之法"，編入《鏡録》一書，爲王希默失傳之作《仙銅傳》之續。百二十鏡樓所藏秦漢至宋元明之古鏡，亦可謂鄭氏翰香世家藏書之一端也。

全書係鄭勳以楷書繕寫，筆墨清晰秀麗，剛柔相濟，少有訛字、衍字與脱漏。偶有筆誤，改正時先用細淡墨痕作小圓圈勾劃，旁注清晰的改正字樣。眉批及夾注有朱墨兩色，細如蚊足，勾畫了了，是鄭勳手稿之佳本。

注：① 余集，字蓉裳，號秋室。乾隆三十一年（1766）進士。《清史稿》有傳。

止止室雜鈔二卷

　　清周勳懋輯。一册。無框格，半葉十行，行二十字。卷端題"海昌周勳懋竹泉"。朱氏別宥齋舊藏。

　　周勳懋（1766—1843），字虛嘉，號竹泉，浙江海寧人。廣業子。道光壬午（1822）副貢。所著除《止止室雜鈔》外，今尚存稿本 8 種、刻本 1 種：《四書考异疏證》一卷、《小蓬廬札記》十八卷、《辛壬日鈔》二卷、《竹泉詩存前集》五卷，上海圖書館藏稿本；《闈事記聞》六卷、《小蓬廬雜綴》二卷，國家圖書館藏稿本；《竹泉詩鈔》二卷，浙江博物館藏稿本；《海昌詩繫》二十卷（清周廣業輯，清周勳懋續輯并跋，清吳騫題詩），南京圖書館藏稿本；［浙江海寧］《洛塘周氏家乘》十二卷首一卷（清周鶴慶、周勳懋纂修），道光九年（1829）硤川清白堂刻本，浙江圖書館等藏。

　　是書爲周勳懋輯録其所觀之書中典故、名詞之詮釋及字考數百條，摘自正史、稗史、傳記、筆記、類書、小説、詩文集等多種文獻，廣采博納，雅俗兼收。名曰雜鈔，實可視爲名物及字彙類書。未署卷次，實分二卷，卷端均題書名及編著者名氏。

　　上卷未命名，輯録名物七十餘條，重出處，且予詳解，如"臺曆"條曰："劉克莊詩'今年臺曆無人寄，且就村翁壁上看'，俚俗以此號《春牛圖》也。《世本》曰'容成作曆'（《太平御覽》），《尸子》曰'造曆者羲和之子也'。""菽乳"條曰："漢淮南王始以豆磨作乳煮食之，即豆腐也。晋人以其名不雅，改曰菽乳，虞集序曰'鄉人呼爲來其，一名黎祈'，陸放翁詩'拭盤堆連展，洗釜煮黎祈'，淮人以麥餌爲連展。

《止止室雜鈔》卷一卷端

吳中王西莊光祿有《豆腐詩》八律，一時傳頌，和者甚夥。案：菽乳無地不有，而外域絕少，鄉人沈姓以事充發黑龍江，嘉慶元年奉恩赦回，云彼處唯食豆，無人知造作之法，彼因磨豆造食，初時人不敢啖，後爭誇爲美品，大獲其利。"又如"屠蘇"條見於《歲華紀麗》《博雅》《唐音癸籤》，"鼻祖"條見於揚子《方言》《後漢書·杜篤傳》，"馬頭娘"條見於《搜神記》，"行李"條見於《左傳》《國語》《管子》，"登聞鼓"條見於《聞昌雜記》，"神荼鬱壘"條見於《齊民要術》《風俗通》《荊楚歲時記》，等等。

下卷曰《字考》，卷名之下朱筆批注曰："依類象形謂之文，形聲相益謂之字……字固不可不考也，然而冘减之變，相沿不察，而蔡中郎或不識色絲，隋文帝罔稽裂肉，尤當詳明其訓詁，辨其音韵，庶無鳥焉照黑魚燕栗罩粟惡稁覆之混矣。”此卷所收字彙，常見與生澀并存，雜而見博，若要探究其來源，似易實難，所記各條，大多事出有典，然僅作簡解，點到爲止，如“纁黃，日將西入色纁且黃，見《古雋》”“浮箭，刻漏也，見《文選》”“薜荔村，《唐詩》‘暮雨千家薜荔村’”；亦有少數未注出處，如“昒昕，初明時也”“蓬虆，家貧也”“遥裔，遠地也”“岝蓉，山石齊貌”。

此稿楷書工整秀麗，眉批夾注有朱墨兩色。字裏行間有增删塗抹、勾乙圈畫、糾訛補注等，如“神鬼名號”條有“雷師曰豐隆”句，稿中用朱筆在“豐隆”上均添畫“雨”字頭，改作“靊霳”，并傍注曰“一作封隆”。

全書以“吉羊”開篇，有“余丁巳就館錢氏書室，三楹未有額，因以‘止止’顏之。莊子曰‘虛室生白，吉祥止止’，然終不若吉羊之古雅也”之語。是稿以“止止”命名，一語破題。

此書未經刊刻。鈐有周勳懋“伴僧閑坐竹泉東”“周郎”印，及藏書章“蕭山朱鼎煦收藏書籍”。

稱謂録三十二卷

　　清梁章鉅撰，清梁恭辰校刊。存十三卷：卷三至四曰《稱謂録》，卷五至十二曰《稱謂廣録》，卷二十九至三十一又曰《稱謂録》，今依行世刻本規範題名，作《稱謂録》三十二卷①。六册。道光至光緒間稿本。版框高 18.3 厘米，廣 13.1 厘米，白口，單黑魚尾，左右雙邊，半葉九行，行二十二字。紅格。版心上端題卷次，中間稱謂分類名，下端葉碼。卷端題“福州梁章鉅撰，男恭辰校刊”。馮氏伏跗室舊藏。

　　梁章鉅生平見《倉頡篇校證》條。子恭辰（1814—？），字敬叔。道光十七年（1837）舉人。曾任温州知府。除校刊其父《稱謂録》外，所著今存尚有《北東園筆録》初編、續編、三編、四編各六卷，同治五年（1866）許義文齋刻字店刻本，國家圖書館、上海圖書館、南京圖書館等有藏；《池上草堂筆記》近録、續録、三録、四録各六卷，道光間刻本，國家圖書館有藏，咸豐元年（1851）羊城味經堂刻本，北京大學圖書館、南京圖書館有藏；《勸戒録》近録、續録、三録、四録、五録、六録、七録、八録、九録各六卷，有道咸同光四朝多種刻本，并被坊間頻繁翻刻，國家圖書館等多家均有收藏；《楹聯四話》《巧對續録》編入其父所著《楹聯叢話全編》。恭辰卒年未詳，光緒十年（1884）梁章鉅遺著《稱謂録》刊刻竣工之際，恭辰跋於卷末，時年七十一。

　　書存六册：册二至六、尾本。册二至册六封面均題卷次册次，書根亦題册次；“尾本”之稱并卷次乃據書腦所題。

　　此書集古人稱謂之大成，分門別類薈萃成編。每條稱謂多注出典，例如宰相稱謂四十餘條，“婆漫地”“老鳳”爲其中兩條，注曰“《唐書·環王列傳》：環王，木林邑也，呼宰相爲婆漫地”“王志堅《表异録》云：宋世以紫薇舍人爲小鳳，翰林學士爲大鳳，丞相爲老鳳”。

册二爲卷三至四。此兩卷包括家庭、家族及姻親、鄉里、師尊等成員各稱謂，謙稱、尊稱、泛稱、賤稱附於末。

册三爲卷五至六。天子、后妃等皇室成員以及各等封爵爲卷五；宰相及軍機處、翰林院、内閣、詹事府、都察院、給事中、兵馬司等官員爲卷六。

册四爲卷七至八。内閣、軍機、六部九卿爲卷七；太醫院、順天府、内務府等官員爲卷八。

册五爲卷九至十。此兩卷内容較爲龐雜，武備各級官署成員并欽差官、學政官、大小試官以及甲第各出身等爲卷九；卷十則既有文武官員及中央直屬專職官吏，又有督撫、布政使等地方大員。

册六爲卷十一至十二。此册内容更爲蕪雜，凡不屬上述範圍者，如封翁、少爺、紳衿、書役、兵勇、琴、弈、書、畫、詩、歌、幕、媒、獵、漁、樵、耕、太監、僕、婢、厨、車夫、船户、牧人、屠户各色人等爲卷十一；巫、醫、卜、星、相、拆字、地師、墓佃、算數、客民、農、蠶、百工、鹽、酒、茶、商賈、牙人、關吏、通事、僧道尼、三姑六婆、技藝各項、工商各項、匪類并優妓各色人等爲卷十二。

尾本爲卷二十九至三十一。此册開卷題“雜稱”，名副其實，均是對以上卷十一、十二中各色人等遺漏未入稱謂之補充。厨、輿各項并琴、棋、書、畫、射、拳、賭等爲卷二十九；僧僕、俗家、喇嘛、尼、邪教、洋教師、九流三教并三姑六婆等爲卷三十；匪類并優妓、傀儡、雜藝等爲卷三十一。此册書腦寫“尾本四卷，一爲念九、一爲卅、一爲卅一、一爲卅二”四行，然實無卷卅二之内容。

此書爲付梓前詢求意見稿。書中夾紅紙附箋一頁，乃王維翰手書信

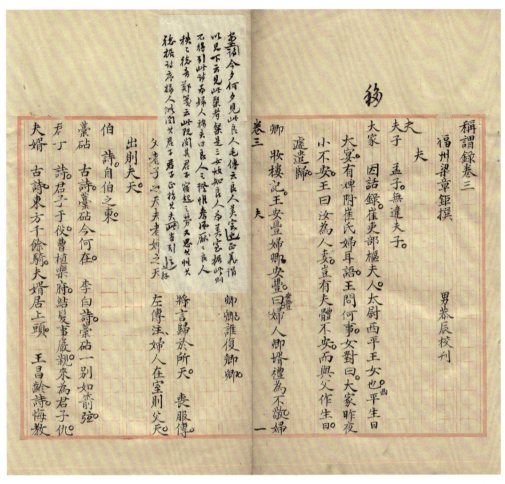

《稱謂録》卷三卷端

札，内容記梁恭辰囑托王維翰將此六册稿本轉呈馮夢香過眼一事："梁觀察囑交上《稱謂録》六本，請閣下一閲。如能於中間多添幾條，則更妙也。手此布達。即請夢香仁兄大人安。弟王維翰頓首。"王維翰所稱"夢香仁兄大人"即是伏跗室主人馮貞群族祖父馮一梅。馮一梅（1849—1907），字夢香，浙江慈溪人。光緒二年（1876）舉人。馮一梅出生與章鉅去世恰好在同一年，王維翰信札所稱"梁觀察"，當指章鉅之子恭辰。

天一閣另有此書刻本一部，亦爲馮氏伏跗室舊藏。該書爲光緒元年至十年（1875—1884）福州梁恭辰刻本，内封鐫"梁退庵中丞""稱謂録卅二卷""補遺後出"各一行以及"同治甲子起校，光緒乙亥開刊，甲申竣工"長方牌記。旁有"勿許翻板縮小并洋印石照，一切查出，重究追板後再與見官，議罰不貸"版權聲明。刻本各卷卷端一概題名"稱謂録"，其版框尺寸、版式、行格及著者行所題均與稿本一致。首有道光二十七年（1847）十月林則徐序、道光二十八年（1848）梁章鉅自序。卷末有光緒十年（1884）梁恭辰《稱謂録跋》。

林序稱"茲由遠道寄來全稿，甫卒讀，如入郁厨，別類分門，無珍不備，心目爲之炫耀。稽古徵今之作，誠非其人，莫之爲者。書成，先睹爲快，家置一帙，人手一編，不待言也。亟宜付厥以公同好"。自序詳述編撰此書宗旨及與阮元探討之過程，并獲其贊賞與鼓勵，"乃於歸田餘暇，以意裒集成編"，嘆惜"文達公早騎箕天上，不獲與之商榷，乃感不絕於余心云"。此序寫於恭辰官邸東甌郡齋，是年章鉅七十又四。梁恭辰《稱謂録跋》曰："先君子晚年與阮文達公論及此事，久之，成書三十二卷，名之曰《稱謂録》，經史而外如諸子百家金石文字均搜采，不遺餘力，定稿於道光戊申。甫成書，而索觀者接踵至。時正就養東甌郡署，以行篋攜書無多，尚待參校，未即付梓，詎次年謝世。恭不肖不克，仰承先志，遲延至今三十餘年，又自揣愚魯，即有一字之疑未敢妄爲增改，而先君子一片苦心究不願使之泯没無聞，用敢以衰邁之年親校讎之，務孜孜勉勉而不能自已。以卷帙浩繁，先梓《釋親屬》八卷，比及今夏已六年之久，校刊始畢，謹書顛末，以志余過焉。光緒十年歲次甲申夏至男恭辰時年七十一歲謹跋。"對全書編撰緣起、内容、意義，以及此書自成稿、起校、付梓直至竣工面世之全過程交代得十分清楚。

《稱謂録》一書爲梁章鉅晚年歸田之餘暇所作，道光二十八年（1848）"久之，成書三十二卷"，尚待參校而未付梓，次年謝世，年七十又五。

十五年後，梁恭辰於“同治甲子起校”，至“光緒乙亥開刊”，即1864年至1875年，歷時十一年；而從開刊至“甲申竣工”，即1884年，又越十年，時恭辰亦已年逾古稀。此書自起校至刊刻竣工先後整整二十四年，若加上梁章鉅定稿至恭辰着手起校之前那段時間，已近四十春秋，足見《稱謂録》一書問世之不易，無怪乎梁恭辰的版權聲明如此鄭重嚴厲。

此稿本時代當爲清道光晚期至光緒元年（1875）間。全稿正文楷書寫就，字迹工整清晰，避“玄”“弘”等前朝之諱，但不甚嚴格。書中粘有浮簽數十條，行草字迹，所記多爲按語，如卷三“婦公”條，浮簽記云“案：《後漢書》婦公，一本亦作婦翁，《魏志》所謂“搗婦翁”，即用“第五倫”之故實也，則此兩條宜并作一條爲是”。書腦補充語或爲疏漏稱謂補遺，或作插入標記，如“此縫中當添列宮四頁”；或爲所屬歸類調整，如“此條宜入某類”；或爲增删意見，如“已有，酌删”“可補入”“似乎亦可增入”；或爲刊刻排版意見，如“不宜空”“宜接上連寫”“低一格”；或爲斟酌商榷之語，如“空否”“可留否”等等。行間有夾注及糾誤等。全書朱墨圈點及塗抹修改處甚多，如册二封面原寫“稱謂録卷三、卷四”，後又用墨筆塗去“卷三、卷四”字樣，左旁書有調整意見：“即後之卷五、卷六、卷七、卷八”，右旁寫“去錯訛、嚴體例、删空泛（去其涉典）、序徵引（完其先後）”四行。

原稿無册一，據刻本《凡例》可知，是册內容當爲刻本之卷一至四[2]。

注：①《中國古籍總目》子部第51225989條收録光緒元年至十年（1875—1884）福州梁恭辰刻本，曰《稱謂録》三十二卷。

②自遠祖以下至父爲卷一，母爲卷二，父黨母黨爲卷三，兄弟爲卷四。見光緒元年至十年（1875—1884）福州梁恭辰刻本。

琴詠樓姝聯韵藻一卷

　　清姚景夒輯。一册。光緒六年（1880）稿本。無框格，半葉八行，行二十三至二十四字。卷端題“鎮海姚景夒小復輯”。清沈鎔經題跋，葛暘題識。朱氏別宥齋舊藏。

　　姚景夒，又名夒，字拊中，號小（少）復，浙江鎮海人。姚燮子。精於詩詞，頗肖其父，室名琴詠樓。景夒所著除《琴詠樓姝聯韵藻》外，今尚存《琴詠樓詩酌》一卷，天一閣藏稿本；《琴詠樓主日記》一卷（記光緒九年事）、《姚少復集》一卷，浙江圖書館藏稿本；編《光緒二年丙子科江南鄉試硃卷》一卷，浙江圖書館藏光緒刻本。

　　此書乃從類書、筆記、小說、外傳、別傳、正史、野史、雜史、雜記、釋道、戲曲、詩詞、樂府等三百數十種文獻中輯録各種奇女子之薈萃，上起遠古，下迄明季，看似信手拈來，隨意摘録，實則精心編輯，體例嚴謹。所録人物，有女中豪杰、名媛淑賢、才女佳人、皇后寵妃、宮人侍婢、神仙女妖、妻妾姬媵、紅粉名妓等等，或以名呼，或以藝稱，計五百零八名，成雙分列二百五十四條。各條人物組合頗有講究，以類群相分，兼顧字形字義等對應。如趙飛燕、徐驚鴻爲一條，見於《飛燕外傳》和《静志居詩話》；玄女、青童爲一條，見於《黃帝玄女經》和《補侍兒小名録》；范杜、陸桐爲一條，前者善吹簫，後者工畫蘭，見於《評花軟語》和《秦淮畫舫録》；周瑶石、李玉峰爲一條，兩者均有詩文佳句傳世，見於《國朝閨秀正始續集補遺》和《玉臺文苑》；萬年公主、九華真妃爲一條，見於《晋書》和《真誥》；李温林、蔡文姬爲一條，兩者均家學淵源，才智過人，見於《翰墨名譚》和《後漢書》；等等。

全書以女皇則天開篇，緊接的是官妓商玲瓏，將女皇官妓列於一條，可謂褒中見貶，深意寓焉。

此本行楷膳寫，字迹工整娟秀，避"玄"諱，全稿除"保子、相夫"條補充於書腦外，幾無改動。

稿本原封面有姚景夔題識："光緒六年庚辰九月中旬手稿，少復子自題於二石花欄。"另有一封面，上有葛暘題識："姚小復手稿，別宥齋藏，辛未十月葛暘。"葛暘，字夷之。民國時期寧波書法家。此封面添於民國二十年辛未（1931），紙張墨迹均新於原稿。

內封有光緒七年辛巳（1881）中秋節慧香室居士芸閣氏跋，稱是稿"心鈎角鬥，脉注綺交，珊瑚玉樹之枝，櫻素柳蠻之選，天造地設，信手拈來，是能於《宮閨聯名録》外別樹一幟者"，并鈐"沈印鎔經"印。沈鎔經（1834—1885），字芸閣，浙江烏程人。清代洋務派人物。

鈐有姚景夔印"釣鼇""小涵碧齋"，葛暘名章"葛夷之"，沈鎔經名章"沈印鎔經"，以及"樵赤白漁""香句賞心"印。

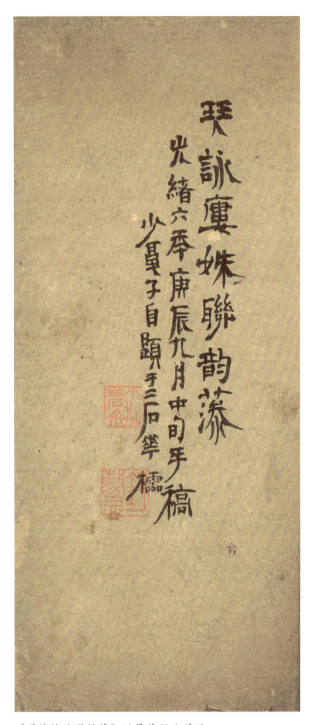

《琴詠樓姝聯韵藻》姚景夔題名并識

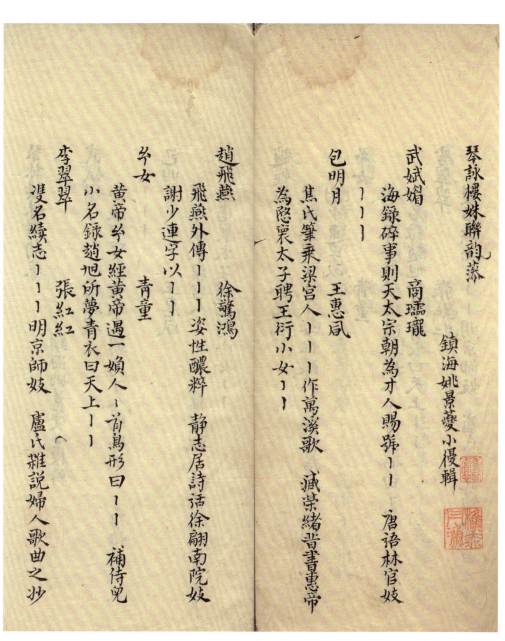

琴詠樓姝聯韵藻

鎮海姚景夔小優輯

武妣媚　商瓅瓏
海錄碎事則天太宗朝為才人賜號一一　唐語林官妓

包明月　王惠凩
焦氏筆乘梁宮人一一一作萬溪歌　藏棠緒晉書惠帝
為愍褱太子聘王衍小女一一

趙飛燕　徐驚鴻
飛燕外傳一一一姿性醲粹　靜志居詩話徐翩南院妓

兮女　青童
黄帝兮女經黃帝遇一媹人一前為形曰一一　補侍兒
小名錄趙旭所夢青衣曰天上一一
謝少連字以一一

李翠翠　張紅紅
渡名續志一一一明京師妓　盧氏雜說婦人歌曲之妙

《琴詠樓姝聯韵藻》卷端

集　部

天 一 閣 藏 清 代 珍 稀 稿 本 提 要

瘦葉盦詩

留別鈔

瘦花盦詩

鄞周世佶克延

題鄆山草堂壁

古屋枕深壑寂無常
暗雲痕濕苔蒼石色
關兩三條竹逕一二里松山
老僧翻貝葉消得幾多閒

春光忽欲黃攜屐破雲關行耐石隈滑坐看飛鳥閒

宿白雲竹院得詩二首

春暮同胡峭水生游阿育王山訪通學上人

集部叙

    天一閣藏清代稿本數量最多的當屬集部，共148種。類別包括別集、總集、詞、曲、戲劇，時間從康熙到清末。著者基本爲江浙文人，尤以浙東爲多，其中名氏不可考者十之一。内容廣泛龐雜，未著題名者亦十之一。閣藏集部稿本，入《中國古籍善本書目》者46種，入《國家珍貴古籍名録》者3種，即黄宗羲之《明文案》及姚燮之《疎影樓詞》《復莊今樂府選》。

    在148種集部稿本中，本書選取了其中的41種，基本爲入《中國古籍善本書目》者，是這些稿本中最有歷史性、文獻性、學術性的古籍。稿本産生時間最早爲康熙間，如史榮之《唐李長吉歌詩補註》、萬承勳之《選氷雪集》，最晚至光緒間，如王定祥、馮保燮編的《姜先生全集》。著者以四明鄉賢爲多，如鄞人董元成、毛德遜、童槐、孫家穀、周世緒、陳勱、徐時棟；慈溪人周維城、徐嵩高、鄭竺、鄭勳、顧棡、鄭耀潢、王景曾、張翊儁；鎮海人姚燮。另有浙江錢塘周一鵬、蕭山湯濚、會稽范家相、山陰楊夢符、海寧吳昂駒，并江蘇長洲陳二白、華亭施於民、元和戴綬曾、南通孫世儀、泰州仲耀政，等等。著者中除黄宗羲、姚燮等著名學者之外，大多寂寂無名，如元和戴綬曾，既無科第，又無其他著作傳世，地方志也不録其名，若無天一閣藏其稿本《修真館詞稿》，則湮没無聞矣。

    這41種稿本中，未刊刻者26種，有一些爲作者著作唯一存世者。如徐嵩高的《磊園詩册》，所録詩歌的時間跨度長達二十年，數量多達八百餘首。嵩高一生坎坷，文名不著，但其詩氣度安閑，命意高卓，盡顯其性情，是清詩中的佼佼者。

　　稿本中亦有刻本的底本，或通行本的祖本。如鄭竺撰、蔣學鏞選、鄭勳校的《野雲居詩稿》，即嘉慶四年（1799）刻本之底本。又如陳二白的《雙冠誥》，向無刻本，均以抄本形態流傳，其中乾嘉梨園舊抄本後被印入《古本戲曲叢刊三集》，爲近六十年來唯一的通行本，而閣藏《雙冠誥》即通行本之昆侖源。

唐李長吉歌詩補註四卷外卷補註二卷復古堂舊本五卷年譜一卷附録九卷首一卷

　　清史榮撰。二十一册。康熙稿本。無框格，半葉行、字數皆不等。卷端題"甬東史榮補註"。卷前有清潘人瑞、陶燮、全祖望、毛昇、柴可安、孟金鑒序。清陳常、姜炳璋、王奎，以及馮貞群題跋。馮氏伏跗室舊藏。

　　史榮（1675—1753），又名闕文，字漢桓，一字雪汀，浙江鄞縣人。諸生。史氏爲甬上巨族，文風鼎盛，史榮幼承家學，精小學，喜讀注疏，不肯唯阿先儒之説，熟於《十七史》及《文選》。性狷狹，與人少可，工擘窠書及篆刻，貴人踵門以求，拒不答。意所愜，雖茶寮酒肆索筆亦揮灑。所與唱和者有張鯤象厓、童鉉玉如、汪籛臺彭年、柳維新味莘、陶淑禮庭、范徵獻可欽、范炳文虎、仇啓昆貞筆諸人。晚年與全祖望結忘年之交，全氏爲其作《史雪汀墓版文》以記生平。光緒《鄞縣志》卷四十二有傳。史榮著作現存另有《陶陶軒詩稿》十卷，清林璋風荷書屋抄本，藏天一閣；《風雅遺音》二卷，乾隆八年（1743）一灣齋刻本，國家圖書館有藏。

　　稿本共二十二卷，首卷輯録《李長吉小傳》《舊唐書李賀傳》《唐書文藝傳》《弘簡録》《御纂全唐詩李賀傳》《李長吉歌詩補註采集諸家書目》《小引》《昌谷考》《世系考》。其後爲輯録復古堂《李長吉詩集》白文五卷，并史榮撰《李長吉年譜》一卷。正文即《唐李長吉歌詩補註》四卷、《外卷補註》二卷。末則以九卷《附録》殿焉。《補註》先列宋劉辰翁、元吳正子、明徐渭、清姚佺諸家之注，後加史榮補。

《唐李長吉歌詩補註》卷一卷端

　　關於史榮所作《補註》之體例與價值，時人及後世學者皆有評斷。榮之友人陳常在雍正八年（1730）題跋中云：

　　　　讀其《補注昌谷集》，不獨里居、事實、年譜、世系辨駁精核，而詩中字法、句法、承轉法、段落法，直如數家常，并無幾微不可解者，不知從前何竟以不解解之也……雪汀獨抱長吉之性，不偶於世，在雪汀又似以世之嫉之爲樂者。落落漠漠，唯與古人相寢處，於是著述遂多，自《莊子》《楚辭》而下，莫不窮根搜柢，詳辨博徵，凡數十餘種，而尤著意於長吉之詩，豈性有所獨到與，抑或其孤憤適相似耶？觀其廣集成説，以駁其非；備載典故，以著其是；逐句分櫛，以見其全篇；逐題細考，以求其作意。直似置身元和時，騎驢𩥋提錦囊，嘔心出血而爲是注也，豈特想像千載，上與長吉對語而已哉。

馮貞群 1956 年題跋云：

《補註》引申繁博，考證詳明，一句一字，必求其指歸所在，蓋欲使人知長吉詩中所隷有源有本，以力闢杜牧之牛鬼蛇神之説。每句之注，不下千餘言，其不憚煩、用力之勤如此。然詩中妙旨往往因穿鑿而失，此其一蔽也。

全稿端楷小字繕寫，整齊雅潔，幾無修改。部分小楷筆力挺拔，神韵兼具，似非書手所爲。陶燮雍正八年（1730）序云："……然則讀吾師之注而爲長吉幸，觀世之毁長吉者而又不得不爲吾師懼也。康熙戊戌九月，方四易稿，燮贅數語於末，具述吾師注詩之苦。"可見，此稿成於康熙五十七年（1718）間。

關於此稿流傳，道光三十年（1850）王奎的題跋有詳細記録：

一日，馬君銘軒過我，謂近收舊書於西郊毛氏，其中多不經見之書。余往觀之，於是得見所謂《長吉詩注》五本，每本皆有手印鈐識其首，不勝狂喜。查其目録，有十八卷，纔得四分之一，第二本已被鼠嚙殘損（後從張載衡處《四易稿》補之）。銘軒不以爲意，余遂取之而歸。不知其餘十五本落誰手？到處搜訪者十餘年。偶與繭齋林丈談及，説："此書我家有十本，

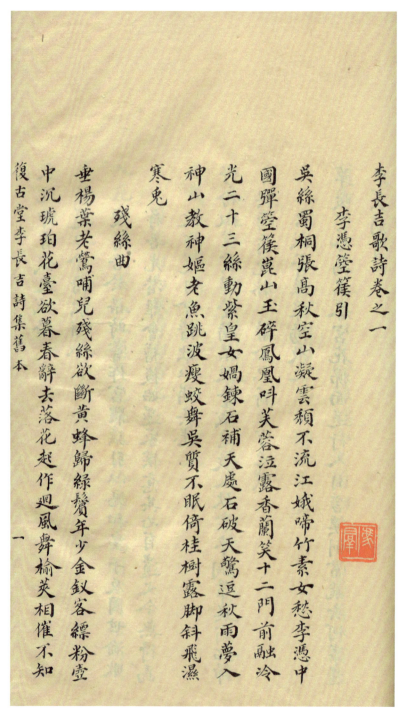

李長吉歌詩卷之一

李憑箜篌引

吳絲蜀桐張高秋空山凝雲頹不流江娥啼竹素女愁李憑中
國彈箜篌崑山玉碎鳳凰叫芙蓉泣露香蘭笑十二門前融冷
光二十三絲動紫皇女媧鍊石補天處石破天驚逗秋雨夢入
神山教神嫗老魚跳波瘦蛟舞吳質不眠倚桂樹露脚斜飛濕
寒兔

殘絲曲

垂楊葉老鶯哺兒殘絲欲斷黃蜂歸綠鬢年少金釵客縹粉壺
中沉琥珀花臺欲暮春辭去落花起作廻風舞榆莢相催不知
復古堂李長吉詩集舊本

《復古堂舊本》卷一卷端

得之於外家後倉王氏；十本藏於西郊毛氏。"蓋雪汀先生家素貧，身後半歸毛氏，半歸王氏。毛氏分家，又各分其半，故銘軒所收僅五本，而五本尚存毛氏。余於是不惜重價，將蘭齋所藏十本收歸，而毛氏五本再三求之，不肯出。又二十餘年，范君月樹致書於我，言毛氏近日式微，此書可出價售矣。索之，祇有四本，而尚缺其一，後從故紙堆中得之。百餘年後，散而復合，真大快事！此書不遇余，亦幾於散失無傳，而先生數十年之精力，至五易稿而後成，一旦與草木俱腐，不亦大可惜乎！以余之陋劣，自分何足傳前輩之書，安知非先生之靈有以呵護之，而使余博訪購求，以成完璧乎？後世子孫須知，此書余費五十年之苦心而全之，待有力者刻而傳之，庶足慰先生於地下也已。

由王跋可知，史榮身後，此書分歸後倉王氏與西郊毛氏，王氏書又歸林氏，王奎尋訪五十年，終使此書完璧。又復將近百年之後，宣統元年（1909），馮貞群以重價向王奎後裔處得之。馮氏題跋云："第二册早爲鼠嚙，斗瞻曾《四易稿》補之，旁注塗抹，頗費尋繹。余并得鼠嚙殘本，零星碎礫，裹以故紙，乃竭一月之力，排比補綴，寫定清本。雖稍有脱失，然文從字順，十九可讀矣。曩年張約園之刻《四明叢書》也，來訪先賢稿本，乃出是書。約園以全書繁重，刻印匪易而罷。"此稿因卷帙浩繁而未付梓，馮貞群爲保存文獻，特另抄一部珍藏，以示寶貴。故天一閣另藏有此書的伏跗室抄本。

鈐有"史榮""漢老""莫忘作歌人姓李""尋章摘句老雕蟲""藻不彫樸華不變淳""詞客有靈應識我""陶燮之印""律天""馮群""伏跗室藏書印""孟顒""馮印貞群"諸印。《中國古籍善本書目》集部第1266條著録此書，題名與此略有出入，爲"唐李長吉詩補註四卷外卷二卷復古堂舊本五卷年譜一卷附録九卷首一卷"。

姜先生全集附録二卷詩詞拾遺一卷

清姜宸英等撰，清王定祥、馮保爕、馮保清編。三册。光緒稿本。《附録》版框高 20.0 厘米，廣 14.4 厘米，上下黑口，單黑魚尾，四周雙邊，半葉九行，行二十字。緑格。卷端題"邑後學王定祥編輯，馮保爕參訂"。《詩詞拾遺》版框高 22.0 厘米，廣 13.4 厘米，白口，單黑魚尾，四周單邊，半葉八行，行二十字，小字雙行同。藍格。版心鎸"芝陌"。卷端題"邑後學馮保清編輯，王定祥校訂"。寧波市文物管理委員會舊藏。

姜宸英（1638—1699），字西溟，號湛園，又號葦間，浙江慈溪人。康熙三十六年（1697）探花。其著作大都刻入《姜先生全集》，光緒十五年（1889）馮氏毋自欺齋刻本，多家圖書館有藏。王定祥，字文甫，號緗雲，浙江慈溪人。光緒十四年（1888）中鄉試，未及放榜，卒。著有《映紅樓詩稿》四卷、《扁舟集》一卷、《映紅樓詩餘》一卷，光緒二十年（1894）慈溪童氏刻本。另有抄本《映紅樓文稿》一卷、《映紅樓詩稿初存集》五卷、稿本《扁舟集》一卷、《映紅樓詩稿》五卷等，天一閣有藏。馮保爕、馮保清，浙江慈溪人，與王定祥一同訪文求篇，編輯姜宸英著作，後彙刻爲《姜先生全集》三十三卷。馮保爕跋云："與緗雲商定條例，彙爲《全集》三十三卷，爕任刻資，而校勘則緗雲之力爲多。"

該稿本爲馮刻《姜先生全集》之部分底稿。《附録》兩卷，因王定祥離世而未能定稿，故在刻本《全集》目録中作"嗣出"。此稿上卷的内容有：墓表一，爲全祖望所撰《翰林院編修湛園姜先生墓表》；別傳五，分别爲《浙江省志傳》、《寧波府志傳》、《慈溪縣志傳》、慈溪

墓表

墓表傳

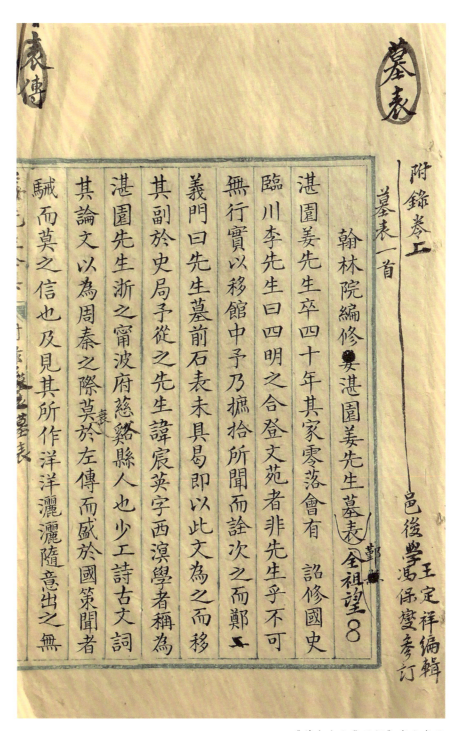

附錄卷上

墓表一首

翰林院編修●夒湛園姜先生墓表〔全祖望 8 鄞縣〕

湛園姜先生卒四十年其家零落會有　詔修國史

臨川李先生曰四明之合登文苑者非先生乎不可

無行實以移館中予乃摭拾所聞而詮次之而鄭

義門曰先生墓前石表未具曷即以此文為之而移

其副於史局予從之先生諱宸英字西溟學者稱為

湛園先生浙之甯波府慈谿縣人也少工詩古文詞

其論文以為周秦之際莫於左傳而盛於國策聞者

騦而莫之信也及見其所作洋洋灑灑隨意出之無

邑後學馮保愛參訂

王定祥編輯

《姜先生全集附錄》卷上卷端

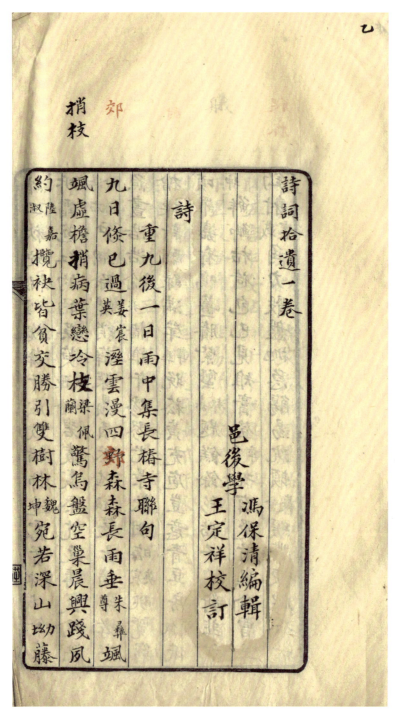

約淑陸嘉　颯虛檐梢病葉戀冷梭　九日條巳過姜晨澄雲漫四郊　重九後一日雨中集長椿寺聯句　詩　詩詞拾遺一卷

攬袂皆貪交勝引雙樹林坤　蘭梁佩驚鳥盤空巢晨興踐凤　森森長雨垂朱彝　邑後學

魏宛若深山坳藤　　颯　　王定祥校訂　馮保清編輯

鄭羽逵撰《姜湛園先生傳》、福建鄭方坤撰《葦間詩鈔小傳》；酬贈詩六十首，均爲時人所贈和，如湯斌、施閏章、王士禎、閻若璩、查慎行等；酬贈詞六首，陳維崧及性德各三首。下卷録遺事十九則、文評三十六則、叢談十九則。此稿具有典型的稿本形態，字裏行間塗抹勾乙，增删改换，并有許多王定祥的按語。

《詩詞拾遺》一卷中輯詩五首，均爲姜宸英與同時文人唱和的聯句，另輯詞四首。該卷即《姜先生全集》第三十三卷。此爲謄清稿本，偶有朱墨筆校字，卷末有"邑後學楊逢孫同校"。楊逢孫，慈溪人，時在馮家就館。

天一閣另藏有一部二卷本的《姜先生全集附録》稿本，編輯者除王定祥、馮保燮之外，另有清范文榮、楊逢孫參與。二册。半葉十行，行二十字，上下黑口，四周雙邊。紅格。版心上題"姜先生全集"，下鐫"毋自欺齋校本"。卷端題"後學王定祥編輯，馮保燮參訂"，又附一簽條，曰"後學鎮海范文榮參訂，同邑王定祥編輯，同邑慈溪楊逢孫參訂"。此本謄寫在毋自欺齋專用套格紙上，偶有校語，當爲經范文榮、楊逢孫整理謄清後的修改稿本。將之與前者比對，其上卷的酬贈詩多出兩首，用浮簽粘貼於書葉上。卷末録有范文榮、楊逢孫光緒戊子年（1888）的兩篇跋文，范跋云："我友慈溪王文甫……自是晨夕校寫，歷今年春夏六閱月始校畢付梓，而文甫之精力憊矣。鄉試期迫，匆匆赴省，迨試畢，抱病旋里，榜發中式已前十一日殁。嗚呼，傷已！雖然，文甫平生惓惓於姜先生之《全集》，今校刻已成，亦可謂有志者事竟成爾。"從中可見王定祥生平及《姜先生全集》編輯刊刻之遺事。

鈐有"醉鄉後人"印。

敬業堂詩集參正二卷

　　清吳昂駒、朱洪輯。一册。道光稿本。無框格，半葉十行，行二十一字，小字雙行同。卷端題"邑後學吳昂駒醒園、朱洪小坡同輯"。卷前有清方成珪序。朱氏別宥齋舊藏。

　　吳昂駒，字千仲，號醒園，浙江海寧人。生於乾隆三十一年（1766），嘉慶二十三年（1818）貢生，卒年不詳。海寧藏書家吳騫之侄。《兩浙輶軒續録》①卷十九録詩兩首，并引吳衡照言，曰："兄詩清曠諧適，標舉性靈。喜藏書讎校，殆無虛日。"其室名曰"竹初山房"，藏書畫處曰"墨陽樓"。輯有《初白庵藏珍記》一卷《題跋》一卷《尺牘》二卷，清查慎行撰，清抄本，藏國家圖書館；《盧忠肅彭節愍家書合鈔》二卷，明盧象晫、彭期生撰，清抄本，藏復旦大學圖書館；撰有《竹初山房札記》一卷，收入叢書《待清書屋雜鈔》，同治間管庭芬抄本，藏天津圖書館；《桃溪書畫録》五卷《首》一卷《補遺》一卷《續録》一卷，抄本，藏上海博物館。朱洪，號小坡，浙江海寧人。據道光戊戌（1838）方成珪序"其居停朱小坡上舍"可知，朱洪是監生，曾聘吳昂駒爲西席。

　　《敬業堂集》爲查慎行詩集總名，輯有《詩集》四十八卷、《詞集》二卷，康熙五十八年（1719）刻本；又《續集》六卷，乾隆間查學、查開刻本，兩者共收詩歌五千餘首。乾嘉間，查慎行詩風行海内，幾於人置一編，各家校評本鵲起，而《參正》正是對《敬業堂詩集》以及《續集》所作的校正補注。該稿分兩卷，卷一題爲"正集"，卷二爲"續集"，輯録許嵩廬（昂霄）、查丙塘（亦照）、查梅史（揆）等各家評本的批語，爬羅剔抉，精審考訂，潛心纂録而成。方成珪序譽之曰："俾讀太史集者得之，如髮膩之得梳也，如背癢之得爬也……此二卷者，乃查氏之功臣也。"此書内容基本爲吳昂駒所輯，朱洪又增摘數十條，凡朱洪所增補的，前面均寫有"洪按"。

稿本謄寫整齊，字迹清晰，夾行圈點批校纍纍，朱墨燦然。卷尾鈐有吳昂駒名章。天頭有朱墨評語，其内容均是對正文的注釋校正，某些朱批前有用墨筆補"洪按"字樣；其餘墨筆似另一人所爲，葉八天頭上有條墨筆批語，前有"淳按"字樣，或爲海寧查淳所批。

此本曾經刊刻。據卷前方序"其居停朱小坡上舍，既爲任剞劂之費"可知，朱洪出資將此書付梓。《中國古籍總目》集部第 30216525 條著録此書有道光十八年（1838）刻本，國家圖書館、南京圖書館有藏。

鈐有"雪齋""方印成珪""年開八秩""吳印昂駒"諸印。《中國古籍善本書目》集部第 13151 條著録此書，著者作"清吳昂駒撰，清朱洪批校"。

注：① 《兩浙輶軒續録》五十四卷，（清）潘衍桐輯，光緒十七年（1891）浙江書局刻本。

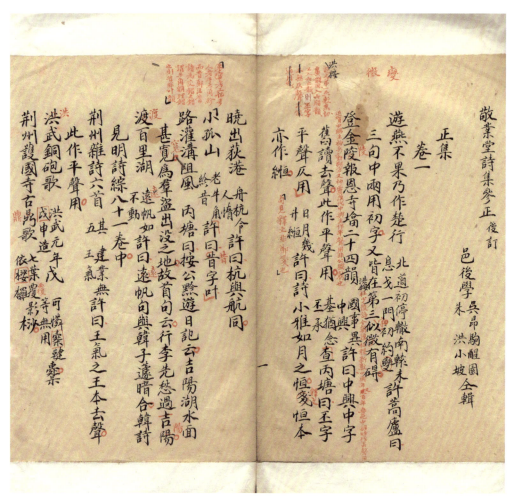

《敬業堂詩集參正》卷一卷端

選冰雪集一卷

　　清萬承勳撰，清黃千秋選。一册。康熙稿本。無框格，半葉十五行，行二十八字，小字雙行同。卷端題“四明萬承勳著，南雷黃千秋選”。馮氏伏跗室舊藏。

　　萬承勳（1670—1735），字開遠，號西郭，浙江鄞縣人。承勳爲鄞縣望族萬氏之後，祖父萬斯年，叔祖萬斯同，父萬言。雍正五年（1727）舉賢良方正入京，授磁州知州，後卒任上。光緒《鄞縣志》卷四十二有傳。其著作現存《冰雪集》五卷，康熙五十四年（1715）刻本，天一閣有藏；《冰雪集》一卷，稿本，藏國家圖書館；《冰雪集》六卷，稿本，藏中國社會科學院文學研究所圖書館；《勉力集》二卷，雍正六年（1728）刻本，中國社會科學院文學研究所圖書館有藏；《勉力集》□□卷，雍正稿本，藏天一閣；《越中草》一卷《冰雪集》一卷《勉力集》一卷《西行前集》一卷《後集》一卷，稿本，藏國家圖書館；《西郭苦吟》一卷《冰雪集》一卷，稿本，藏國家圖書館；《恭壽堂編年文鈔》一卷《雜著》一卷，康熙雍正間稿本，藏天一閣。黃千秋，字臨之，浙江餘姚人。祖父黃宗羲，父正誼。萬承勳爲黃宗羲之孫婿。

　　此本爲黃千秋從《冰雪集》稿本中輯選七十五首詩重編而成。卷前有黃千秋康熙五十二年（1713）題詩，云：“久鬱發狂疾，百藥醫不得。譬如坐甕，四面皆漆黑。又若入幽谷，重重寒氣塞。庶幾托咏歌，可以舒胸臆。咏歌無性靈，愁城終莫擊。甬上西郭子，沉冤深莫測。一一發之詩，落筆驚魂魄。一字一滴泪，偶人亦動色。滿腹填太行，得此皆冰釋。怨非聖人禁，可入詩三百。康熙癸巳冬杪南雷黃

227

千秋拜題。"

《冰雪集》有康熙五十四年(1715)刻本,卷前有清彭祖訓、謝緒章序,以及著者自序。自序云：

> ……辛未,父遭白簡鍛煉成獄,三四年中,母命行乞海内,釀金告贖。當是時,父困縲絏,母疲橐饘。隻影躑躅,悲號泪盡而詩出矣。至甲戌,父母生還,覆巢完卵,覲不得食。辛巳復嚴追贖鍰,秋風落日中,床上別父,竈下別母,跟蹌出門,而詩境愈慘。至京師,曩時仗義如東海徐大司寇者,零落殆盡。思自投西安獄。入關,父門生李耀州再力救之,得脱。走馬中原,放舟長江,嘯歌以歸。時小除夜半,大呼叩門而入。父驚喜,墮床下。母聞從者异鄉音,恐捕者偕來也,手摸索帳後不得出。痛既定,出行篋所有,誦之母前。母且泣且笑曰："兒即榮我以告身,猶無此樂也。"……母聞不孝夜吟至"病愁殘腊斜陽短,寒對西山積雪長"句,嘆爲不祥。甫及春而母殁,殁無一語。嗚呼!今弃不孝十閱月矣。痛念吾母,精神命脉全在不孝一身。不孝無寸長,半生茶苦,其精神命脉全在《冰雪》一集。倘是詩不存,則吾母二十餘年以前教不孝讀書識字,一片苦心如電光石火,無迹可尋矣。不孝其忍乎哉!爰就繐帳下自序而録之。集名"冰雪"者,夜寒甚,硯冰,出視之,户外雪滿,遂以名焉。康熙癸未冬不孝承勳泣血識。

按,萬承勳父萬言,以修《明史》出任五河縣令。後因觸怒權貴而罷官論死。承勳前往救父。當時陝中開贖例,言之故人籌集五千金,以與承勳,言方得免死。因承勳年少,陝中胥吏欺之,隱匿一半贖金未上

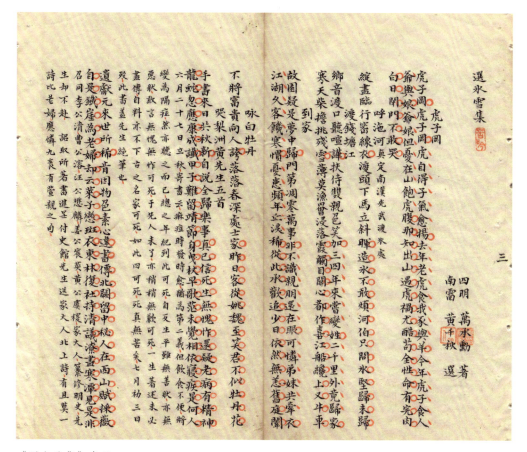

《選冰雪集》卷端

交。後陝西巡撫發文浙江巡撫追繳贖金，承勳無以爲計，祇能承擔匿金之罪，以代父死。言門生李耀州再力救之，得脫。《冰雪集》即寫於這困頓慘淡時期，故詩多坎坷窮愁之語。

此本書法謹嚴，謄寫整飭，夾行朱筆圈點，幾無塗改。天頭有墨筆小字，均佚名所題《謁昌平十三陵十三首》之詩評，如《獻陵》上有"寫出仁廟孝思，隱然言外"之語。又如《思陵》，有"結二句與第一首起句遥相呼應，大開大闔，氣力堅完"之語。

鈐有"萬印承勳""西山人""苦吟""西郭開遠""處名山""地少天多""前不見古人後不見來者念天地之悠悠獨愴然而涕下""寒松齋"諸印。

恭壽堂編年文鈔一卷雜著一卷

　　清萬承勳撰。一册。康熙雍正間稿本。無框格，半葉九行，行二十五字。清金埴題跋。馮氏伏跗室舊藏。

　　萬承勳生平見上條。

　　《文鈔》録文三十九篇，有序、記、書、傳、墓志諸體。編年從康熙乙亥年（1695）起，至雍正乙巳年（1725）止，共三十年。其篇目如下：

　　　　哭黄梨洲先生詩序（乙亥）

　　　　冰雪集自序（癸未）

　　　　偕鄭性謝緒章公奠李太母文（乙酉）

　　　　書先正時文讀本後（丙戌）

　　　　答劉鰲石寄懷詩序（丙戌）

　　　　六月二日齋中自責記（丙戌）

　　　　送董周池之京師序（丙戌）

　　　　送陳山學之漳浦序（丙戌）

　　　　鄭禹梅先生七十序（丙戌）

　　　　祭戎午庭先生文（丙戌）

　　　　黄時叙丈詩文序（己丑）

　　　　祭張親母李孺人文（己丑）

　　　　陳癡士詩序（癸巳）

　　　　王劎公先生墓志銘（癸巳）

　　　　張志吕詩序（甲午）

○○○哭黃黎洲先生詩序乙亥

勳五六歲時先生過白雲莊抱置膝上摩其頂曰吾友履安先生得曹孫矣當以女孫子之○自後先生至勳即迎候於門呼太公焉當是時家大人與里中先輩請先生會講五經丙辰丁巳而後先生聞至山陰曁海昌吳門○姜定卷陳簡齋許酉山許竹隱諸先生嘗請先生主講席大旨以○道學之名也○世運邊從風尚○好衛不論圍瓦闌闒以空疎穢鄙之胸腸而人人說朱說陸○勳力行心悟讀書窮經爲主初未嘗標榜先之以道學任人可講誰爲的証吾

生曰爲盜賊有對証人多不敢爲若道學任人可講誰爲的証吾嘗有詩土砆點四書朱陸卷同異勳固知先生蓋有爲言之○時勳以所作文呈先生甚喜謂從我讀書三年可得頭腦因請學問下手處每有一知半解未嘗不感憶先生之教○旣而患難流離歷心尋繹曰但從五經求之切實做去勳歸檢向所讀易禮詩乘久始脫繹念先生年垂風燭恐恐相見無期末由成立去年冬秒又大人南還舟過黃竹浦先生悲喜交集徐相謂曰不恨也今年春大老病不堪令得汝父子歸來相商未了之事死不恨也今年春大人攜勳往候先生令第三孫千秋從勳學舉子業後梅雨連朝茶

《恭壽堂編年文鈔》卷端

　　《文鈔》內有佚名批語，如《冰雪集自序》，批語曰："此文從至性中流出，讀至樂處便能令人舞蹈，讀至悲處便能令人涕泪。"部分文章後錄有謝漢倬評語，如《書先正時文讀本後》後有"俯仰情深，淒涼慷慨"，《六月二日齋中自責記》後有"是血性流露之文，亦是思學得力之語。南雷一瓣香，固知非開遠不能承當也，敬服，敬服"等。

　　《雜著》錄文五篇，爲《猫讞》《宋宮師爵銘》《瀔硯銘》《西郭三戒》《跋錢芍庭舅氏雪卷》。

　　此本書寫工整，夾行有大量修改，浮簽纍纍，朱墨燦然。《與俞良一書》

後有金埴康熙壬寅（1722）題跋，云："……埴師其人法其文久矣。相闊七載，重晤於月湖者兩月，瀕行獲誦斯篇，夫爲天壤有數文字。三復低佪，能弗俯首至地耶。"

鈐有"小郊""金埴之印""馮印貞群""伏跗室"諸印。《中國古籍善本書目》集部第 13460 條著録此書，題名爲"恭壽堂編年文鈔二卷"，金埴誤爲金植。

西堂詩草一卷

　　清董元成撰，一册。康熙稿本。無框格，半葉八行，行二十字。卷前有清趙嘉楫序。朱氏別宥齋舊藏。

　　董元成，字章甬，一字章甫，號西堂，浙江鄞縣人。康熙二十四年（1685）拔貢，授樂清教諭，以母老不赴。母卒，起補江山。著有《晚香樓詩文鈔》八卷，據民國《鄞縣通志・文獻志》云：“《晚香樓詩文鈔》八卷，《董氏宗譜》作四卷，朱氏別宥齋藏《西堂詩草》，稿本一册，蓋其初名也。”光緒《鄞縣志》卷四十一有傳，附其父董允懌傳後。

　　《西堂詩草》，卷前目録題名爲“西堂近草”，收有樂府八首、五言古詩十首、七言古詩九首、五言律詩一百二十三首、七言律詩一百三十四首、五言絶句十二首、七言絶句六十六首、詩餘三則、賦一章。趙嘉楫序云：“今此編皆其四十以前上燕臺，省南閩，往來淮揚齊魯之所得。”今閲此書，有《晚過郯城》《登岱》《川荔枝》《仙霞嶺》《渡黄河》《燕臺久雨》《姑蘇臺》《游武當山》諸詩，可見董氏壯游天下。除大量的紀行詩之外，另有咏物之作，如《紫薇》《海棠》等；懷人之作，如《悼亡》《憶友》等；閑情之作，如《煮茗》《春日放舟》等。

　　稿本以楷書書寫，字迹娟秀，葉面整潔，不避“玄”諱。以墨筆塗抹修改，修改筆迹與書寫者不類。如五律《獨夜》有“燈殘悲寂寞，得句損精神”句，將“得句損”三字劃去，改成“詩苦減”。趙嘉楫序云：“章甬生平著述甚夥，多不自愛惜，往往隨手散去……哲嗣樂友抄撮撰次，得詩及古文詞凡若干篇，以示余而究未盡也。”由此可見，此稿本的編次者應爲董元成之子董樂友。

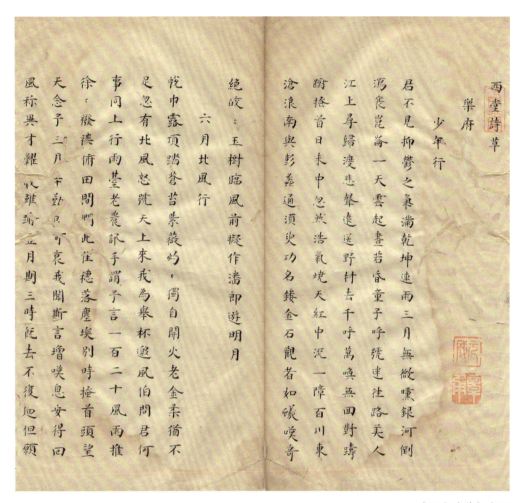

《西堂詩草》卷端

　　鈐有著者名章"章甬""元成""西堂"，趙嘉楫"海天舒書""西邨""趙印嘉楫"諸印。《中國古籍善本書目》集部第13519條著録此書，著者作董章甬，蓋取其字也；趙嘉楫誤爲趙嘉輯。《清人詩文集總目提要》將之著録爲"趙嘉輯并跋"[1]，則更誤矣。

注：①《清人詩文集總目提要》（上），第346頁。

虎丘百詠不分卷

　　清施於民撰。二册。無框格，半葉八行，行十七字。卷端題"華亭施於民漁帆"。卷前有著者自序。清施禮潼題跋。朱氏別宥齋舊藏。

　　施於民，字漁帆，康雍間江蘇華亭人。著有《紅芋山莊集》四卷，抄本，藏上海圖書館。《清人詩文集總目提要》云："（《紅芋山莊集》）前有焦袁熹序，皆詩，約止於康熙五十二年赴京試。集中詩多記與毛奇齡、朱彝尊、顧嗣立、涂志遇等交往事。顧天成《東甫草堂集》卷四有《紅芋山莊詩集序》，云：'歲丙午讀漁帆詩於清河學圃居，今年春客隴西齋，去施子居甚邇。'據此知於民雍正間尚在世。"①

　　此書録詩一百首，均爲吟咏蘇州風情的七言律詩。卷前自序云："蓋聞金荃才子，必資游覽以成篇，玉局名人，亦藉登臨而覓句。況長洲苑外，最盛烟花，短簿祠邊，向饒風月。有不停翠幰以留題，駐朱輪而倚韵者哉。……鴛鴦社裏，輒多遣興之章，鸚鵡筵中，不少定情之什。然投椒贈芍，半屬寓言，惜李憐桃，竟成讖語。慨芳華之易歇，銷魂匝地殘英，恨美景之難留，回首漫天飛絮，誰能堪此！因之感集千端，莫可奈何，聊爾積成百咏。"詩中有記虎丘名勝者，如《梅花亭》《千人石》《闔閭墓》《試劍石》《劍池》《紫玉墓》諸詩；有摹土人風物者，如《畫船》《花醬》《不倒翁》《泥美人》《蓴菜》諸詩；有憶前賢餘韵者，如《劉夢得》《白香山》《杜樊川》《皮襲美》《袁中郎》《申文定公祠》諸詩。

　　部分詩的天頭上題有與之同題的五言絕句，共三十首。如《真娘墓》："幽宮一點竟全荒，尚自呼來小字香。鳥晬真如吟客到，花殘恰似美人亡。笑靨已失當時面，憑吊空牽此夕腸。可類風流蘇小小，啼烟泣月在錢塘。"

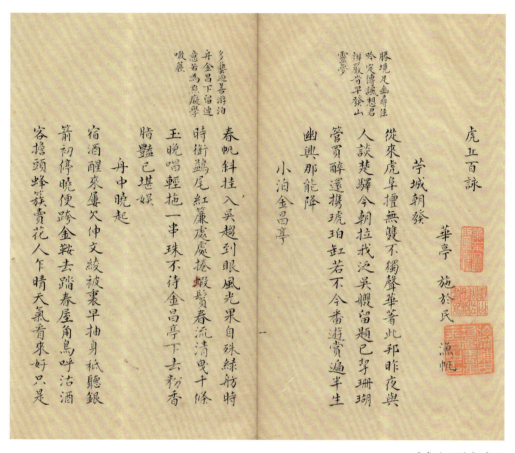

《虎丘百詠》卷端

此詩天頭上題："腐儒無意思，不許更題詩。寂寂真娘墓，春風花落時。"最後一首題詩尾題有"焦袁熹題"，可能這些五言詩是焦袁熹所作。

全書字迹娟秀，書寫端正，幾無塗抹，偶有朱筆校改。自序末葉有著者名章。"玄""丘"缺筆避諱，"泓"字有塗改，將"厶"改成"口"。天一閣書目及《中國古籍善本書目》集部第13543條均著録此書爲稿本。然據書末其子施禮潼的題跋，定此書爲稿本或有疑問。施跋云："先君子《虎邱》一編，膾炙人口，自悔綺麗，奮然毀其刻，而世之秘是編者，珍如拱璧，不肯示人。慕者若饑渴走相索者紛紛，奈無藏本以應。潼髫年雖曾展讀，不復記憶，忽忽已三十餘年矣。癸未夏日，客於狼山幕府，大兒興宗於我鄉友人處忽得此卷，手抄寄潼，焚香讀之，慨然曰：'先君子，端士也。此特盛年之戲筆耳。蓋榛苓芍藥，無間睢麟，即存是編，亦無累乎全集也。'爰敬藏之。男禮潼謹識。"從題跋中可以獲知：一，《虎丘百詠》曾有刻本，但後因詩風綺麗而被施氏自行毀去；二，此本乃乾隆癸未年（1763）由施於民之孫施興宗所抄；三、施於民曾編有全集。結合避諱情況，此書版本定爲"乾隆間施興宗抄本"或許更爲確切。

《虎丘百詠》刻本今已不傳，據《中國古籍總目》史部第71451378條著録，上海圖書館藏有抄本一部。未見有施於民的全集傳世。

鈐有"施於民""榮豸御史之孫""唐廿八人造像之室""海寧陳氏珍藏書畫金石之印""虞山周左季藏書記""蕭山朱鼎煦收藏書籍"諸印。可見此書曾經海寧陳鱣、虞山周左季遞藏。

注：①《清人詩文集總目提要》（上），第490頁。

鯖豆集四十卷

　　清毛德遴撰。存三十七卷：一至三十七。七册。雍正手稿本。無框格，半葉八行，行二十字。卷端題"毛德遴陟三著"。卷前有清王一辰、吳國光等序，及著者自序。清鄭進、陳金綏等題跋。朱氏别宥齋舊藏。

　　毛德遴，字陟三，號南羲，浙江鄞縣人。郡廩生。毛氏原居鄞縣烏岩，德遴先祖毛倫洪武間辟薦任南京工部員外郎，致仕後歸寧波城厢西郭水仙灣終養，遂聚族焉，西郭毛氏漸成寧波望族。據卷前雍正二年（1724）自序弁言"大限春秋五十六"推測，德遴當生於康熙八年（1669）。德遴父輩與仇兆鰲、萬言、林時對交好，他本人則與萬承勳、鄭進等世家子弟交游唱和。德遴嘗游名卿大夫之門，得時任浙江學政的王掞激賞，然淡泊不慕榮利，終生未仕進，以授徒爲業。雍正元年（1723）吳國光序云："先生爲四明騷壇領袖，工文章，善詞賦，其爲人也，温厚和平，居家力敦孝友，與人交然諾不欺。"蓋時人對德遴的評價。

　　德遴以"鯖豆"名其詩文集，其意在自序裏有説明："簡端題云《鯖豆集》，譬之搗薤復剪韭。吾生但乏妻護智，五侯羹蔌儼在缶。"以"五侯鯖"喻詩文，可見其涉獵廣泛，博學多才。《鯖豆集》共四十卷，卷一至十四爲編年古今體詩，自辛未至壬寅（1691—1722），共三十二年，輯詩八百餘首。卷十五至十六爲《鬥鷄詩》，前有康熙庚子（1720）王一辰序、雍正癸卯（1723）吳國光序、族叔毛楊序，以及康熙庚子自序。後有鄭進、陳金綏跋。是集以"鬥鷄"爲名，因皆從"溪西鷄齊啼"爲韵，搜奇鬥巧，裒輯而成，共一百零三首。卷十七爲《花月吟》，前有林時對題辭、康熙戊寅（1698）朱釴序。後有董孫符、李紹中跋。是集爲吟

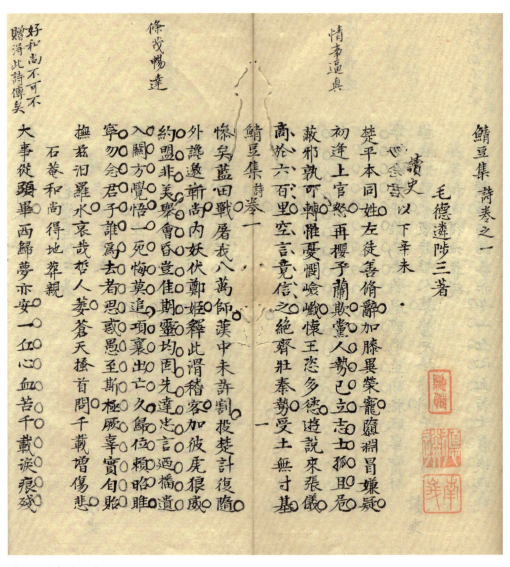

《鯖豆集》卷一卷端

咏花月之詩，共三十首。然"是吟也，曲盡摹擬，備極形容，要皆本其平時之閱歷而非尋常拈花説月"（朱序）。卷後附有樂府四十首。卷十八至十九爲《集杜詩》，前有自序。是集詩歌爲集杜甫詩句而成。卷二十至二十三爲《集唐詩》，後有張德顒、徐林跋。是集詩歌爲集唐人詩句而成。卷二十四至二十五爲《庭悼吟》，前有康熙甲午（1714）仇兆鰲序、顏允玨序、康熙甲午萬承勳序。是集爲悼父之作，仍爲集唐人詩句而成。卷二十六《懊離詞》，爲悼亡之作，亦爲集唐詩。卷二十七《説影詞》，前有戊子（1708）沈林芝序，爲咏美人之作，集唐詩。卷二十八《問香詞》，前有戊子沈林芝序，爲閨情詩，集唐詩。卷二十九至三十《秋社百咏》，前有康熙辛卯（1711）陳金綬序，爲吟咏風土之作，集唐詩，卷後附有《集宋詩》三首。卷三十一至三十四輯有二十八篇賦，前有庚辰（1700）瞿綿序。卷三十五輯序跋十三篇。卷三十六輯書啓十七篇。卷三十七輯文九篇。卷三十八至四十缺，據目録可知，卷三十八輯文、記七篇，卷三十九輯辭、銘十二篇，卷四十輯各類文體十三篇。

德遴詩文，王一辰評之曰"皆嘔心血而爲之者"，吳國光評之曰"時而鯉庭應和，天性盎然；時而華萼言懷，友子情摯；時而上國名都，揚帆跨馬；時而深山窮谷，雪笠風瓢。或遇山川雲物之綺異，人文風土之精妍，草木鳥獸之瑰奇，喜至而笑，悲至而啼，種種發之於詩"，均認爲其詩盡顯性情。至於《鬥鷄詩》《集杜詩》《集唐詩》諸篇，文字游戲的成分更多一些，顯示了毛氏的博學與技巧。

全書字迹整飭雅潔，夾行圈點，幾無塗改，天頭上偶有佚名批語，諸卷端均鈐有"德遴""陟三""南峩"等著者名章。據著者自序"因之力疾自繕寫，炎天搦管勿停手"云云，稿本應爲德遴在雍正初年親筆寫就的謄清稿。此書可能不曾刊刻。亦未見有德遴其他著作行世。

鈐有"德遴""陟三""南峩""陟三又字南峩""毛德遴陟三氏別號南峩圖籍""烏岩毛氏世居鄞西半邨公十二世子孫""傾群言之浹瀝""西河世家""冷淡""鶴來軒""吳國光印""蕭山朱鼎煦收藏書籍"等諸印。《中國古籍善本書目》集部第13554條著録此書。《中國古籍總目》集部第50235385條將此書的館藏地誤作四川省圖書館。

冰玉集□□卷冰玉後集□□卷卮言二卷南樓日記□□卷天放集□□卷

清周維械撰。十三冊。無框格，半葉九行，行二十四至二十六字。卷前有清俞聲金序。清袁一清題跋，清沈堡評論。朱氏別宥齋舊藏。

周維械，字因嚴，晚號東海老人，浙江慈溪人。自少卓犖不受繩尺，於書無所不觀，不樂仕進。學宗朱子，與常州顧昀滋、金華王虎文、紹興向荆山往復辨論，咸嘆爲不可及。爲詩以少陵爲的，兼工行草書，其栖息處曰"鶒翔齋"。年七十九卒。光緒《慈溪縣志》卷三十一有傳。據《冰玉集》中《上浙閩總督書》文後作者識語"此康熙之末年，故余言如此，此時余年方三十"，則維械當生於康熙三十年（1691）前後，卒於乾隆三十四年（1769）前後。又據《冰玉集》中《上張明府辭修縣志書》可知，周維械曾聘修雍正《慈溪縣志》，後因與諸公觀點不同而辭職，故今刊本不列其名。光緒《慈溪縣志》卷四十八《藝文三》載維械著有《春秋補傳》《經説卮言》《太平策》《南樓日記》《律曆書》《天放集》《冰玉集》，并注云："鄭勳曰，因嚴生平著作殁前二日盡焚之，曰：'生逢盛時，而卒湮没，留此何爲！'家人力爭之不得，唯《天放集》間有傳鈔，亦殘缺矣。"由此可見，周維械著作可能未刊刻，而且流傳極少，但所謂"盡焚之"云云，却未必真，閣藏稿本很可能就是縣志所羅列著作的一部分。

稿本存十三冊，其中六冊保存了原有的封面，其上分別題有"復""含""宿""雨""帶""眠"，可能是依照王維《田園樂》"桃

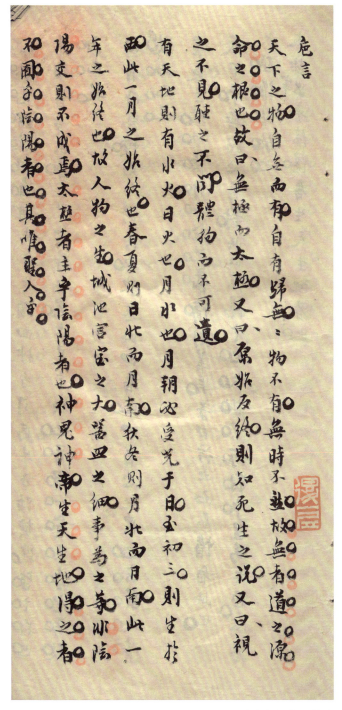

卮言

天下之物自無而有自有歸無○物不有○無時不皆放無者道之源○

命之根也故曰無極而太極又曰原始反終則知死生之說又曰視

之不見馳之不卽體物而不可遺○

有天地則有水火日火也月水也月朝必受光于日玉初三○則生於

西山一月之始終也春夏則日北而月南秋冬則月北而月南山一

年之始終也故人物之出城池宮室之大醫四之細事為之黃水陸

陽定則不成馬太極者主辛信陽者也神寬神帝生天生地得之者

不聞不臨陽者也其唯驅入守○

《卮言》卷一卷端

243

紅復含宿雨，柳綠更帶朝烟。花落家僮未掃，鶯啼山客猶眠"的順序編次，
故可以此而推斷出稿本全秩大概爲二十四册。

《冰玉集》卷數不明，存十卷：一、六至十二、十九至二十，共五册。
其主要内容有史論、傳記、書札、序、疏、銘、賦等，但文章的編排頗
顯凌亂，并没有完全按照體裁。第一册封面已缺失，其餘各册封面題有"冰
玉集，卷某至某"，并以"含""宿""雨""帶"編號，均鈐"因嚴""周
維械印"兩印。第一册前有雍正二年（1724）俞聲金序，序云"周子因
嚴，天分高明，氣果而力鋭。自其弱冠時即絶意進取而慨然有志聖賢之
學……所著《冰玉堂集》《經説》《治安策》《日記》等書，衝口肆筆，
莫非天德王道，而尤善於持論，剖析義理，評斷人物"，這是時人對周
維械文章的評價。《冰玉集》每一篇文章之後幾乎均有作者的朱墨筆批
語，根據這些批語可以推斷出該稿編於康熙庚子辛丑（1720—1721）及
雍正己酉庚戌（1729—1730）間，并於乾隆九年（1744）、十年（1745）
及十三年（1748）重新審定。

《冰玉後集》卷數亦不明，存三卷：《道説》二卷，《太平策》卷下，
共三册。《道説》上卷三十篇，下卷二十五篇，天頭行間有朱墨筆修改
批點。卷前有乾隆九年（1744）周維械跋語，云《道説》類"揚子雲作
《法言》，文中子作《中説》"，可見其收録了一些簡而奥的短文。《太
平策》僅存下卷，爲雍正辛亥壬子（1731—1732）間編，收有十篇策論。
後有論、記、序、書、説、銘等文體的文章各數篇，似爲原屬《冰玉集》
之文而誤裝入此者。關於其策論，時人頗賞析，袁一清題跋云："余友
因嚴道兄自少嗜古好學，不屑屑於舉子業，其自命不凡也。今讀其策略
數篇，乃見真識見、真學問、真才情。具此三長，足膺史館之聘，以垂
不朽之文。余拭目俟之矣。壬子仲夏弟袁一清師貞氏跋。"

《卮言》上下兩卷，共二册，封面又題作"卮説"。卷前有乾隆九

年（1744）周維械朱筆批語，云"《卮言》一書，校之《學説》《道説》尤爲精切"，可見也是作者在讀書閲世時所作的一些零碎札記。全書無小題，無編次，隨手記來，文字簡短。

《南樓日記》卷數亦不明，存三卷：一、五至六，分爲上下兩册。據内容，《南樓日記》是與《卮言》類同的讀書札記。在卷六卷端上，作者將之改名爲《南樓録》，更可證明此稿并不是一般意義上的日記體。

《天放集》卷數亦不明，存一卷：《歷朝論》。該稿的編號爲最末之"眠"，封面題有"天放集，卷三十四，歷朝論，乙亥"，卷末有"三十四終"字樣，因此《天放集》的總卷數有可能爲三十四卷，編稿年代可能爲乾隆二十年（1755，乙亥），這應該是作者最終編次的稿子。

全書字體不一，編次冗亂，塗抹勾乙，朱墨批點，故該書可能爲作者手編的比較原始的稿本。鈐有"因嚴""周維械印""秋樹廬中長物"，以及"退一居"與"蕭山朱鼎煦收藏書籍"等藏書章，可見該書曾經慈溪葉元堦收藏，後入别宥齋。

磊園詩刪四卷

　　清徐嵩高撰。存三卷：一、三至四。三册。雍正乾隆間手稿本。無框格，半葉八行，行二十五字。扉頁題"磊園編年詩刪"。卷端題"石次徐嵩高岵鍾著"。卷前有清劉之進、朱承煦、鄭羽逵、方萬里序，及著者自序。馮氏伏跗室舊藏。

　　徐嵩高，字岵鍾，號磊園，浙江慈溪人。據雍正十二年（1734）自序"磊園子春秋四十有三矣"云云，嵩高當生於康熙三十一年（1692），其卒年不詳。嵩高一生棘闈屢躓，生活窘迫，曾北上北京、山東，西至四川，漂泊异鄉，四處謀食。與同里的二老閣主人鄭性交好，暨馮又魯、張莘來、劉之進輩相與唱和。其所著今唯存閣藏《磊園詩刪》。

　　此稿缺卷二，以時間編綴，有存有刪，故名"編年詩刪"。卷一録詩九十五首，自康熙甲午至戊戌（1714—1718）；卷三録詩一百九十二首，自雍正甲辰至戊申（1724—1728）；卷四録詩一百二十六首，自雍正己酉至癸丑（1729—1733）；所缺者當爲康熙己亥至雍正癸卯（1719—1723）。鄭羽逵序曰："今磊園二十年，詩多至八百首，其作詩之勤，余不及也。"可見，此稿所録詩歌的時間跨度長達二十年，數量多達八百餘首。乾隆元年（1736），嵩高整理詩篇，編年刪存，謄録成稿，請序於鄭羽逵。時羽逵任四川安縣知縣，見故人不遠千里，迢迢風塵而來，驚喜激動之餘，爲之寫長序一篇，此序光緒《慈溪縣志》卷四十八全文移録。

　　嵩高詩風渾厚舒平。劉之進評之曰："視極宏敞，氣度安閑，命

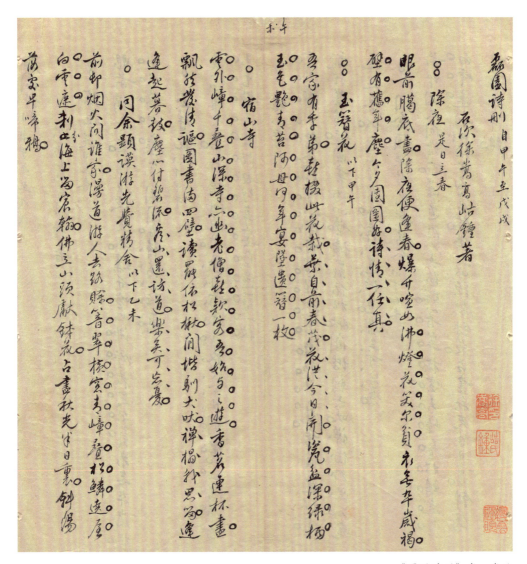

《磊園詩刪》卷一卷端

意高卓，用筆疏放，本來之面目既真，一己之性情畢露。"鄭羽逵評之曰：
"磊園能力矯其弊，則恬吟密咏，必有合於風人之旨。"

此本書法俊秀流暢，整潔有致，應爲嵩高手書。其中康熙丁酉（1717）
劉之進序爲嵩高抄寫，雍正十二年（1734）朱承煦、乾隆元年（1736）鄭羽逵及方萬里諸人之序當爲序作者親筆所書。

　　鈐有“徐印嵩高”“岵鍾氏”“四本堂圖書”“承煦”“四仁氏”“朱天門”“曾醉揚州廿四橋”“一片冰心”“半浦山樵”“雪崖”“鄭羽逵”“瓊山章水”“柳潭”“景文氏”“方印萬里”“麟洲”“縵雲過眼”諸印。麟洲，張翊儁號，縵雲，王定祥號，可見，此書曾經慈溪張翊儁、王定祥收藏，後歸馮貞群。《中國古籍善本書目》集部第 13746 條著録此書，題名作“磊園編年詩刪不分卷”，跋者作“清朱天明、鄭羽逵、方萬里”。

御風蟬吟録二卷

清湯溢撰。二冊。乾隆稿本。版框高 19.5 厘米，廣 13.3 厘米，白口，單黑魚尾，四周單邊，半葉九行，行二十五字，小字雙行同。紅格。卷端題"湘涯御風湯溢紹南父草"。卷前有清韓璵、李九標序。朱氏别宥齋舊藏。

湯溢（1718—1812），字紹南，號湘畦，又號御風，浙江蕭山人。湯克敬季子。克敬敦信好義，修文廟，建橋梁，興湘湖水利，凶年施米捐金以活鄉里。湯溢少通敏，經傳諸子百家之言無不窺，尤篤志於文。補縣學生，窮居教授，門弟子有蕭山十萬卷樓主人王宗炎等。年五十七乃中乾隆甲午（1774）鄉試副榜，選授杭州府學訓導。民國《蕭山縣志稿》卷十八有傳。著有《五代史閏季録》《明諡法考》《學制編》《湘畦雜佩》《自怡草》《暖姝漫稿》等，然皆不傳。天一閣另藏稿本《湯湘畦稻村家稿》不分卷，又上海圖書館藏稿本《湘畦雜鈔》不分卷。

《御風蟬吟録》分爲"前""後"兩卷。前卷爲雜詩，收録自乾隆七年至十五年（1742—1750）之中所作各種體裁詩歌，共一百三十餘首。後卷爲雜文，録有論、文、序、賦、贊等各類文體二十四篇。乾隆十五年（1750）李九標序云："名曰《蟬吟録》，志癖也。蟬之癖於嗜書，與御風之癖於嗜書無以异也。"此當爲"蟬吟"之由來。湯溢之詩文，李九標評之曰"體格詞氣俱極高古，風流蘊藉，典麗風華，不難上追漢魏，媲美三唐"。

此稿本卷前之序可能爲韓璵、李九標親筆所書，後皆鈐有序者名章。正文楷書謄寫，整齊清晰，書法嚴謹，似非抄手所爲。卷端有著者名章，

夾行墨筆圈點，偶有校改。天頭有數十條墨筆批語，觀其内容，大部分
爲杜寄翁對湯瀅詩文的點評，字迹與正文相類，然爲行書，流暢有致，
可能是湯氏親筆書寫。如前卷葉九天頭："杜寄翁總評：和作如林，難
乎爲繼，似此典雅俊逸之章，真可謂愈出愈奇，後來居上矣。"按，杜
寄翁，名應譽，字寄樵，浙江山陰人。著有《樵餘草》十卷，康熙刻本，
清華大學圖書館有藏。

　　鈐有"文起齋""玙印""奂齋""紹南""湯瀅""寫懷""行
雲流水""字葆元號俑齋""李印九標""蕭山朱鼎煦收藏書籍"諸印。
《中國古籍善本書目》集部第 13855 條著録此書。

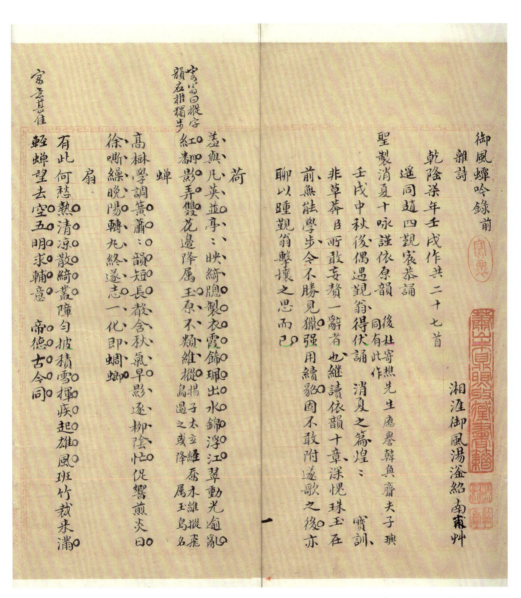

御風蟬吟錄前

雜詩

乾隆柒年壬戌作共二十七首

聖製消夏十咏謹依原韻
遙同趙四觀宸誦

湘潭御風湯溢紹南甫州

後有杜寄熊先生應譽韓魚齋夫子興

壬戌中秋後偶遇觀翁得伏誦
消夏之篇煌々　　　寶訓、
非草莽臣所敢妄贊一辭者也繼讀依韻十章深悅珠玉在
前無脲學步今不勝見獵强用續貂固不敢附遙歌之後亦
聊以踵觀翁擊壞之思而已

荷

蓋與凡英並亭々映綺縅製衣霞飾珊出水錦淨江草動光逾亂
柳影弄嫂花邊降屬玉原不類維楊子太立維喬木維飛揚
子之或降屬玉烏過名

蟬

高梂學調簧蕭々韻矩長教含秋氣早影逐柳陰忙促響煎炎日
徐嘶繰晚陽轉九終遂志一化即蜩螗

扇

有此何愁熱清凉散綺叢障匀披積雪揮疾起雄風班竹裁來滿

輕蟬望去空五明求輔意帝德古今同

宸常日擬字
韻右排猶步
紅

家意其催

一

《御風蟬吟錄》前卷卷端

古趣亭未定草七卷

　　清范家相撰。一册。乾隆稿本。版框高17.0厘米，廣11.1厘米，白口，單黑魚尾，左右雙邊，半葉九行，行二十四字。版心鐫"古趣亭藏書"。卷前有清沈冰壺序。朱氏別宥齋舊藏。

　　范家相生平見《韻學考原》條。

　　《古趣亭未定草》凡七卷，卷一題爲《越風》，四言詩，共十篇。詩前小序云："自漢以來，風人莫盛於東南，而土音俱舍弗操。……以今兹之風俗補古昔之歌謠，凡詩十篇，彙爲一帙，感蒓鱠以思鄉，聽鸝黃而砭耳。"可見此卷所録爲仿古越民謠之詩。卷二至四分別録古今體詩四十九、五十、三十五首，共計一百三十四首。卷五至六題爲《南薑集》上及下，録古今體詩四十九、三十九首。卷前小序云："庚辰中夏抵都，纍月不作詩。冬杪，有以南薑見貽者，率賦短篇，即以'南薑'名集"。可知此集爲乾隆二十五年（1760）之後范氏游宦北京時所作。卷七題爲《江琴集》，録古今體詩五十七首。卷前小序云："僕縮符之柳，由京師取道浙東，歷豫章，逾長沙，江行五十六日，始達全州。所過山川名勝溪灘奇險，可喜可驚，觸物寓懷，具在篷窗短楮間。題曰《江琴集》，以生平未學操縵，聊用閑吟代之。"可知此卷爲范氏於乾隆三十二年（1767）赴柳州任知府途中的游歷詩。

　　此書版心鐫有"古趣亭藏書"字樣，文中多有圈點、校改、增删，并有浮簽補、改。"丘""曆"避諱，可見此當爲乾隆間稿本。浙江圖書館藏《古趣亭文集》十四卷，其版心亦鐫"古趣亭藏書"五字，版式

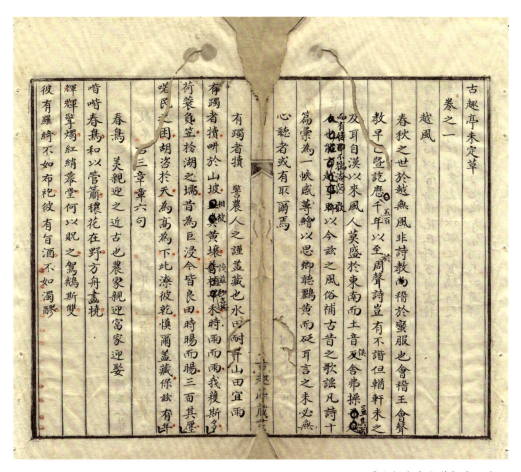

《古趣亭未定草》卷一卷端

與此稿也完全一致，并於封面題"薲洲公著，此本謄清稿"。因此，浙江圖
書館所藏爲范氏文集稿本，而閣藏則爲其詩集稿本。《中國古籍善本書目》
集部第 14194 條著録此書。

寶素軒自訂初稿十五卷

清周一鵬撰。六册。乾隆謄清稿本。版框高 21.7 厘米，廣 13.6 厘米，白口，單黑魚尾，左右雙邊，半葉九行，行二十一字。版心題"寶素軒自訂初稿"。卷端題"錢塘周一鵬直上"。卷前有著者自序。朱氏別宥齋舊藏。

周一鵬，字直上，又字超溟，浙江錢塘人。據此書自序所載"《及冠吟》，自庚申至丁卯，凡八年"可知，乾隆庚申（1740）周氏及冠，故其當生於康熙六十年（1721）左右。

《寶素軒自訂初稿》凡十五卷，卷一至十三爲古今體詩，共輯録詩歌一千四百四十五首；卷十四爲詩餘三十五首、賦八篇；卷十五爲論、序、傳、文各種文體十三篇。卷前自序云："余幼好吟咏，興會所至，爲五七言。句不計工拙,亦不復存。十齡以外,竊聞諸詩公緒論,粗曉詩法,所作有《角草吟》，自雍正癸丑春起，至乾隆己未冬，凡七年；《及冠吟》，自庚申至丁卯，凡八年；《越客吟》，自戊辰至壬申，凡五年；《嘉蔭軒客吟》，癸酉年作；《秋華館客吟》，自甲戌至丙子，凡三年；《周道吟》，丁丑年作；《槐舍吟》，自丁丑秋至己卯冬，凡二年有奇。……今歲夏，爰取前作各種，按年彙叙，訂成一册，凡古今體詩十三卷、詞賦論序傳文二卷，共十五卷，自雍正癸丑至乾隆己卯，凡二十七年。"可見此稿是把著者歷年所作之詩按時間重新編次而成。稿本所輯詩詞，一般爲唱和酬答、羈旅懷人、寫情述志之作。周氏二十七年來往來吳越間，與會稽何經文、陳德星、李凱等交好酬唱。其詩風宛轉清新，如卷七《村梅》："天與幽香孰許同，南枝幾簇冷春風。而今未試和羹手，暫在寒村一望中。"

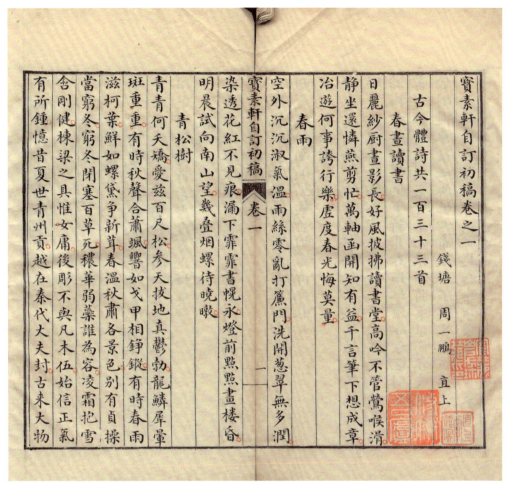

《寶素軒自訂初稿》卷一卷端

　　該稿本書法妍媚圓潤，字迹清晰整飭，幾無塗改，夾行有朱筆圈點。自序及卷端鈐有周氏名章。故此本應該爲乾隆間周一鵬謄清稿本。遍查各家書目，不見有周一鵬其他著作，亦未著錄《寶素軒自訂初稿》刻本，可能此稿本不曾刊刻。

　　鈐有著者名章"周一鵬""直上""直上一字超溟"，及"鶴麓山房珍藏印""修竹吾廬""蕭山朱鼎煦收藏書籍"諸印，可見稿本曾經慈溪葉氏收藏，後歸朱氏別宥齋。《中國古籍善本書目》集部第 14332 條著錄此書。

庚寅詩稿一卷壅松山房雜文偶存一卷

清孫世儀撰。二册。乾隆稿本。版框高 19.4 厘米，廣 13.4 厘米，白口，無魚尾，四周雙邊，半葉十行，行字不等。藍格。卷前有著者自序。孫氏蝸寄廬舊藏。

孫世儀（1712—1778），字虞朝，號漁曹，江蘇南通人。世儀自雍正己酉至乾隆壬午（1729—1762），十應鄉試不第，曾爲江蘇巡撫莊有恭所重，然謝絶禮羅。平生以朋友爲性命，獎勵後進，尤篤問學，逝後門人私諡“文靖先生”。著作有《文靖先生詩鈔》十三卷，道光六年（1826）寶晋堂刻本，國家圖書館等有藏；《孫漁曹詩稿》不分卷，稿本，《嗍花草》一卷，稿本，今均藏中國科學院國家科學圖書館；《冬榮館詩鈔》一卷，清王藻選，輯入咸豐七年（1857）刻叢書《崇川各家詩鈔彙存》中，南京圖書館藏。《晚晴簃詩彙》卷七十選録孫氏詩七首。《文靖先生詩鈔》卷首收有門人蔣震文的《文靖先生傳》。

《庚寅詩稿》書法挺秀流暢，可能爲孫氏親筆所寫，夾行有大量的塗抹修改。該本收録不同體裁的詩歌二百四十九首，部分詩篇題目上方鈐有“漁”印，下方地脚處則寫一“刻”字。檢《文靖先生詩鈔》卷五爲“庚寅歲詩”，録有古近體詩一百零五首。將之與稿本比對，凡有“刻”字的詩均入選。可見此本應爲《文靖先生詩鈔》底本的一部分。《文靖先生詩鈔》由其子煒文編校，孫玉樹、啓新覆校并付梓，輯詩自乾隆丙戌至戊戌（1766—1778），凡十三年，列爲十三卷。稿本所輯即爲孫氏庚寅年所作之詩。《晚晴簃詩彙》論其風格爲“芳菲晶潔”，并有“香

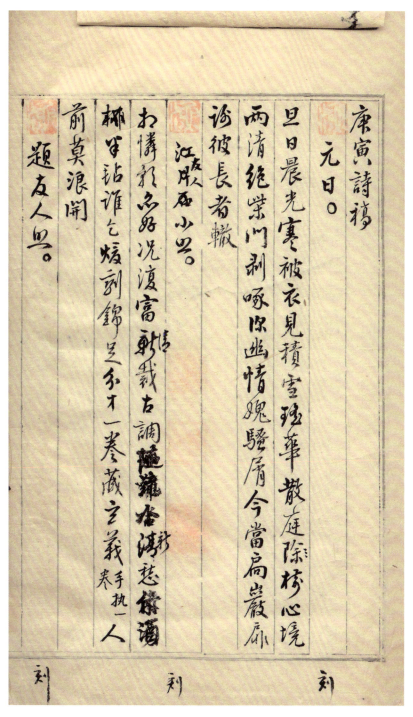

庚寅詩稿

元日。

旦日晨光寒被衣見積雪瑤華散庭除榜心境

兩清絕棠門剝啄除幽情瑰驪屑今當扃巖扉

診彼長者轍
江叟西小照。

打情新名好況渡富軒戰古調□羅香溥慈餘酒

梛牛鈷誰乞煖剗錦呈分十一枚藏之義 手执一人

前莫浪開
題友人旦。

《庚寅詩稿》卷端

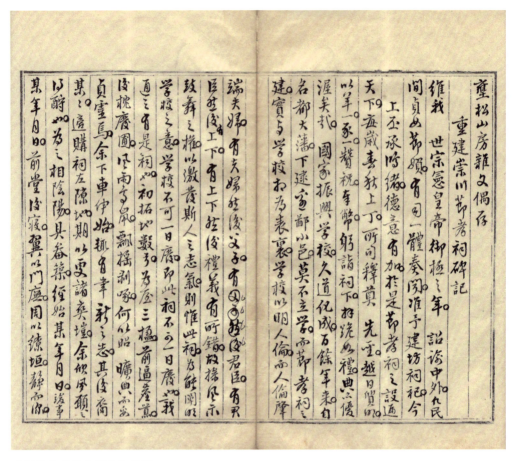

《雍松山房雜文偶存》卷端

山樂府之遺"①。蔣震文評價其詩爲"出入唐宋諸大家上，溯漢魏而以浣花翁爲正法眼藏"。

《雍松山房雜文偶存》附於《庚寅詩稿》之後，共收文章三十一篇，文體駁雜，未有分類，夾行有圈點，偶有修改，爲典型的未定稿。各家書目未見著錄孫氏文集，故此稿可能爲孫氏文章唯一存留者。

鈐有"維庚寅吾以降""吟餘雞肋""漁曹""孫印世儀""漁"諸印，皆爲著者印章。《中國古籍善本書目》集部第 14645 條著錄此書，題名爲"庚寅詩稿不分卷"。

注：①《晚晴簃詩匯》，第 2879 頁。

蕉雪詩鈔一卷

　　清鄭竺撰，清鄭勳等輯，一册。無框格，半葉行、字數皆不等。清顧楄、桂廷薾等批校，朱鼎煦題跋。朱氏別宥齋舊藏。

　　鄭竺（1739—1763），字弗人，號晚橋，又號蕉雪，堂號書帶草堂，浙江慈溪人。鄭竺出身名門，其高祖鄭溱爲明遺民，曾祖鄭梁師從黄宗羲，祖父鄭性築藏書樓名曰"二老閣"，以紀念鄭溱與黄宗羲二老。二老閣藏書宏富，與范氏天一閣相埒，閣中所藏除鄭氏歷代藏書外，還有黄氏續鈔堂藏書。四庫徵書時，二老閣獻書82種。竺少穎異，未冠補諸生，酷好詩古文辭，與同里顧楄、桂廷薾結夏社，互相酬唱。客游杭州，與鮑廷博、杭世駿、盧文弨、金農等交好。後其父鄭中節以任氣好急中蜚語，有司日夕追索，鄭竺奔走營救，憂憤咯血以卒，年二十五。光緒《慈溪縣志》卷三十二有傳，卷四十八《藝文志》載其著作兩種：《溪上舊聞》二卷、《野雲居詩文稿》二卷。前者已散佚，後者有嘉慶四年（1799）其子鄭勳刻本《野雲居詩稿》二卷《文稿》一卷《附録》一卷，收入《二老閣叢書》中。鄭勳，竺子，生平見《鏡録》條。

　　此本録有五言古詩三十五首、七言古詩十九首、五言律詩四十三首、七言律詩一百三十六首、五言排律七首、七言排律二首、五言絶句三十三首、六言絶句七首、七言絶句二百四十二首，共五百二十四首。除此之外，另輯有詩句二十四句、詩餘二首、文三篇。部分詩篇題下注有時間，自乾隆戊辰（1748）始，至癸未（1763）終。

　　稿本未曾刊刻，夾行有大量的墨筆修改，天頭等空白處有朱墨筆批語。從筆迹上看，墨筆修改與朱筆批語實出自同一人，結合稿本所提供的信息考證，此人應爲鄭竺的同里詩友顧榍，《蕉雪詩鈔》中多有與其唱和者。卷端的兩方鈐印"顧大小癡""石刺里人"，印主即顧榍。墨筆批語有兩種筆迹，應是二人所爲。據《跋桂廷藅閩游草》下評語"時藅隨汪學士閱文閩嶠，故借用盈蹊桃李之語"判斷，其一爲桂廷藅。桂氏字海洲，號虛筠，亦爲鄭竺同里詩友。另一品評詩味遴選圈點者可能爲蔣學鏞。據刻本《野雲居詩稿》卷後鄭勳跋云，鄭竺詩稿請蔣學鏞選定後付梓。

　　從修改批點情況來看，《蕉雪詩鈔》可能是鄭竺過世後，他的朋友及兒子將其詩文稿搜輯編次後謄録而成。在謄清稿上，顧榍加以修改，桂廷藅也提供修改意見。後蔣學鏞從《蕉雪詩鈔》中選録了一百二十七首詩，編成《野雲居詩稿》二卷，鄭勳於嘉慶四年（1799）校定刊刻。

　　鈐有"顧大小癡""石刺里人""蕭山朱鼎煦收藏書籍""別宥齋"諸印。據朱氏題跋云，清末民國初，二老閣没落，藏書盡散，"鎮海倪氏得其藏書匵，鄞馬氏廉得其藏書印（'二老閣'三字牙章），余得是書。皆不惜重金好事之徒也"。《中國古籍善本書目》集部第 14967 條著録該書。

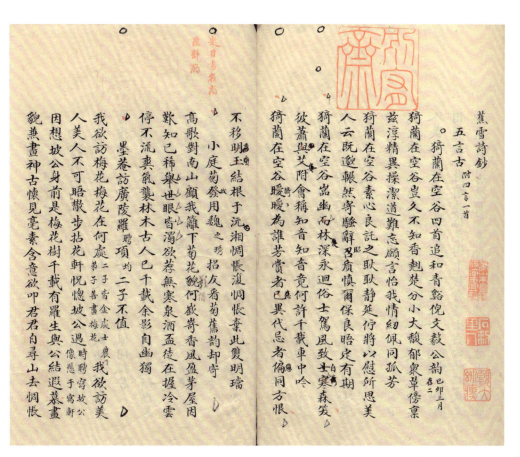

蕉雪詩鈔

五言古 附四言一首

猗蘭在空谷四首追和青谿倪文毅公韻 己卯三月 己二

猗蘭在空谷豈久不知香翹楚分小大馥郁衆草傍稟

兹淳精異操潔道難忘顧言怡我情紉佩同孤芳

猗蘭在空谷素心良記之耿耿靜延佇將以慰所思美

人云既邀輾然寄驗辭召質慎爾保良晤定有期

猗蘭在空谷嵓幽西林深永迴俗士駕風致士襄森筱

彼蕭與艾附會稱知音知音竟何許千載車中吟

猗蘭在空谷暖暖為誰芳賞者已異代忌者偏同方恨

不移明王結根于沅湘惆悵復惆悵棄此雙明璫

小庭菊發用魏之琇 招友肴菊舊韻卻寄

高歌對南山顧我籬下菊花貌何歟寄香風盈茅屋因

歎知已稀舉世眼昏濁欲荐無寒泉酒盈徒在握冷雲

停不流奚氣襲林木古人已千載余影自幽獨

墨巷訪廣陵羅聘項均二子不值

我欲訪梅花梅花在何處 我欲訪美

人美人不可晤散步拈花軒悵惚坡公遇

因想坡公身前是梅花樹千載有羅生與公結邀慕畫

貌蕉畫神古懷見亳素含意欲叩君君自尋山去惆悵

《蕉雪詩鈔》卷端

261

野雲居詩稿二卷

　　清鄭竺撰，清蔣學鏞選，清鄭勳校。一冊。嘉慶三年（1798）膳清稿本。
版框高 16.7 厘米，廣 11.9 厘米，白口，單黑魚尾，四周單邊，半葉十行，
行二十字。綠格。版心鐫“二硯窩”。封面題“野雲居遺稿”。卷端題“慈
溪鄭竺弗人著，男勳謹較，甬上蔣學鏞聲始選”。卷前有清秦瀛、蔣學
鏞序。卷末有清陳鱣後序，并附有清董秉純所撰墓志銘、蔣學鏞所撰墓表。
朱鼎煦題簽并跋。朱氏別宥齋舊藏。

　　鄭竺生平見上條。蔣學鏞，字聲始，號樗庵，浙江鄞縣人。鄭勳，竺子，
生平見《鏡録》條。

　　此本分上下兩卷，共選録一百二十七首詩，底本即天一閣藏稿本《蕉
雪詩鈔》。鄭竺少年時即以詩聞名溪上，與顧榴等同人結夏社，年最少
而胸次灑落，語必驚人。他的詩風在上下卷裏變化很大，前後如出兩手。
蔣學鏞《墓表》云：“君本風流蘊藉人，吟弄風月、搜抉花鳥乃其本色。
一旦遭值家難，流離瑣尾，綺語盡屏，至性孤行，詩境愈高。”可見鄭
竺詩風的轉變與其父鄭中節的遭遇大有關聯。家難之前，他是世家公子，
博雅温文，故詩歌風華典麗，如卷上的五言古詩《雨中》：“春日苦連陰，
一雨轉明媚。近花雨多紅，近竹雨多翠。默默替花愁，沉沉憐竹醉。悵
然念離人，疏疏滴清泪。”讀來清新可愛。而後期生活困頓，愁緒難抒，
故詩風轉爲蒼涼悒鬱，如卷下七言律詩《壬午元日有感漫成二律以當歌
哭世有知己定當鑒我苦衷也》：“心緒如絲訴與誰，那堪死別又生離。
風光過眼都成幻，燈火談愁祇是痴。野雀終依梁稻附，庭松肯耐雪霜欺。
從來嘉種多摧折，蘭藝當門恰不宜。”讓人愁腸百結，青春成灰。嘉慶

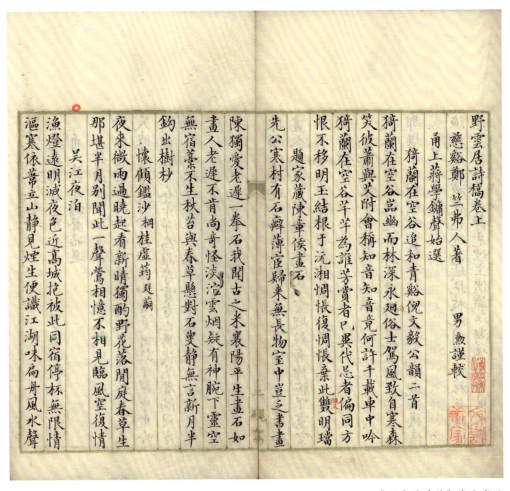

《野雲居詩稿》卷上卷端

三年（1798）秦瀛序中有"氣格清迥，脫去垢氛，而幽愁憂思亦往往見之"之語，是對鄭竺詩作，特別是後期詩歌特點的準確評價。

　　此本爲謄清稿本，書寫在"二硯窩"稿紙上，"二硯窩"乃鄭勳堂名。全書字迹娟秀妍媚，將之與天一閣藏鄭勳手稿本《鏡録》相比對，可以肯定此書爲鄭勳親筆所抄。間有朱筆圈點校改，亦是鄭勳所爲。上有紅圈之詩，爲阮元選入《兩浙輶軒録》者。秦瀛序行書手寫，陳鱣後記楷書手寫，秦陳二氏名下均鈐印章，此二文皆爲作者墨迹。卷末的墓志銘與墓表爲刻本，可能是鄭勳先行刊刻這兩篇文章分發前輩同好，在編次父親詩稿時又將之訂入。若將此本與嘉慶四年（1799）刻本《野雲居詩稿》相比勘，可以發現兩者的行款與内容完全一致，因此該稿本應爲刻本的底稿。

鈐有"小峴""瀛""中魚""文獻世家""蕭山朱鼎煦收藏書籍"諸印。《中國古籍善本書目》集部第 14969 條著録此書，版本爲"鄭勳抄本"。

又《中國古籍善本書目》集部第 14968 條著録《野雲居詩稿》二卷《文稿》一卷，嘉慶三年（1798）鄭勳刻本；《中國古籍總目》集部第 40225661 條著録《野雲居詩稿》二卷《文稿》一卷，嘉慶十二年（1807）刻本，叢部第 10100263 條《二老閣叢書》四十二種著録《野雲居詩稿》二卷《文稿》一卷《附録》一卷，嘉慶四年（1799）刻本；《清人別集總目》著録《野雲居詩稿》，嘉慶五年（1800）刻本。案，上述幾種刻本應爲同一版本，即《二老閣叢書》本。《詩稿》後有鄭勳跋，云"時儀徵阮公視學浙江操選政，勳以稿上之，公爲録入《輶軒集》，且命刻家集。觀察無錫秦公復爲之序。越戊午冬開雕，今年春工告竣"，可見，完成刊刻應該在嘉慶四年，後經多次印刷，并編入《二老閣叢書》。該書最完整的題名是《野雲居詩稿》二卷《文稿》一卷《附録》一卷《雪橋遺稿》一卷，因爲卷前有嘉慶三年秦瀛序、嘉慶五年阮元序、嘉慶十二年潘世恩序，可能不同的印刷時期，其序的存留情況也各不相同，故各家書目著録成三年、五年、十二年等不同年份。雪橋，鄭竺弟鄭甲之號，字荇春。

夢符文稿一卷

清楊夢符撰。一册。版框高 15.9 厘米，廣 12.6 厘米，白口，無魚尾，四周雙邊，半葉九行，行二十字。封面題"山陰楊與岑夢符文稿"。清錢維喬、趙懷玉題跋，馮貞群題簽并跋。馮氏伏跗室舊藏。

楊夢符，字西傳，一字與岑，號六士，祖籍浙江山陰。據潘衍桐《兩浙輶軒續録》卷十四云，夢符爲乾隆丁未（1787）進士，官刑部員外郎。并引洪亮吉《北江詩話》："楊比部好學六朝文，小詩亦極幽峭。余嘗以一聯戲之曰'詩筆四靈文六代，科名兩度籍三州'，蓋楊寄籍山東，補博士弟子，續舉陝西鄉試，成進士則又浙江原籍也。比部後又寄居吾鄉，宅在烏衣橋三將軍巷。"可見，夢符在山東中秀才，在陝西中舉人，在浙江中進士，後又僑居常州。夢符與曾燠、洪亮吉、汪中、秦瀛、錢維喬、趙懷玉輩相酬唱，時人評之"詩筆卓絶"。著有《心止居詩集》四卷《文集》二卷，嘉慶十四年（1809）刻本，國家圖書館、復旦大學圖書館等有藏。

《夢符文稿》録文十八篇，文體駁雜，有序、書、賦諸體。部分文章爲代他人所作，如《代趙督學進幸魯寶翰摺子》《皇上六巡江浙演連珠二十首（謹序代趙督學）》等。趙督學，即趙懷玉。文章或駢或散，如《連珠三十二首》爲駢體文，《上河南中丞畢秋帆夫子書》爲散文，皆頗可觀。錢維喬題跋云："取材宏雅，選義典茂，近代駢體文，簡齋、稚存與足下而鼎足矣。"簡齋，袁枚號。稚存，洪亮吉字。

此本書法俊潔瀟灑，張弛有度，非書手所能致，或爲夢符親筆謄抄。夾行有墨筆圈點，天頭處有補筆，具有稿本的典型形態。卷端無題名，無著者名氏，亦無著者鈐印，然《上河南中丞畢秋帆夫子書》中有"夢

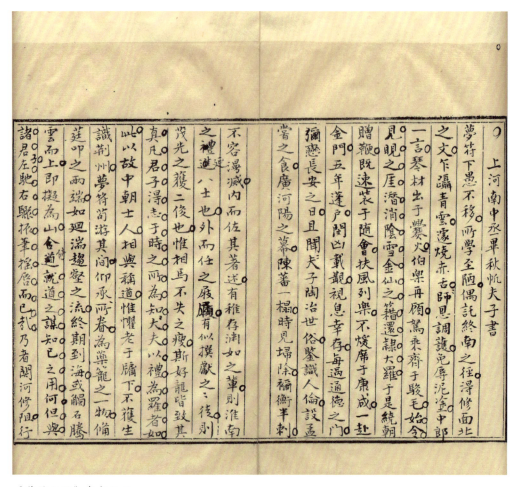

《夢符文稿》書中行文

符下愚不移，所學至陋，偶托終南之徑，得修面北之文"云云，故知此文集
應爲楊夢符所著。

鈐有"季木維喬""馮印貞群""伏跗室藏書印"諸印。《中國古籍善本書目》
集部第 15014 條著錄此書，著者題爲"楊與岑"，蓋取其字也。

荔亭詩草不分卷

清仲耀政撰。二册。乾隆稿本。版框高 17.0 厘米，廣 11.1 厘米，白口，無魚尾，四周雙邊，半葉八行，行十七字。卷前有清吳廷燮序。徐文若、朱鼎煦題跋。朱氏別宥齋舊藏。

仲耀政，字荔亭，江蘇泰州人。朱鼎煦擬考證仲氏生平而未果，題跋中悵然曰："此號荔亭者，安得《泰州續志》及《仲氏譜》一考之！"據乾隆乙未（1775）吳廷燮序，仲氏家有古樹園，與山陰胡西垞、從兄仲松嵐交好。胡西垞，名裘淳，乾隆前期人。仲松嵐（1723—1785），名鶴慶，字品崇。乾隆十九年（1754）進士。以此推知荔亭爲乾隆間人。吳序又稱荔亭爲人俠義，其忘年交胡西垞盤旋古樹園少則幾月，多則數年，後胡氏窮老客死於泰州，荔亭爲之料理身後事，題其墓碣曰"浙西詩人之墓"，春秋祭奠以時。仲氏所著除《荔亭詩草》外，今尚存《遠香閣詩鈔》一卷，浙江圖書館藏稿本；《秋影山莊詩稿》不分卷，南京圖書館藏清抄本。

此書分裝兩册，上册録五言律詩六十首，下册録七言律詩四十三首、絕句十三首。其詩多記杭州、蘇州、揚州、金山等地風物，及憶舊懷人、與詩友唱和之作。其交游者胡西垞、仲松嵐外，尚有童雪堂、李玉峰、蔡克友、孫梅村、戈達夫、范茨履、沈思盧、陳維喬、程越江、陸紹文、金啓賢、易昌標、李少白、管鳴岐諸人。吳廷燮評曰："其詩寬裕內好，方珪圓璧，當其豪宕感激，頗不自圈於邊幅，殆清而不臞，豪而不粗者歟？……今其詩具在，王孟之清音，高岑之偉調，李杜之精義雄詞，溫李之妍姿麗態，開卷爛然，靡所不備。"原稿天頭有佚名墨筆眉批，評其詩謂之"盛唐之音""逼真杜陵""孟襄陽一種"。

　　此本謄寫工整，書法靈秀，"丘""弘"避諱，夾行有墨筆圈點。浙江圖書館藏稿本《遠香閣詩鈔》，著者題爲"西場仲耀政荔亭氏著"，全書朱墨圈點、塗抹修改處甚多，錄詩五十二首，與天一閣藏《荔亭詩草》重題者十五首，如《七夕寄内》《湖上偶吟》《蘇堤春曉》《曲院風荷》《虎邱》《紅葉》《半月泉》等篇。重題之詩，文字多有出入，如《蘇堤春曉》，閣本作："碧紗窗外鳥聲頻，喚醒羅幃夢裏春。白鷺乍飛烟影散，綠楊輕拂露華新。舟橫野水時呼渡，馬踏明沙不起塵。除却當年蘇太守，個中領略是誰人。"浙江圖書館本此詩原同閣本，前兩聯又經墨筆修改作"晴曦初上鳥聲頻，一綠迢迢十里春。幾處酒旗風力穩，千條烟柳露華新"。由此可知，閣本成稿當早於浙江圖書館本。

　　卷末有題跋，題署"衍桐徐文若識"，草書寫就，字迹狂放。跋曰："《荔亭詩草》得唐音。前在師範校，適來日本博士丹田木鈴氏，最愛詩句。予以此請其評論，渠欲購付剞劂。予因此係仲名家手筆，不厄於紅羊，竟鬻於海外，非義士所敢出此。由是藏之僉密，視爲龍威之秘。想亦藝林翰苑騷客詩人所心許而交贊耳。"

　　鈐有"稟""釣水樵山"兩印。《中國古籍善本書目》集部第 15016 條著錄此書，著者題爲"清仲□□撰"。

明月南新警與
寧

呂杜家風範
五六佳瓶

荔亭詩草
春晚舟中和童雪堂
遠岫迷空華萼輕舟一水通桃塢春漲綠杜宇
晚啼紅篰趂斬楊外詩成夕照中月來當檻
照休放酒杯空
園中即事
荒園多晚趣開坐蔚藍天簜竹森蒼玉池荷
黯翠鋨好春鶯喚老眀月篰吹圓把酒留僧

詩清歌不礙禪
偶吟
一雨經旬久簪頭叫鵁鶒春殘花事老容散
酒盃孤灟世扣原拙持家評咏還蒼苔門連
掀展齒到來踈
古樹
樹古知何代蒼皮帶溜綯萬懸千載月淡鎖
一天雲屈曲虬根齗支離蠱幹分龍蛇藏蟄

《荔亭詩草》卷端

269

伴梅草堂詩存不分卷

　　清顧檽撰。六册。乾隆手稿本。版框高 19.7 厘米，廣 14.4 厘米，白口，無魚尾，四周單邊，半葉十行，行二十字。藍格。版心鎸“夢葉樓”，或鎸“嵩喬”。卷前有清桂廷蒳序，及著者自序。清丁敬、汪沆題跋。馮氏伏跗室舊藏。

　　顧檽，字嵩喬，號鑑沙，又號小癡，浙江慈溪人。諸生。工吟咏，擅繪事。與桂廷蒳結夏社，同沈楷、鄭竺、馮炳、周思椿諸人爲詩酒之會，彈琴歌咏。壯年之吴楚，之豫章，後航海至臺陽，到處題襟，無不知其名者。堂號有“伴梅草堂”“夢葉樓”“然松堂”等。光緒《慈溪縣志》卷三十二有傳。據本書乾隆五十三年（1788）自序云，寫此序時，顧氏年六十有三，又顧氏有“生於丙午”印章，故顧檽生於雍正四年（1726），其卒年不詳。顧檽著作頗夥，據其謄寫在《伴梅草堂詩存》第四册内封的《自著群書目録》《選輯群書目録》記載，共有 74 種，其中 45 種在當時已經謄寫成集，比如《秋燈隨記》八卷、《外國物産志略》一卷、《南海水族譜》一卷、《臺海紀略》一卷等。但其著作可能未經刊刻，今大都散佚。現存僅兩種：閣藏《伴梅草堂詩存》、上海圖書館所藏《慈湖耆舊詩》，後者亦爲稿本。

　　《伴梅草堂詩存》自序云：“四十年來游覽交際出處，悲歡皆寓其間，每一展卷，若理舊夢，職此未忍終弃。自丙寅至今約存古今體詩一千七百餘首，分爲一十二卷。”由此可見，該稿以編年的方式收録了自乾隆丙寅至戊申（1746—1788）千餘首詩，時間跨度長達四十二年。其中第一册爲乾隆丙寅至戊寅（1746—1758）；第二册爲己卯至乙酉

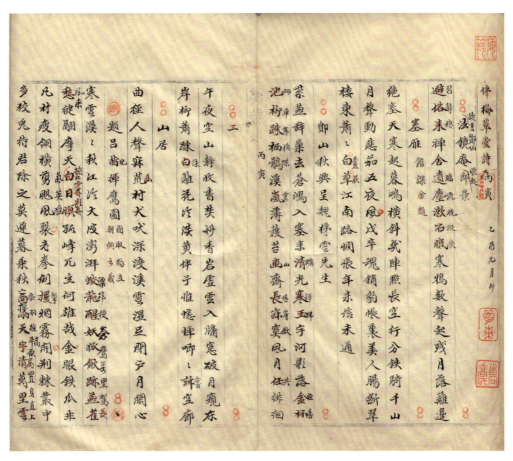

《伴梅草堂詩存》卷端

（1759—1765）；第三册爲丙戌至戊子（1766—1768），又甲辰年（1784）亦
與之同册；第四册爲甲午至乙未（1774—1775）；第五册爲丙申至己亥（1776—
1779）；第六册爲庚子至癸卯（1780—1783）。中缺己丑至癸巳（1769—
1773）五年，以及乙巳至戊申（1785—1788）四年，可見此稿有殘缺。該書每
册前後有關於編稿時間的朱墨跋語數十條，細讀之，可以得知顧榠最早編此書
是在乾隆三十年（1765），後又經過五次修訂，一直到乾隆六十年（1795）纔
編定，并另抄謄清本，一共編了三十年。據序云，顧氏將此稿編爲十二卷，而
《自著群書目録》則將之著録爲十六卷，可見該書的定稿應爲十六卷。

271

顧榴之詩直抒胸臆，務求暢達，他的詩友汪沆評曰"工麗清新，蕭疏曲暢"，丁敬評曰"淵雅多風"。顧榴的周圍有一個文學圈，除了與本縣的名士酬唱之外，他與當時的非常有名望的詩人、學者、書畫家都有很深的交往，如錢樹、錢杜、陳淮、丁敬、王文渭等。

全書爲顧榴親筆抄寫，字迹規整圓潤，卷前書後鈐有大量顧氏名章。行間天頭有删改，并校語纍纍，朱墨燦然，皆爲顧榴手迹。桂廷繭所作序爲桂氏手迹。該稿本保留了許多未定稿的痕迹，比如凡入選之詩，在題目上印兩個小紅圈；凡删去者，則在題上鈐一"删"字。有些入選的詩上鈐有"伯雅"章，卷後有"梅簃"印，可能錢樹亦參與了此稿的甄選修訂。錢樹，字伯雅，號梅簃。

鈐有顧榴"嵩喬氏""顧榴""小癡""鑑沙""然松""伴某草堂手鈔書記""磨蝎守命""石刺里人""生於丙午"諸印。另有"桂氏虛筠""詩對會家吟""小水晶宫""於意云何""錢樹""梅簃""映紅樓珍藏"諸印。可見該稿本曾經王定祥映紅樓收藏。《中國古籍善本書目》集部第 15061 條著録此書。《中國古籍善本善目》集部第 15062 條還著録了另一部天一閣藏顧榴稿本《秋竹詩稿》，其實該書著者應爲顧二鹿，號秋竹，浙江鄞縣人，乾嘉時文人。

今白華堂集六十四卷過庭筆記一卷過庭録一卷

　　清童槐撰，清童華等編。十三册。咸豐稿本。版框高 19.8 厘米，廣 14.4 厘米，白口，單黑魚尾，四周雙邊，半葉十行，行二十二字。紅格。版心或鐫“白華堂”。卷端題“鄞童槐樹眉”。卷前有清錢振倫所撰的《通政使司副使童公傳》數葉（雕版印刷），手繪童槐像一幅。清阮元、汪彦博、孫廷璋、張問陶、熊方受、姚祖同、盛惇崇、胡枚題跋。朱氏別宥齋舊藏。

　　童槐、童華生平見《今白華堂筆記》條。

　　《今白華堂集》六十四卷，爲童槐之詩文集。卷一至三十爲詩集，共録古今體詩千餘首，以編年體形式輯成，始自乾隆五十三年（1788），以迄咸豐三年（1853），共六十六年。某些卷版心題有小題：卷一至六上、二十至二十三版心題“知困集”；卷六下至七版心題“梯雲集”；卷八至十版心題“珥筆集”；卷十一至十三版心題“民部集”。卷三十一至六十四爲文集。卷三十一賦十四篇，卷三十二序六篇，卷三十三至三十四恭紀册文七篇，卷三十五議疏六篇，卷三十六至三十七奏議十六篇，卷三十八論八篇，卷三十九至四十一序三十四篇，卷四十二至四十四恭跋三十一篇，卷四十五題志二十三篇，卷四十六至四十七記二十二篇，卷四十八碑、説、銘、箴九篇，卷四十九贊、頌、辯三篇，卷五十釋、解、連珠、雜著、對策、募疏六篇，卷五十一至五十四書、啓、看語、檄三十一篇，卷五十四表三篇，卷五十五至五十七謝摺、贈送序四十七篇，卷五十八至六十壽序三十三篇，卷六十一傳八篇，卷六十二至六十三傳、墓志銘、墓碣銘、神道表、墓表、壙磚志、行狀、行述、

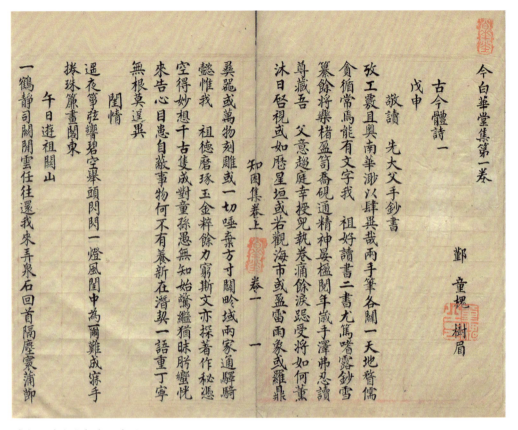

《今白華堂集》卷一卷端

誄詞、哀辭二十篇，卷六十四祭文、疏文十九篇。

童槐詩文爲當時文壇之翹楚。阮元題跋云："各詩清新俊逸，犀利驚目。以後中年之作加以雄渾，更進一尺。"胡枚題跋云："胸有千古，下筆時自能囊括萬象，陶鑄群言。至於緣情綺靡，體物瀏亮，其餘事也。當代才人誰與抗手。"

《過庭筆記》一卷爲童槐輯録其父親之庭訓，前有咸豐六年（1856）自序。童槐父親名孝源，堂號爲"竹石居"，郡人稱甬川先生。《過庭録》爲童槐編輯父親考證名物之文章，共二十餘篇。卷後有上海曹洪志繪《竹石居》一幅，并秦瀛、曹洪志、邵洪、錢楷、法式善、鮑桂星、吳嵩、阮元、劉嗣綰、姚文田、

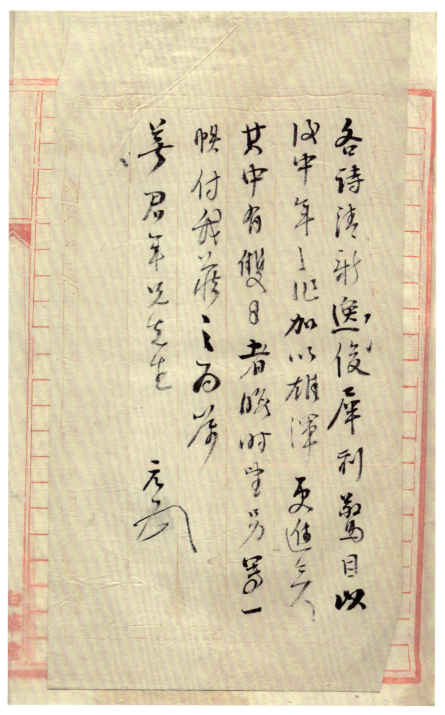

《今白華堂集》阮元跋

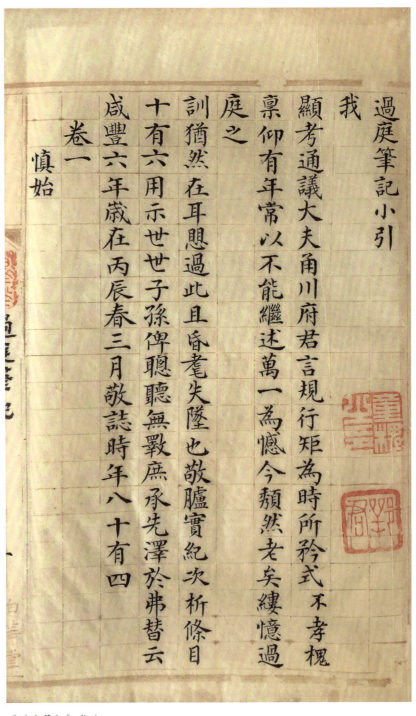

過庭筆記小引

我

顯考通議大夫甬川府君言規行矩為時所矜式不孝槐

稟仰有年常以不能繼述萬一為憾今頹然老矣縷憶過

庭之

訓猶然在耳愿過此且昏耄失墜也敬臚實紀次析條目

十有六用示世子孫俾聰聽無斁庶承先澤於弗替云

咸豐六年歲在丙辰春三月敬誌時年八十有四

卷一

　慎始

《過庭筆記》卷端

吳傑、張敦仁、馮登府、端木國瑚、吳嵩梁、陳用光、熊方受、查揆、王衍梅、屠倬等人的題詞。

此稿本謄寫整齊，筆迹不一，間有修改，并有割補與浮簽。刻本《今白華堂詩録》前有同治八年（1869）童華序，云："咸豐二年春，華以請假回籍，偕諸弟侄共輯先資政公詩文，擬爲正集六十四卷。詩之例蓋編年也，華復用分體之例，別爲《詩録》八卷，約得集中詩五之一，均將以待公手定而弗逮矣。年來，先後付梓者古文六十篇、時文七十篇，既非定本，因不敢托爲完書。"可見，此稿本由童華等童氏子侄於咸豐間編輯而成，爲《詩録》及《文集》之底稿。

鈐有"童槐之印""白華堂""臣槐""樹梅""鄂君""船山""梁園"等印。《中國古籍善本書目》集部第 15213 條著録此書，題名無"過庭録一卷"，"過庭筆記"誤爲"遇庭筆記"。

襄陵詩草不分卷

　　清孫家穀撰。一册。版框高 20.0 厘米，廣 14.7 厘米，白口，單黑魚尾，四周單邊，半葉九行，行字不等。紅格。版心鎸"小隱山莊"。封面題"襄陵詩稿"，卷端題"鄞孫家穀"，均爲馮貞群所題。馮氏伏跗室舊藏。

　　孫家穀，原名家楸，字曙舟，號幼蓮，浙江鄞縣人。道光壬午（1822）進士，官山西襄陵知縣。《四明清詩略》[①]卷二十一引董沛之言曰："先生少負詩名，與陳漁珊、周小厓、胡藕灣諸君相唱和，篇什甚富，及官襄陵，明於聽斷懲訟，蠹絶饋贈，循聲卓著，不名一錢。丁内艱歸，士民郊餞，靡不泣下。鄰境百姓亦有道旁垂涕者。"陳漁珊名僅，周小厓名世緒，胡藕灣名鑑，均鄞人。家穀著有《襄陵詩草》《襄陵詞草》，以及《種玉詞》一卷，前二者以抄本形式流傳，後者有道光十三年（1833）上湖草堂刻本。民國間，張壽鏞輯《四明叢書》，將三者合成《襄陵詩草》一卷《詞草》一卷《種玉詞》一卷刊行。

　　此稿書法瀟灑靈動，録詩六十八首，均見於《四明叢書》本。夾行有修改，筆迹與正文不類。如《雜言》第二首"有鳥謀食，不遑終朝。有鳥遠舉，將翔將翱"，後兩句用墨筆在行間修改爲"卉草黃隕，故山遥遥"。將之與《四明叢書》本比勘，發現叢書本與原稿同。因此，夾行間的部分改動并非出自家穀，而是他人所爲。詩友之間互相修改詩文在清人詩文集稿本中較常見，刊刻時有依照原稿的，亦有遵循改後文字的，這是一個有趣的、值得研究的現象。

　　版心所鎸之"小隱山莊"，爲慈溪望族葉氏别墅。葉元墀與仲弟元垎倡詩社於郡城月湖之攬碧軒，曰"枕湖吟舍"；於慈溪白湖之小隱山莊，曰"白湖吟舍"。名流觴咏無虛月,同郡厲志、陳僅、姚燮、孫家穀輩恒集於此,挾藝游甬上者必造其所。

卷後附有家穀詩友文、詩、詞若干。筆迹與正文修改者同。計有姚燮《白湖吟舍雅集序》《摸魚兒》《金縷曲》《菩薩蠻》,陳友銘《白湖吟榭序》,葉元堦《白湖觀打魚歌》《知白草堂棠花妍麗可愛伯兄午生大集賓客飲讌》《鷗飛閣》《白沙路》《曇靈碑》,葉元壋《白湖打魚歌》,葉元址《浮碧嶼》《杜光禄祠》,厲志《金縷曲》《前調》,葉聯芬《白湖打魚歌》,葉元墀《摸魚兒》《水龍吟》《金縷曲》《菩薩蠻》《貂裘换洒》,葉元壁《如此江山》《乳燕飛》。

《四明叢書》本卷前張壽鏞序云:"《鄞藝文志》著録《襄陵詩草》二卷,而不及《種玉詞》,顧《詞》有刻本而《詩草》未傳。忻君紹如輯《四明清詩略》,録其詩九首,余不知其所自來。一日,馮君孟顈以《詩草》録寄,謂得之於叢殘中,以其附有《種玉詞》,始知爲孫曙舟先生作,屬余刊之。"今查閣藏書目,尚有抄本《襄陵詩詞》不分卷,分裝三册,馮氏伏跗室舊藏,封面均有馮貞群題簽。册一曰:"襄陵詩詞稿。孫家穀撰。甲戌夏得之重裝。"册二曰:"襄陵詞稿副本。孫曙舟定本寄滬刻入《四明叢書》。於周氏又訪得此本,爲重裝,藏之篋中。貞群記。"册三曰:"孫幼蓮詩鈔。幼蓮有《襄陵詩詞》二卷《種玉詞》一卷,刻入《四明叢書》四集,此册爲其後人采集之本未經厘定者。"可見,此抄本實爲三種書合并,其中第一册,即《四明叢書》本的底本。

注:①《四明清詩略》三十二卷,(清)董沛輯,忻江明等校訂,民國十九年(1930)中華書局鉛印本。

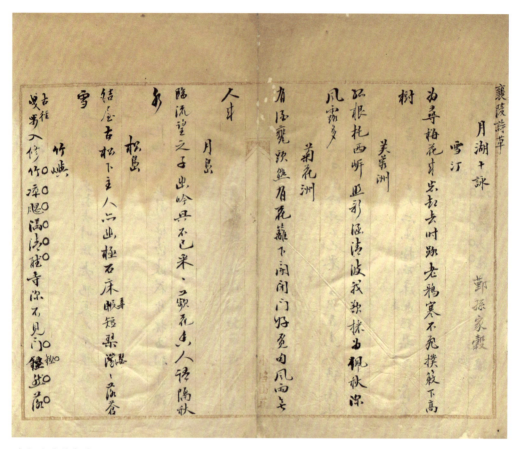

《襄陵詩草》卷端

二硯窩文一卷

　　清鄭勳撰。一册。版框高 21.4 厘米，廣 12.6 厘米，白口，單黑魚尾，四周雙邊，半葉八行，行二十字。卷前有馮貞群補抄、清周匡所撰《鄭簡香徵君古文序》。馮貞群題跋。馮氏伏跗室舊藏。

　　鄭勳生平見《鏡録》條。

　　據光緒《慈溪縣志》卷四十九《藝文志》，勳有詩文集《二硯窩詩存》三十八卷《文集》六卷，并有《二硯窩讀書隨筆》。現存文集除此《二硯窩文》外，尚有《二硯窩文稿》二卷，嘉慶間刻本，上海圖書館有藏；《二硯窩雜文偶存稿》不分卷，稿本，藏北京大學圖書館；《二硯窩文略》一卷，清鄭祜抄本，藏中國科學院國家科學圖書館。

　　此稿卷前除周序外，另有蔣學鏞撰《皇清欽旌節孝張孺人傳》一篇。此文用雕版印刷，四周雙邊，無格，半葉八行，行十九字。張孺人即鄭勳母親張氏，鄞縣望族槎湖張氏之後。勳生七日，其父竺病逝，張氏寡居數十年，操持家務、撫育幼子，故朝廷旌表其守節。

　　《二硯窩文》共録文四十五篇，文體駁雜，有序、書、跋、賦、銘、記，并經學文章數篇。文稿行間墨筆圈點纍纍，略有修改，有些文章後有墨筆評論，如評《萬冠南五十壽序》"文體極潔"，評《孫飲石詩序》"戞戞生新"，評《送鎮海學訓導陳君致仕旋里序》"文情斐亹，饒有姿致"，等等。

　　此稿謄寫用的稿紙各不相同，有紅格、綠格、無格。從筆迹來判斷，綠格稿紙上的文章當爲鄭勳親手所書。這些文章中有一部分在題名下方寫有"刻"字，如《施都督二華公遺詩跋》《蜜苦膽甜賦》《舅祖錢魯山先生八十壽序》等。由此可見，此稿可能爲鄭勳編詩文集之初稿。

　　《中國古籍善本書目》集部第 15401 條著録此書。

萬冠南五十壽序

數百年來甬上世家克綿其緒而不隆者厥惟萬氏
自定遠從龍之後世襲勳爵繼以宿儒碩學為海內
望當文孝黃先生講學證人書院時萬氏稱極盛如
澹菴正符兩先生並前代遺民而以父執嚴事黃先
生相與上下其議論○公杼克宗允誠李野貞一諸
先生則皆執贄黃門稱高弟巍然以學行照耀後苑
迄今湖四明學派者前推諸萬尤吾友萬君冠南澹
菴先生五世嫡孫也力學敦倫不徇流俗蓋厥幾足
繼其家學者昔先大夫與諸萬同出黃門數世往還
不替余與君為同韋行弱冠時始識君一見○知
為有道厥後○所行所學皆奉君為坊表君亦不棄
引而近之故余雖無似猶不至蹈大過者君指示之
力居多也君為人端潔寡嬉笑不輕出戶庭人鮮識
其面而其孝行內外無間訶祖母與母兩世矍居苦
節君長侍左右以承歡少應童子試○不克雋即棄

《二硯窩文》首葉

二硯窩詩稿偶存五卷閒情偶寄一卷

　　清鄭勳撰。一冊。手稿本。無框格，半葉九行，行二十四字。卷端題"慈溪鄭勳簡香"。清徐時棟跋。馮氏伏跗室舊藏。

　　鄭勳生平見《鏡録》條。

　　《二硯窩詩稿偶存》分五卷，卷一卷端題"二硯窩未定稿卷之一"，刪"未定"改爲"詩"，刪"卷之一"改爲"偶存"；卷二至五均題曰"二硯窩未定稿卷之某"。五卷共録古今體詩二百五十五首，有唱和、酬答、紀游、懷人、寫物等諸多題材。有些詩題目上方圈有朱或墨色小圈，并加蓋"簡香"小印，亦有題目下方題"選"者，可能爲詩稿付梓所作的遴選。

　　《閒情偶寄》一卷爲鄭勳詞作，共七首，詞牌分別爲《鳳凰臺上憶吹簫》《蝶戀花》《青玉案》《長相思》《點絳唇》《滿江紅》《合歡帶》，多爲唱和、酬答之作。

　　此本字迹娟秀圓潤，略有修改，當爲鄭勳手稿。内封有鄞人徐時棟題跋，云："鄭簡香《二硯窩詩稿》五卷《詞》一卷一本，同治七年閏四月十六日其子杏卿付余城西草堂藏之。杏卿前屬余表父葬，以全稿來，視此多三四倍，後毀於火，未知其家尚有副本否也。重裝此本竟。五月二十九夕徐時棟。"可見，此書曾經徐時棟城西草堂收藏，後歸馮貞群伏跗室。

　　鈐有鄭勳名章"簡香""臣勳"，及徐時棟名章"柳泉"。《中國古籍善本書目》集部第15402條著録此書，題名作"二硯窩詩稿偶存五卷詞一卷"。

二硯窩未定稿卷之一　　　　慈谿鄭　藒簡香

採茶歌
玉女峰頭春雷驚茶仙冉冉來太清雲氣濛濛籠覆山麓村南村
北瓊芽萌火前社前滿甌綠雀舌纖纖瑩如玉茶香一路隨春
風野人家盡甌空谷筐籃續遙曙光一旗一槍終歲粮山鳥
聲聲發幽啼山走花廢娛紅芳頹之掄之紛靡靡前路雲迷
行衍止但見懸崖噴水簾時聞夾徑落松子汲泉拾子活火煎
歸來兩袖風翩翩
昇平樂事山中天一壺春雪逍遙仙

擬陶靖節停雲四章
雲停遠岫雨溢廻塘酌茲春酒好風其涼關山悠遠道阻且長
所謂伊人天各一方
浮雲如墨窓雨如絲茫茫千里縈我懷思北窗高臥我樂我知
誰興析疑誰歟賞奇
桐枝千日鳳羽葉風娟娟古篠秀欲成龍芸黃莒美亦傅於松
鳴琴一曲雲山萬重
相彼黃鳥睍睆其聲此唱彼和陶然以鳴我懷寔多不如友生
永朝永夕道故班荊

《二硯窩詩稿偶存》卷一卷端

課餘吟艸不分卷

清鄭耀潢撰。一册。嘉慶稿本。版框高18.7厘米，廣13.9厘米，上黑口，雙對花魚尾，左右雙邊，半葉九行，行二十字。藍格。版心鐫"二老閣"。卷端題"鄭小鶱名耀潢三雲通守之子"。卷前有清王渥序。清蔡之銘、周遵祖題識。朱氏別宥齋舊藏。

鄭耀潢，宁小鶱，浙江慈溪人。二老閣後人，家有醉墨窩。父鄭辰，字箴衣（蔵衣），號三雲，乾隆四十一年（1776）以拔貢生充《四庫全書》館，歷署江南、蘇州、松江、常州府通判，揚州府同知，光緒《慈溪縣志》卷三十二有傳。據此書所録壬申年（嘉慶十七年，1812）所作詩《余三十初度，屬袁柳塘繪圖，率成二律以志感》可知，小鶱當生於乾隆四十八年（1783）前後。

此書輯録古今體詩一百零六首，始自嘉慶丁巳（1797），以迄嘉慶癸酉（1813），共十七年。詩歌多記浙東鄉土風物，四時景色，如《春寒》《菜花》《端午遇雨》《蘭花豆》《新茶》《黃梅》等。亦有游歷之作，如《游雨花臺》《泛舟秦淮》《游虎丘》《游西湖》等，足迹皆在吳越間。詩友唱和之作亦頗夥，如與王亞伶、趙雨亭、袁平園、弟鄭芝青、侄鄭小集等和詩。嘉慶壬申（1812）王渥序云，小鶱爲人坦率自喜，"每置酒邀余，不沉醉不止"，然"頻年滯場屋中，屢試屢蹶"，憤懣之餘，不免爲詩以言志，故其詩集名曰"課餘"。王序評其詩曰："冲和澹雅，不屑屑於雕搜伎倆，而一種幽秀之氣自隱躍行間。"

此本以正楷、行書兩種字體膳寫在二老閣稿紙上，正楷端莊而行書

285

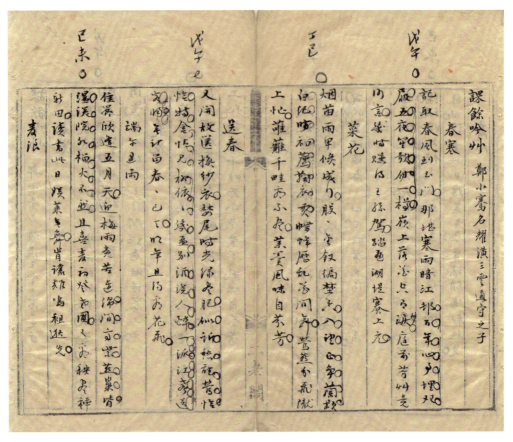

《課餘吟艸》卷端

靈秀。每首詩的天頭處均標有作詩之年份，夾行墨筆圈點，并略有塗抹刪改。

鈐有"香室圖書""醉墨窩"兩印。《中國古籍善本書目》集部第 15413 條著錄此書，著者題爲"鄭耀璜"。

瘦華盦詩稿一卷玉雪軒主草稿一卷擔簦草一卷夕陽學散吟二卷銅鉼瓦硯之邁詞稿三卷桃花渡榜謳二卷二篁廬漫唱一卷

　　清周世緒撰。七冊。嘉慶稿本。各冊版式行款不一。卷端各題"鄞周世緒百葉""甬上周世緒百葉""周世緒百葉父""鄞周世緒克延""周世緒"等。《夕陽學散吟》卷末有嘉慶庚午（1810）仇錫光《瘦華盦詩序》。清王堃、沈默、孫家楑等題跋。馮氏伏跗室舊藏。

　　周世緒，字克延，號百葉，又號小厓、壽蓀，浙江鄞縣人。諸生。工詩，善填詞，又工篆隸，熟於鄉里掌故。其著作有《壽蓀山館詞稿》《枌社膡觚》。光緒《鄞縣志》卷四十四有傳。今所存者，尚有稿本《枌社膡言》不分卷，藏天一閣；清徐時棟烟嶼樓抄本《瘦華盦詩稿》四卷，藏國家圖書館，録詩《負笈草》一卷、《斜陽學散吟》二卷、《茆店集》一卷。

　　此稿分裝七冊。第一冊封面題"瘦華盦詩稿"，卷端題名爲"瘦花庵詩"，卷前録有會稽陶軒、蕭山沈謙，以及同里李大封、胡有潮、陳權、王堃、王曰珏、樂容烜、謝輔錦、吳傳鈜的題詞。此卷共録詩一百七十五首，均作於嘉慶癸亥至丁卯（1803—1807）間。天頭有朱墨批語。夾行有世

287

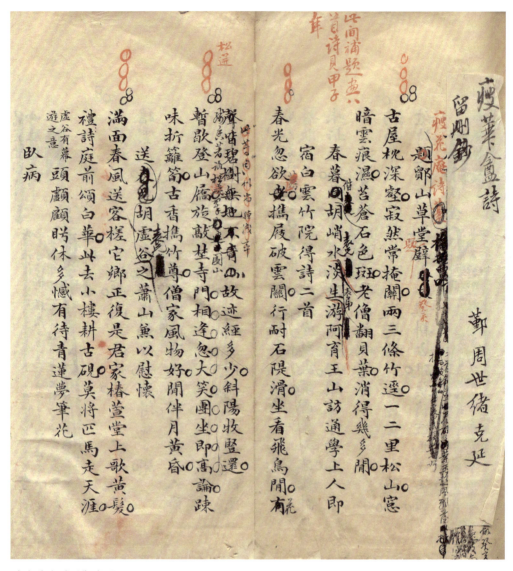

《瘦華盦詩稿》卷端

緒自評，如《題松岩抱琴圖》詩下有"此詩誠醜，宜刪之"之語。

第二册爲《玉雪軒主草稿》一卷，録詩七十二首，并附諸友唱和三十餘首，唱和者以胡有潮最多。

第三册爲《擔簦草》一卷以及《夕陽學散吟》上卷。此册封面馮貞群跋云：

瘦華盫詩稿一卷玉雪軒主草稿一卷擔篸草一卷夕陽學散吟二卷
銅缾瓦硯之邁詞稿三卷桃花渡榜謳二卷二簞廬漫唱一卷

　　"周百葉《瘦華盫留刪草》稿本之一，昔年向其後裔訪得，藏之篋衍忽
忽十載。壬午七月馮貞群記。"內封有世緒親筆題簽，曰"瘦華盫留刪草"，
題下有小跋云："己巳初冬，吳秋漁爲余錄全本，是年除日草裝。小厓
自記。"則此稿當成於嘉慶十四年（1809），於壬午年（1942）前十年，
即1932年歸伏跗室。卷末有嘉慶庚午（1810）仇錫光《瘦華盫詩序》。
封底有王塾題跋，曰"右《瘦花盫留刪詩》一大編，自嘉慶辛未中秋惠
寄萍舫，至壬申春歸十日始被催繳"，可見此冊原名應爲《瘦華盫留刪
詩草》。《擔篸草》錄詩七十八首，所錄之詩均從第一冊《瘦華盫詩稿》
裏選出，因此，《擔篸草》當爲《瘦華盫詩稿》的整理稿。《夕陽學散吟》
卷上錄詩五十六首。此二種詩集的天頭皆有朱墨批語，其中朱筆爲世緒
刪選詩歌之語，墨筆有兩種筆迹，一爲王塾詩評，一爲沈默詩評。卷前
有佚名題跋云："王評似略觀大意，沈評又恐爭細流。"封底又有嘉慶
壬申（1812）沈默題跋二則、甲戌（1814）孫家楳題跋。
　　第四冊卷端題"瘦華盫詩"，後改爲"夕陽學散吟下"，錄詩六十四首，
前有嘉慶壬申（1812）沈默題跋。
　　第五冊爲詞集《銅缾瓦硯之邁詞稿》三卷，卷一錄詞五十四闋，卷
二亦五十四闋，卷三五十六闋。此冊前有佚名題跋，字句殘缺，云："……
壽蓀死。二十八日耐生過余，借一枝栖，袖其詞稿出示。時耐生方刻袁
徵君《四明近體樂府》成，擬附鑴□□□□。越日渡半浦，信宿大椿堂，
燈下點□□□□□□兩家者皆君舊游地也，墨迹尚新。□□□□□□卒
草識此，不勝泫然。戊寅□月朔□□□。"按，耐生姓鄭，名喬遷，慈
溪鄭氏二老閣後人。今遼寧省圖書館藏有嘉慶二十三年（1818）鄭喬遷
抄本《四明近體樂府》十四卷，袁鈞輯，後附有世緒所撰詞一卷。由此
可知，此冊詞集成稿於戊寅年，即嘉慶二十三年（1818），而世緒當於
此年離世。

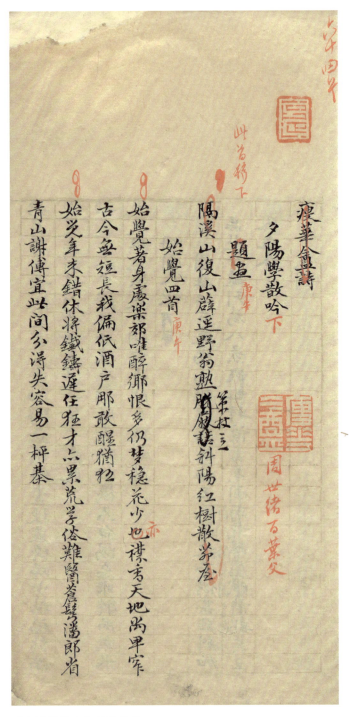

《夕陽學散吟》卷下卷端

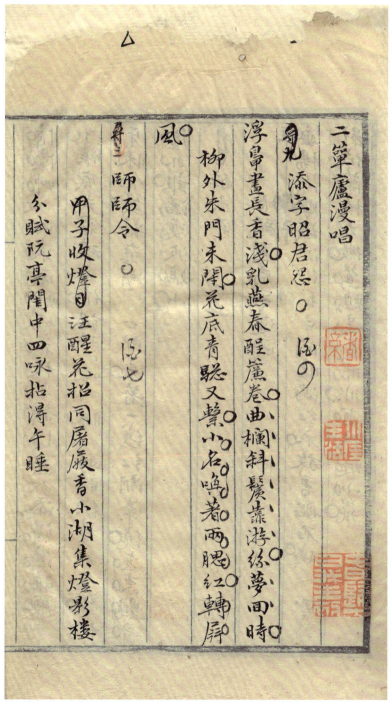

二簞廬漫唱

添字昭君怨。

浮鼻畫長香淺乳燕春醒簾卷曲欄斜鬢靠游絲夢回時

柳外朱門未閉花底青驄又繫小名鳴著兩腮紅轉屏

風。

師師令。

甲子收燈日汪醒花招同屠嚴香小湖集燈影樓

分賦阮亭閣中四詠拈得午睡

《二簞廬漫唱》卷端

第六册爲詞集《桃花渡榜謳》二卷，上卷録詞四十四闋，下卷録詞四十二闋。卷前録有黄桐孫、黄維岳題詞。

第七册《二簟廬漫唱》一卷，亦爲詞集，録詞七十六闋。

此七册稿塗抹勾乙，朱墨燦然，當爲周世緒之詩詞未定稿。世緒工詩，善填詞，時人甚推許之。如陶軒評語："年華英妙性聰明，吟就芳詞鬥雪清。它日重編耆舊集，甬東君合主騷盟。"沈默評語："細玩諸作，清而且工，自是詩家正派，再進於新而穩，則開府參軍無多讓矣。"

鈐有"世緒""午生""小厓詩艸""梧桐街口是吾廬""克延""瘦華盦""銅缾瓦硯之薆""二簟廬漫唱客""臣錫光""臣堃"等印。《中國古籍善本書目》集部第 15469 條著録此書，題名無"擔簦草一卷""夕陽孴散吟一卷""二簟廬漫唱一卷"，增"藕欄間話一卷"。

復莊文稿不分卷附小復詩稿一卷

　　清姚燮、姚景夔撰。二册。手稿本。上册版框高 17.6 厘米，廣 13.1 厘米，白口，單黑魚尾，四周雙邊，半葉九行，行字不等，藍格，版心鎸"自樂齋"；下册版框高 18.4 厘米，廣 12.4 厘米，白口，單黑魚尾，四周雙邊，半葉九行，行字不等，紅格，版心鎸"桂芳齋"。馮貞群題簽。馮氏伏跗室舊藏。

　　姚燮生平見《胡氏禹貢錐指勘補》條。姚景夔生平見《琴詠樓姝聯韵藻》條。姚燮文章編纂成集者有《復莊駢儷文榷》八卷《二編》八卷，咸豐間刻本，多家圖書館有藏;《復莊文酌》不分卷，稿本，藏上海圖書館;《復莊文録》六卷，稿本，藏杭州市文物保護管理所。

　　此書分裝兩册，上册封面有馮貞群題名"姚復莊文稿附小復詩稿"，前半部分録姚燮文章二十二篇，後半部分録姚燮子景夔詩若干首。下册封面馮氏題名爲"姚復莊文稿"，收録文章二十九篇。兩册共録文五十一篇，這五十一篇文章不見於上述幾種姚燮文集。2014 年，浙江古籍出版社點校出版了《姚燮集》，其中"文補遺"部分，從第 1656 頁《項友梅二十四歲小像贊》起，至第 1707 頁《重訂仁和吳氏支譜序》止，收録了此稿所有文章。

　　此稿的文稿部分半行半草，書法狂放，塗抹勾乙，墨筆纍纍，爲姚燮親筆寫就。景夔詩稿天頭處有不少佚名批語，皆爲詩評，如評《雜感》云："小復五言每近韓杜，此章忽如陶謝文人之筆，無所不具，蓋信筆所之，自然神似，若有意求效，便是下乘矣。"

　　鈐"燮印""拊中""子安寓目""伏跗室"諸印。《中國古籍善本書目》集部第 15611 條著録此書，題名爲"復莊文稿不分卷"。

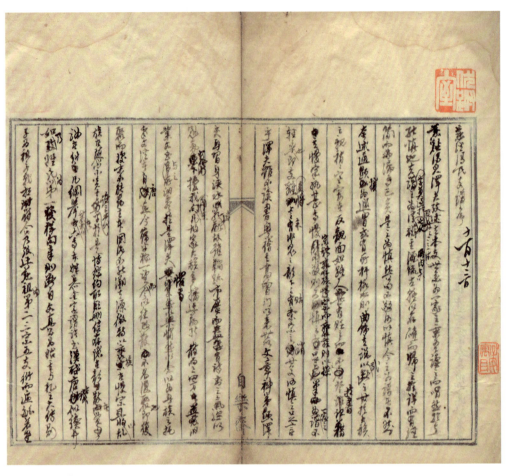

《復莊文稿》卷端

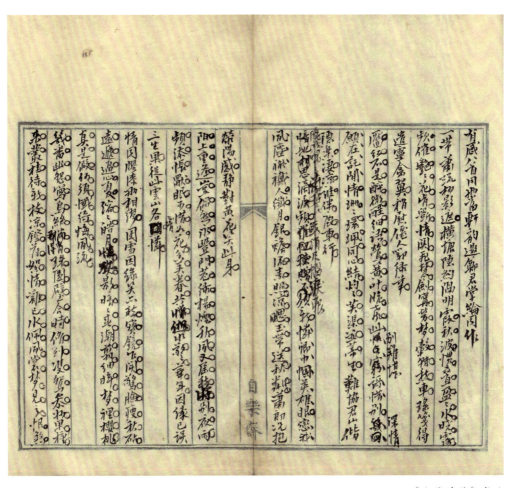

《小復詩稿》卷端

復莊駢儷文榷二編八卷

清姚燮撰。四册。咸豐手稿本。版框高17.6厘米,廣13.1厘米,白口,單黑魚尾,左右雙邊,半葉十行,行二十一字。藍格。版心鐫“大梅山館集”。卷端題“鎮海姚燮某伯甫”。卷前有清王蓍蘭序。清蔣敦復、趙榮光題跋。馮氏伏跗室舊藏。

姚燮生平見《胡氏禹貢錐指勘補》條。

咸豐四年(1854),王蓍蘭刻《復莊駢儷文榷》八卷,即咸豐四年大梅山館刻本。“大梅山館”爲姚燮堂號,其詩文集刻本合稱“大梅山館集”,包括《復莊駢儷文榷》八卷《二編》八卷、《復莊詩問》三十四卷、《疎影樓詞》五卷。

咸豐十一年(1861),王蓍蘭在象山續刻《復莊駢儷文榷二編》八卷,旋毀於火。同治十二年(1873)姚燮長子景皋以《復莊駢儷文榷二編》付蔡鴻鑒,請其重刻,即同治十三年(1874)蔡氏墨海樓刻本。

此書分裝四册,每册兩卷,共八卷,録文一百二十六篇。卷前有詳目。序前有同治二年(1863)蔣敦復題跋兩則,署名“江東老劍”,并同治十三年(1874)趙榮光題跋一則。咸豐十一年(1861)王蓍蘭序云:“蘭既爲先生刻駢文八卷,其存稿未定者尚盈數巨册。蘭以續刻請,先生爰手自選訂,益之近葳所作。”此書即姚燮手訂稿,書法精湛,雅潔整飭,將之與刻本《復莊駢儷文榷二編》作比對,其卷次、篇目、編排完全一致。行間偶有修改,亦姚燮手筆,修改後字句與刻本相同。天頭有朱墨筆校改及批語,朱筆校改爲蔣敦復所爲,行間偶鈐其名章“劍人”;墨筆爲姚燮所寫,内容大致爲刊刻事宜,如卷二

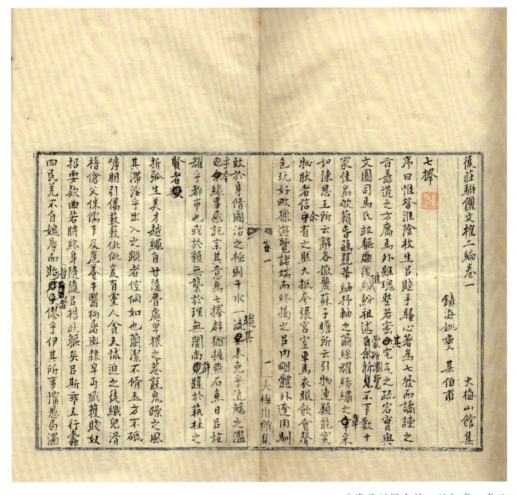

《復莊駢儷文榷二編》卷一卷端

葉二十六有"此頁宜抽換，以下數頁補謄付刻"，卷三卷端"此卷尚未付謄"，卷五卷端"此卷已付刻"，等等。由此可見，此書應該是《復莊駢儷文榷二編》付梓前的最後底稿，待謄清寫樣後，即可開雕。咸豐十一年（1861），姚燮年五十七，距其卒年六十歲已不遠矣。年青時壯游天下，結交名流，才名一時無兩，晚年里居鎮海，致力於整理鄉邦文獻、戲曲資料，并總結一生之學術。《蛟川詩繫》《讀紅樓夢綱領》《胡氏禹貢錐指勘補》《夏小正求是》等代表作皆創作於這一時期。

　　鈐有“復印”“容江眼福”“劍人”諸印。《中國古籍善本書目》集部第 15614 條著録此書。

復莊詩初稿二卷

　　清姚燮撰。一册。道光手稿本。版框高 19.5 厘米，廣 15.5 厘米，白口，無魚尾，四周雙邊，半葉十二行，行字不等。紅格。清葉元堦批校，馮貞群批校并題簽。馮氏伏跗室舊藏。

　　姚燮生平見《胡氏禹貢錐指勘補》條。

　　此書封面有馮貞群題簽“姚復莊詩稿手寫本”。分爲兩卷，上卷卷端題“甲辰中秋以後之詩，復莊初稿本”，并鈐“野橋詩翰”印；下卷卷端題“乙巳詩録”，均不題卷次。姚燮詩有《復莊詩問》三十四卷，道光二十六年（1846）大梅山館刻本。將此稿與刻本比對，發現卷上之詩大都入刻本卷二十九“甲辰下”中，但《墻根秋海棠》《天不雨》《微雨》《願借》諸詩入卷五“癸巳以前作五”中，兩者相隔十餘年。卷下之詩大都入卷三十“乙巳上”、三十一“乙巳中”中，唯《擬漢雜體小詩二十一章并序》入卷一“癸巳以前作一”中，題名改爲《雜擬漢人小詩十二章》而無序。

　　此稿行書寫就，書法飄逸，爲姚燮親筆。天頭有葉元堦墨筆批語，内容爲“不忍卒讀”“唐宋元明名家絕無僅有”等詩評，署名“受業葉元堦讀注”，或“受業堦注”。葉元堦，字叔蘭，號雿亭，浙江慈溪人。葉氏元堦、元墀、元增、元壋、元壁等均與姚燮交好，元堦師事姚燮。亦有伏跗室主人馮貞群的校語，有朱墨兩色，皆爲稿本與刻本的不同之處，如《夜坐偶得》上有墨筆“《復莊詩問》三十一題作‘曠夜’”。由上述可知，此稿當爲《復莊詩問》刊刻前的一部分稿本。

　　鈐有“野橋詩翰”“馮印貞群”“伏跗室”諸印。《中國古籍善本書目》集部第 15615 條著録此書，題名爲“復莊詩初稿不分卷”。

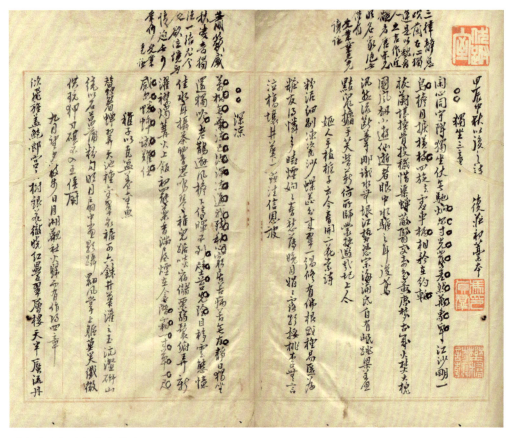

《復莊詩初稿》卷上卷端

西滬櫂歌一卷

清姚燮撰。一册。咸豐十年（1860）手稿本。版框高 17.6 厘米，廣 13.1 厘米，白口，單黑魚尾，左右雙邊，半葉十一行，行字不等。藍格。版心鎸"大梅山館集"。卷端題"大梅山民未定稿"。清王蒔蕙題跋。朱氏別宥齋舊藏。

姚燮生平見《胡氏禹貢錐指勘補》條。

《西滬櫂歌》爲咸豐十年（1860）姚燮客象山時所作，共一百二十首。第一首曰："選勝重來浹上翁，打槲腔調付漁童。似聽老嫗喃喃話，半述山川半土風。"詩後有小序云："咸豐十年庚申冬，余重客象山西滬，主滬上王氏翠竹軒二月餘。選勝攬俗，洵韜潛之樂土也。同人聳爲櫂歌之作，拉雜成辭，以遣客況，采風者或有取焉。"由此可見《西滬櫂歌》是描摹當地山川名勝、風土人情的竹枝詞。翠竹軒爲姚燮學生王蒔蘭之堂號。咸豐元年（1851），姚燮初客象山，時王蒔蘭爲之編《復莊駢儷文榷》，卷六有《翠竹軒後記》。

《西滬櫂歌》一百二十首歌咏象山各地，每一首詩寫一處地，或摹風景，或談典故，前詩後序，娓娓道來。如咏"吳公渡"一詩："自閱顛風淖雨危，沿津砥石拓平遠。漳州老將兹遺澤，好配吳公建一祠。"小序云："張進，字維賢，漳州人。由將材任副將。嘗於黃溪渡口雨夜登舟，多苦泥淖，進於兩岸俱築石爲康衢，至今德之。黃溪渡向每壞船，自邑令吳學周於港外高埠處鑿山成路，行旅感之，故或稱吳公渡云。"

卷末有"庚寅十一月廿五日復莊手録"之語，字體蒼勁，書法俊逸，故全稿當爲姚燮親筆謄抄。封面王蒔蕙題云："咸豐十年庚申十一月大

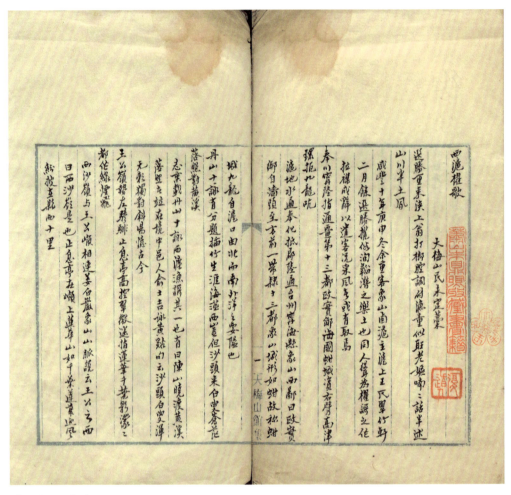

《西滬櫂歌》卷端

梅先生著。王硯農題。"《西滬櫂歌》無刻本，僅有此稿本存世。後編入民國十六年（1927）《象山縣志》卷三十二《文徵外編（下）》中，現輯入《姚燮集》。

鈐有"大某先生印""復道人""蕭山朱鼎煦收藏書籍"諸印。《中國古籍善本書目》集部第 15616 條著錄此書。

復莊先生詩問稿七卷

　　清姚燮撰。三册。道光稿本。一至二册版框高 19.9 厘米，廣 14.8 厘米，白口，單黑魚尾，四周單邊，半葉九行，行二十一字，紅格，版心鐫 "小隱山莊"；第三册版框高 18.9 厘米，廣 13.1 厘米，白口，無魚尾，四周雙邊，半葉十一行，行二十三字，紅格。清佘文植、周學濂、厲志、高敏、曹德馨、張際亮、葉元堦、奚疑、劉泳之、楊鑄、韋光黻、郭儀霄、黃釗、汪全泰、端木國瑚、吳廷燮、潘德輿、孫麟趾、潘曾瑩、徐時棟、張洺、計光炘、蔣寶齡、葉金爐、孔繼銘等題跋。馮氏伏跗室舊藏。

　　姚燮生平見《胡氏禹貢錐指勘補》條。

　　此書分裝三册，第一册扉頁題 "復莊先生詩問稿"，録詩兩卷，卷端皆題 "上湖詩問"，未題卷次。第二册行款與第一册同，扉頁亦題 "復莊先生詩問稿"，録詩一卷，無卷端題名。第一、二册分三卷，首卷録詩五十三首，卷二六十六首，卷三一百零六首。兩册天頭皆有朱、藍、綠三色批語，其中朱筆爲周學濂所批，藍筆爲曹德馨所批，墨筆爲潘德輿、葉元堦、厲志、劉泳之所批。批語皆爲諸同好的詩評。所録之詩均收入道光二十六年（1846）大梅山館刻本《復莊詩問》三十四卷中。比如《述想》《蜀山渡》《艷歌何嘗行》《野田黃雀行》《曾珣五真圖詩》等詩，入刻本《復莊詩問》卷一。行間偶有修改，刻本與改後詩句同。比如《曾珣五真圖詩》之 "第一圖"，原詩爲 "紫瀾接春嶠，霞蕤如玉鬈。虛臺露瀟碧，幺鳳雙虓翾"，後兩句旁有批語，曰 "此二句可以薙去"，對照刻本，果無此二句。

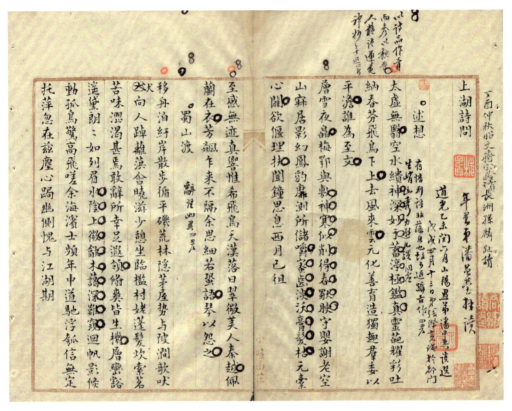

《復莊先生詩問稿·上湖詩問》卷端

　　第三冊行款及字體與一、二冊絕不類，封面題"大梅山館集詩問稿"，錄詩四卷，共一百三十六首。卷端皆題"詩問"，每卷有小題"甲辰一""甲辰二""甲辰三""甲辰四"。卷前有乙巳年（1845）徐時棟題跋。全冊書寫整潔，幾無塗改，天頭有墨筆校語，從筆跡判斷，應是徐時棟所爲，另有數十條詩評批語，下鈐"霓仙"印。霓仙無考。所錄之詩爲甲辰年（1844）所作，均收入刻本《復莊詩問》卷二十七至二十九中。

　　此書一、二冊書法俊逸，爲姚燮親筆。從衆人所作題跋的時間來看，基本集中在道光十五年至十八年間（1835—1838）。此時姚燮四方游歷，遍交友朋，又北上京城，都中士大夫及海內名輩湯鵬、黃爵滋、端木國瑚、葉名澧、蔣湘南等爭相延納，賞識其才，知其名下無虛。故此二册可視作道光間姚燮手稿本。第三册字迹整飭，非姚燮手書，當爲他人所録的謄清稿本，可能是刻本《復莊詩問》付梓前的底本。

　　鈐"姚燮""樹人""泳之私印""端木國瑚""吳廷燮""羽可閲過""志""彦冲""四農""君繡讀過""曦伯""德馨""徐十三"等印。《中國古籍善本書目》集部第15618條著録此書，題名爲"復莊詩問不分卷"，佘文植誤爲余文植。

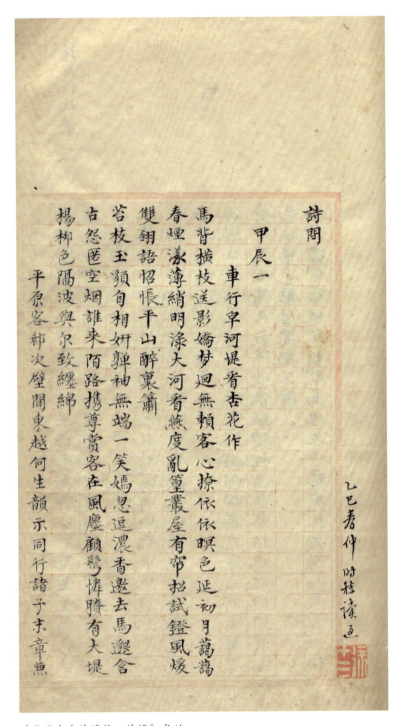

《復莊先生詩問稿·詩問》卷端

缾室詩卷一卷

　　清王景曾撰。一册。咸豐稿本。版框高 20.5 厘米，廣 13.2 厘米，白口，單黑魚尾，四周單邊，半葉六行，行二十字。綠格。封面朱鼎煦題“缾室詩卷，慈溪王景曾伴石父著，姚大梅評”，内封姚燮題“缾室詩卷”。清姚燮批并跋，朱鼎煦題跋。朱氏別宥齋舊藏。

　　王景曾，字景沂，號伴石，浙江慈溪人。貢生，候選訓導。《四明清詩略》卷二十八引王學洙《廣文序略》：“伴石賦性聰明，才情跌宕，受詩法於鄞王梨門先生，蛟川姚梅伯孝廉亦深器之。中年以疾卒，所作詩不自收拾，存者僅百首耳。”其著作僅存《缾室詩卷》。卷前有壬戌年（1862）伯庸題詩，首句云“一面遂千古，重來已兩塵”，因此，景曾在同治元年（1862）可能已離世。卷前亦有廉卿題詩，云：“往昔披毫素，相知見性真。即今論大雅，何意得斯人。貧賤交方久，文章老更新。平生高視意，讓爾獨嶙峋。”後加小序：“伴石出示近作，快書此律，請政之。戊午孟冬中旬十日廉卿弟起未是草。”可見，此稿當編成於咸豐八年（1858）。

　　《缾室詩卷》共録詩九十餘首，古今體兼具。有自作之詩，亦有與友人唱和之作。如《巢園雅集用硯水唱和詩韵聯句》，相與唱和者有錢塘蔣坦藹卿、錢塘關鍈秋芙、錢塘蔣師儉雨亭、餘杭高亮子霞。巢園爲蔣坦別業，坦字平伯，號藹卿，以《秋燈瑣憶》名世。關鍈是蔣坦夫人，即《秋燈瑣憶》中的秋芙。蔣坦與景曾友善，咸豐十一年（1861），太平軍攻杭州，蔣坦避禍慈溪，就住在景曾家。蔣坦回錢塘後，不久即餓死，景曾可能也於此時下世。

　　此詩稿經姚燮詳加批改，批語纍纍。當是景曾向姚燮請教作詩法，

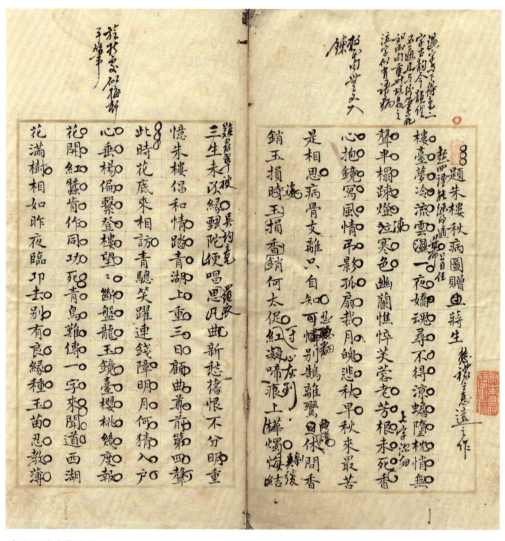

《餅室詩卷》卷端

姚燮閱後所評。卷前有姚燮總評，共五條，署"復莊閱竟偶書"。移録於下：

通閱所作，七律在五律上，五古亦在七古上，然其獨到處直可摩浣花、輞川之壘。於五律求錬辭法，於七律講錬調法，定當別開新境。

五古宜多作，漢魏以來諸家俱可學也。然不可取貌遺神，流之泛廓。

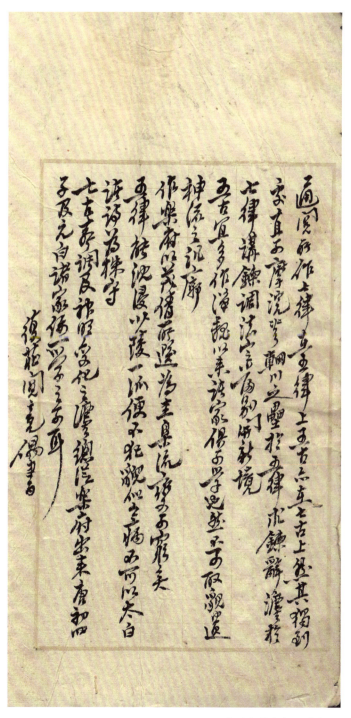

《缾室诗卷》姚燮批语

作樂府以茂倩所選爲圭臬，流變可窮矣。

五律能沈浸少陵一派，便不犯貌似之病，不可以太白諸詩爲株守。

七古聲調及神明變化之法總從樂府出來。唐初四子及元白諸家偶一學之可耳。

除總評外，天頭地腳以及夾行間均有批語，全稿不下百處。批語大都爲指出詩作之不足，亦有擊節贊嘆者。如評“君休別認新知樂，蛾眉一樣成蕭索。崔護重來事已非，微之補過真成錯”兩句，曰“此數句稍懈，須易整煉語以振之”。評“浮雲無盡時，珠簾捲愁入”句，曰“珠簾句墮入齊梁卑體矣”。評《枕湖吟館訪藹卿不值》一詩，曰“學唐而太涉面貌”。評“汀花明古驛，山月隱孤城。明日錢塘上，迢迢一雁聲”兩句，曰“得摩詰家法”。評《題朱樓秋病圖贈蔣生》一詩，曰“態穠意遠之作”。凡能入姚燮眼者，詩題上方加墨圈，并鈐一印“寄廬”，加三圈者爲最佳，二圈次之，一圈又次之。圈下加三角，并無鈐印者，被姚燮視爲劣作，建議刪除。

《餅室詩卷》有八首詩入選《四明清詩略》卷二十八。爲《喜海鹽黃韵珊先生燮清錢塘蔣藹卿弟坦過訪下榻草堂明日同游慈湖飯普濟禪院》《同陳晉笙訪戎金銘留飲琴石山房即席酬贈》《湖上遇雨過昭慶寺》《晚渡姚江》《九日登高》《舟次丈亭》《客中秋思》《秋日感懷》，均爲稿本中加二或三個墨圈者。清宣統三年（1911），王景曾侄孫德馨將此稿校録一過，付之鉛印。

鈐有“別宥齋”“蕭山朱鼎煦收藏書籍”“寄廬”印。《中國古籍善本書目》集部第 15772 條著録此書。

運甓齋詩稿初底本十卷重訂本五卷

清陳勘撰。二册。同治十三年（1874）稿本。版式有兩種，一爲無框格者，半葉八行，行二十字，小字雙行同；一爲紫格者，版框高 19.9 厘米，廣 13.8 厘米，白口，單黑魚尾，四周雙邊，半葉八行，行二十字，小字雙行同，版心上鎸"鴻遠書屋"，下鎸"文盛齋製"。卷端題"鄞陳勘子相"。卷前有著者自序。朱氏別宥齋舊藏。

陳勘，字子相，號咏橋、漫翁、二百八十峰樵者，浙江鄞縣人。道光十七年（1837）拔貢廷試第二，授廣西知縣，不一載投牒歸。同治元年（1862）舉孝廉方正，授江蘇知縣，不赴。少能詩，工書法，尤精小學，熟鄉邦掌故。修光緒《鄞縣志》，用力甚勤。陳勘詩《庚子春粤西乞假旋里》有小注云"余生於乙丑正月"，可知勘當生於嘉慶十年（1805）。據胡適《跋陳勘的〈全氏七校水經注稿本跋〉》①考證，直至光緒十九年（1893）尚有陳勘寫的自序，時勘已近九秩矣。著有光緒十年（1884）刻本《運甓齋詩稿》八卷、光緒二十年（1894）刻本《運甓齋文稿》六卷《續編》六卷《詩稿續編》六卷《贈言録》四卷，寧波市圖書館有藏；光緒二年（1876）刻本《釋字百韵》一卷，浙江圖書館有藏。輯有稿本《四明鄉先生遺文偶録》不分卷，藏天一閣。民國《鄞縣通志》人物類表第三（文學）有傳。

詩稿分裝兩册。上册封面有題簽"運甓齋詩稿，甲戌五月訂"，并於右邊題"初底本"。可見此册編於同治十三年（1874）五月，爲最初之底本，卷前同治甲戌（1874）陳勘自序云："……偶檢舊稿，不忍竟弃，删汰而存之，得若干首。且卷中多録同人贈和之作，庶於此見吾之

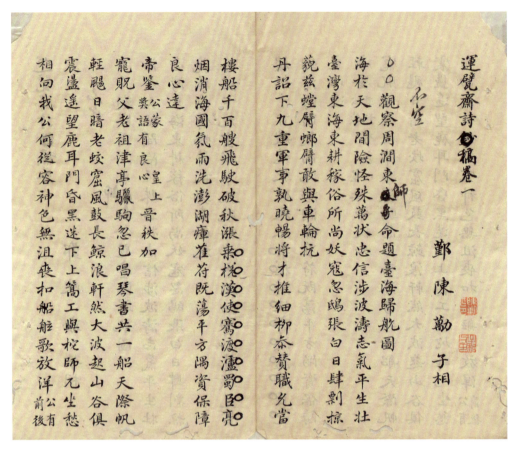

《運覽齋詩稿初底本》卷一卷端

性情，并以見吾友之性情焉。"初底本共十卷。卷一至二共錄詩二十二首，爲陳勘與烟嶼樓主人徐時棟，及時棟弟時樑唱和之作。卷三錄挽詩十一首，有挽張士珣、李炯、張善元、周葇、徐時棟等。卷四錄詩八首，既有挽詩，亦有與二徐唱和之詩。卷五卷端有小題，曰《蒿薤集》，錄詩八首，皆爲挽詩，有挽張積槐、董城、王引孫等。卷六小題曰《灘江贈別榕城驪唱集》，爲道光己亥（1839）陳勘官廣西時與同僚的唱和詩，有阮正惠、吳楷、陳焄、顧諧庚、吳德徵、袁啓霑、余應松、景桂等。卷七小題曰《介眉集》，錄詩十二首，爲壽序詩、題詩等。卷八錄詩十二首，主要爲《示兒雜詩》十首。

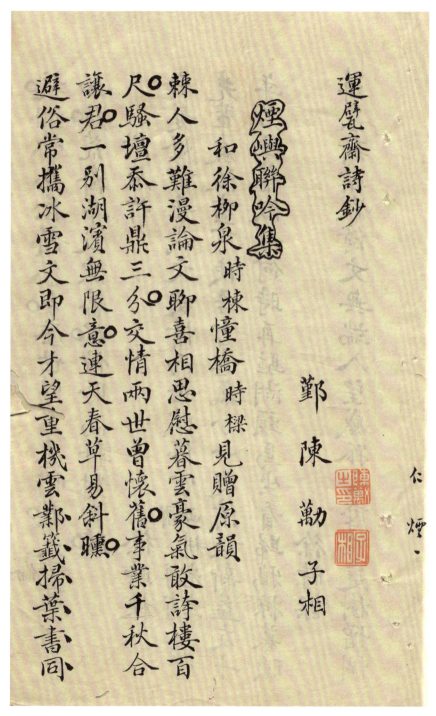

運甓齋詩鈔

鄞 陳 勱 子相

小煙一

煙嶼聯吟集

和徐柳泉 時棟憧橋時樑見贈原韻

棘人多難漫論文聊喜相思慰暮雲豪氣敢誇樓百
尺○騷壇忝許鼎三分交情兩世曾懷舊事業千秋合
讓君一別湖濱無限意連天春草易斜曛○
避俗常攜冰雪文即今才望重機雲鄞籤掃葉書同

《運甓齋詩稿重訂本》卷一卷端

卷九録詩二十七首，有題詩、挽詩，以及《雜擬薤露詞》二十二首。卷十録詩二十二首，内容駁雜。

下册封面題簽爲"運甓齋詩稿，甲戌五月重訂"，因此，下册應爲上册之重訂稿。重訂本厘爲五卷，卷端各題有小題。一爲《煙嶼聯吟集》，是陳勱與徐時棟、徐時樑，以及何琳、烏世耀、王世濬等的唱和詩。一爲《城西唱和》，徐時棟之藏書樓名曰城西草堂，故此卷爲陳勱與徐時棟唱和之詩。一爲《灘江贈别榕城驪唱集》，内容與初底本卷六同。一爲《自題四餘讀書圖》，"四餘"者，蓋"冬爲歲餘，夜爲日餘，雨爲晴餘，老者生餘"之意。除自擬詩一首外，餘皆録同人唱和之作，有徐時棟、陳康祺、董沛、孫德祖、陳繼聰、張家驤等。一爲《左右修竹盧吟課》，録《示兒雜詩》三十首、徐時樑《和陳君咏橋示兒雜詩》三十首，以及徐時棟、陳康祺、董沛、徐時樑、烏世耀、童可慫等爲陳勱壽文、詩及聯。

此稿塗抹勾乙、筆迹不一，爲典型的未定稿。將之與光緒十年（1884）刻本《運甓齋詩稿》八卷比對，大致相類，可以認爲此本即刻本的其中某一個底稿。

鈐有"漫翁""子相""陳勱之印""左右修竹之盧"等印。《中國古籍善本書目》集部第 15811 條著録此書，題名作"運甓齋詩稿不分卷"。

注：①《胡適全集》第十四卷，安徽教育出版社 2003 年版，第 178 頁。

烟嶼樓詩集十八卷

　　清徐時棟撰。二册。同治稿本。版框高 19.5 厘米，廣 14.2 厘米，上下黑口，雙對黑魚尾，左右雙邊，半葉十行，行二十一字，小字雙行同。紅格。版心鐫"烟嶼樓初本"。卷端題"鄞徐時棟同叔稿，慈溪葉鴻年吉甫刊"，卷末題"男隆壽平甫校字"。馮氏伏跗室舊藏。

　　徐時棟生平見《尚書逸湯誓考》二卷條。

　　《烟嶼樓詩集》十八卷爲同治六年（1867）葉氏虎胏山房所刻，閣藏稿本《烟嶼樓詩集》即刻本之底稿。全稿謄寫整齊，偶有校改，出校者爲徐時棟子隆壽，出校之字均以墨筆寫在每一葉的天頭。將之與刻本比勘，校字均與刻本同。除校改外，另有"删""空三行""移上一行"等語，皆爲刻印前的版面調整。

　　《中國古籍善本書目》集部第 16032 條著録此書，題名爲"烟嶼樓編年詩集不分卷"。

烟嶼樓詩集卷一

鄞　徐時棟同叔稿
慈谿葉鴻年吉甫刊

《烟嶼樓詩集》卷一卷端

麟洲詩草八卷

　　清張翊儁撰。二册。手稿本。無框格，半葉八行，行字不等。卷端題“張翊儁著”。馮幵題跋。馮氏伏跗室舊藏。

　　張翊儁，字菱舟，號麟洲，浙江慈溪人。據光緒《慈溪縣志》卷二十一云，翊儁生年不詳，卒於光緒四年（1878），咸豐十一年（1861）拔貢，官湖北知縣。所著除《麟洲詩草》外，今存《見山樓詩集》四卷，輯入民國四明張氏約園刻《四明叢書》；《見山樓詩草》四卷，浙江圖書館藏手稿本；另有《見山樓詩》抄本若干，分藏天一閣、浙江圖書館、國家圖書館等。

　　此書分裝二册，共八卷，卷端無卷次，然各有小題，爲《舞象小草》《弃繻集》《冷齋清課》《斷腸集》《麻鞋草》《續斷腸集》《驚濤集》《春申江上録》各一卷。《舞象小草》録古今體詩四十二首，頗多擬古之作。《弃繻集》録詩四十五首，《冷齋清課》録詩三十二首，皆爲酬唱、憶人、鄉居、讀史等閑適之作。《斷腸集》録詩二十首，作於丙辰年（1856），其中《悼亡》《雜記》爲紀念夫人徐氏的悼亡詩。《麻鞋草》卷端將小題“麻鞋草”與著者題名均以墨筆圈去，然字迹尚存。此卷録詩三十五首，均作於庚申辛酉間（1860—1861）。適太平天國攻克浙江，翊儁携妻兒家人避居鄉里，輾轉台州寧波各地，故筆下皆爲烽火連天的離亂之作。如《婦弟徐厚齋培之聞陷賊中》，中有“一兩麻鞋豺虎地，三更刁斗雪霜天”句，集名“麻鞋”，蓋因此。又如《白衣仙人歌》，詩前小序云：“二月十九日天竺進香者雲集，賊猝至，焚戮其慘，作詩紀之。”中有“香烟未散飛狼烟，烈焰漫天殺氣生”“殘骸塞池池水平，波聲滾滾淘紅雪”句，極寫戰争之殘酷。《續斷腸集》録詩十三首，其中《悼胡氏》《雜憶六章》爲悼念亡婦胡氏之作。《驚濤集》録詩十四首，其中《明州雜詩二十首》紀辛酉年末太平天國攻陷寧波事。《春申江上録》録詩二十一首，多爲懷人、唱和之作，其交游者有孫傳鶴、劉培甫、陳夢樵、何啓綸、胡筠、董鎬、錢銘書、陳欽、何暉、毛琅等。

此本書法俊秀，夾行墨筆圈點，略有修改。封面存馮幵題跋，云："張麟洲先生《見山樓詩》四卷，爲先生晚年所自定。其弟子王縵雲孝廉曾欲刻之而未果。寫本四册，今藏於家。先生妻眠爲環寶，珍秘不肯輕示人。丙申夏日，余百計請丐，始得暫假一日，竭數手之力，僅乃遴鈔十之四五，而原本已被索矣。是册爲先生手寫本，中皆喪亂之音，字句多與《見山樓》不同，蓋少作之未定者。余年十七時得自舊家以視。先兄蓮青兄死，遂乃失之。越十餘年，兄子曼孺復得之故紙堆中，爲之劇喜，裝訂既完，輒題册耑。丁未春日馮幵。"馮幵（1873—1931），原名鴻墀，字君木，號回風，慈溪人。著名詩人、書法家，爲伏跗室主人馮貞群的叔父。蓮青，名鴻薰，貞群父。曼孺，貞群號。由題跋可知，《麟洲詩草》爲翊儁手稿，先爲馮貞群父親蓮青先生藏，後流散，然機緣巧合，最終此稿又被馮貞群所得。

鈐有"孟頵""馮印貞群""伏跗室""君木"諸印。《中國古籍善本書目》集部第 16190 條著録此書。

另，馮幵跋提及翊儁又一詩集《見山樓詩》，云曾從張家暫借一日，選抄十之四五。此書現亦藏天一閣，題名著録爲《見山樓詩選》不分卷，上有馮幵題跋，云："丙申七月十四日，於麟洲先生令子處假得選鈔。次日畢，凡一日夜，鈔者六人，所鈔之地則魏詔仲館中也。是日微雨涼爽。鴻墀志。"馮幵抄本之底本，當爲浙江圖書館所藏翊儁手稿本《見山樓詩草》四卷。浙江圖書館本有同治十一年（1872）長沙周玉驥、同邑馮

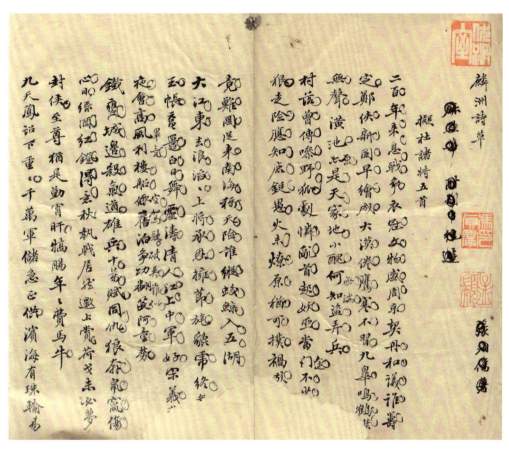

《麟洲詩草·麻鞋草》卷端

可鏞、受業王定祥序，有光緒戊申（1908）鄞縣陸廷黻、癸酉（1933）吳縣潘景鄭題跋。潘跋云："書友携示《見山樓詩草》八冊，爲慈溪張翊儁手稿……不知何由流入吳市，今無意中遇之，姑斥餅金三十易得。留得以待异日其鄉人有摭拾慈溪遺獻者，當舉此爲曝獻焉。"1957年，潘先生又在該稿書題記曰："此書藏笈二十餘年，劫餘廑存，兹檢得奉貼浙江圖書館保存，浙獻攸歸爲慶得所耳。"

《見山樓詩》後由張氏約園刻入《四明叢書》，題爲《見山樓詩集》四卷，卷前張壽鏞序云："今馮孟顒寄示《見山樓詩集》四卷，即張君晚年定本也。"

按，馮貞群寄示張壽鏞之抄本今亦藏天一閣，上有馮貞群己未年（1919）
題跋，云：“《見山樓詩集》四卷，張麟洲先生晚年定本也。其門人王
文父舉人定祥方擬付梓，遽歸道山，遂未刻布。予於丁巳春日由費丈瑚
卿（崇高）處假得王氏鈔本（費由陳雪樵處借來），命寫工別録此册。
聞張氏後人所藏爲庸妄者改删，非廬山真面目矣。己未四月馮貞群識。”
并有馮乾校語“凡題上加△者勿刻入”“辛酉十二月删定”等。可見馮
貞群抄本即《四明叢書》本之底本，其傳抄自王定祥抄本，并經過馮乾
的修訂。而王氏抄本則傳抄自浙江圖書館稿本。

明文案二百十七卷

　　清黄宗羲編。存一百八十八卷：一至三十七、四十二至一百十四、一百十九至一百三十一、一百三十六至一百四十七、一百五十一至二百零三。四十三册。康熙稿本。版框高 17.8 厘米，廣 14.0 厘米，上下黑口，雙對黑魚尾，左右雙邊，半葉十二行，行二十四字。藍格。間有無格白紙或黑格竹紙，行格不一，亦有刻本裝入。朱鼎煦、張宗祥題跋。朱氏別宥齋舊藏。

　　黄宗羲生平見《新校廣平學案》條。

　　《明文案》爲黄宗羲編輯的明文總集。康熙三十八年（1699）四明張錫琨味芹堂刻本《明文授讀》卷前録有黄宗羲的《〈明文案〉原序》上下兩篇，云：“某自戊申以來，即爲《明文案》之選，中間作輟不一，然於諸家文集搜擇亦已過半。至乙卯而《文案》成，得二百十七卷。而嘆有明之文，莫盛於國初，再盛於嘉靖，三盛於崇禎。”可見，《明文案》的選編開始於康熙七年（1668），至康熙十四年（1675）輯成，全本共二百十七卷。《明文案》編成後，被清廷列入禁書，故此書流傳絶少，除天一閣藏稿本之外，浙江圖書館藏有抄本《明文案》二百十七卷。朱鼎煦先生得此書後，非常寶愛，故倩時任北京大學教授的馬廉爲之編訂目録。1933 年，馬廉竭三月之力，編成稿本《黄梨洲先生〈明文案〉目録》兩册，現藏天一閣。

　　稿本《明文案》存一百八十八卷。據駱兆平先生在《〈明文案〉〈明文海〉稿本述略》[①]統計，具體存卷如下：卷一至十賦，卷十一至三十二奏疏，卷三十三至三十七碑、頌、議，卷四十二至四十六論，卷

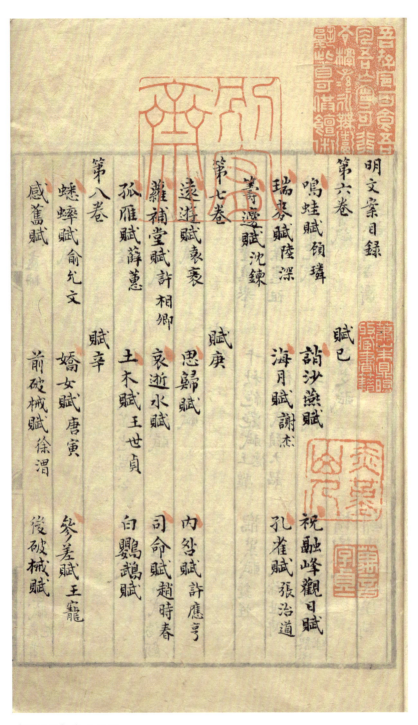

《明文案》卷六目録

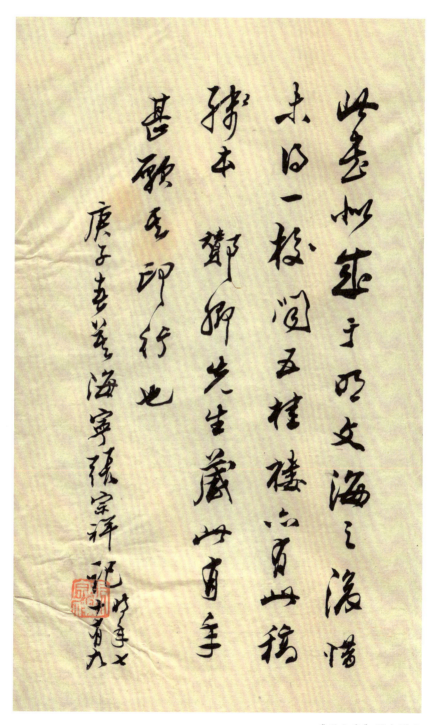

此本鈔自明文海之後惜
未曾一校閱五桂樓六百卌稿
乎本　鄧邵先生藏此再手
甚願景印行也
庚子春芸海寧張宗祥

《明文案》張宗祥跋

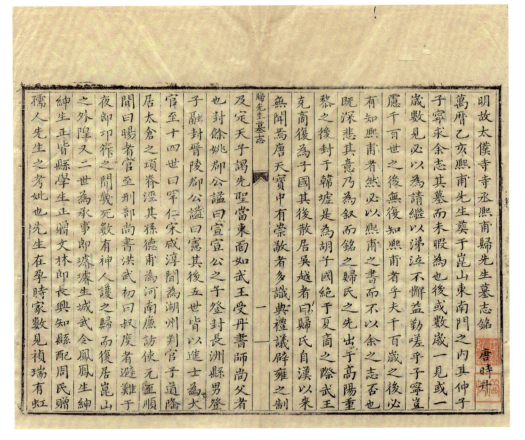

《明文案》卷一百七書中行文

四十七至六十九書，卷七十至八十六傳，卷八十七至一百十墓文，卷一百十一至一百十四哀文，卷一百十九至一百三十一、一百三十六至一百四十四記，卷一百四十五至一百四十七、一百五十一至一百九十六序，卷一百九十七至二百零三古文。存稿每冊首列目録，次文章，均謄寫在藍格稿紙上，間有無格或黑格稿紙。其中第二十、二十二、二十九、三十七、三十九諸冊有刻本裝入，如羅圮、歸有光、王慎中之文往往拆用《羅圭峰文集》《歸先生文集》《遵岩先生文集》明刻本，總計插入一百四十一葉。卷一百六十七首葉爲刻本《羅圭峰文集》卷五，卷端有墨筆題名，曰"明文案第一百六十七卷，序

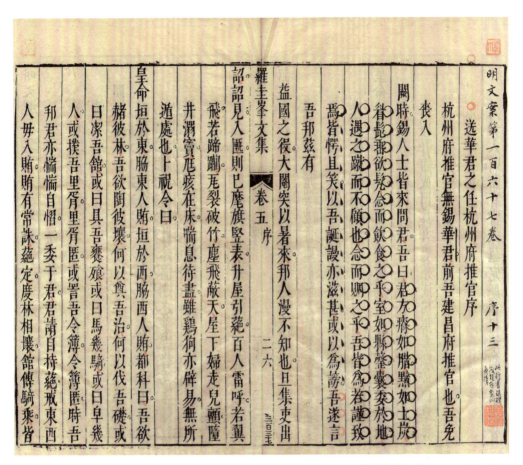

《明文案》卷一百六十七卷端

十三"，下有朱鼎煦題跋："此行書法樸茂，疑係梨洲真迹。"此皆選輯時爲省去謄録校對工夫而采取的辦法，表現了稿本的形態。

　　稿本文字多有圈點塗抹。據駱兆平先生整理，塗抹之處可按所改内容分爲二種情況。其一，用朱筆在原稿上徑改，如"目"改爲"耳"，"判"改爲"叛"，顯然，這是謄録時的筆誤，經校對後改正。其二，用朱筆或墨筆塗去原文，如卷二十九文震孟《國步綦艱聖衷宜啓疏》，文中有"奴虜"二字被抹去。這可能是因爲清代屢興文字獄，藏書者恐被株連而滅其迹。此外，稿本存在有目無文的現象，如卷八十七有目無文五篇，大概也是因避禍而被抽毁。

書上有朱筆批語若干條，據馬廉稿本《黄梨洲先生〈明文案〉目録》卷後朱鼎煦題跋可知，此批語或出黄宗羲之手，或爲萬言所爲。朱跋云：

> 右馬君隅卿廉稿本《〈明文案〉目録》二册，不次卷。一九三三年竭三月之力爲余編定，從此按圖索驥成爲完璧。唯疑第三十卷《崇禎十一年七月初五日召對》一文，眉間朱批爲貞一手筆。當時因無確證，不敢置議。越十有一年，於常賣鄥葦舫許收得黄先生致鄭禹門尺牘，細核之次，如出一手（蝸寄孫氏亦藏一通）。惜乎隅卿已歸道山，無從與之把酒論定耳。至塗抹原稿，及有題無文，皆由清初屢興文字之獄，藏弆者深恐株連，故滅其迹。隅卿摘出其人里籍、交誼、學術、仕迹、生卒、世系、字號、室名、著作、逸事等，而參照《伏跗藏目》補足缺少卷之篇目。貺我之厚，并世所罕。西諦稱，馬氏四君，隅卿爲最知言哉。隅卿生於清光緒十五年二月廿四日夏曆正月廿五日，卒於民國廿四年二月十九日。别宥。

馬廉所編《〈明文案〉目録》分爲兩部分，前爲"黄梨洲先生明文案目録"，後爲"明文案目録補"，"目録補"卷端下有馬廉朱筆題記："按，馮孟顓伏跗室藏有舊抄本《〈明文案〉目存》，中多朱藏本所缺之目，爰作《目録補》。"可見，因爲《明文案》稿本有殘，故馬廉借伏跗室藏的《〈明文案〉目存》纔得以編成全目。

關於此稿的散佚部分，前人亦有述及。馬廉稿本《〈明文案〉目録》後有其所撰《〈明文案〉稿本跋》，云："吾友朱鄴卿鼎煦於去年自慈溪購得葉氏先人赤堇山人舊藏書大宗，而《明文案》稿本在焉。全書分訂四十八册，内缺第七、第廿六、第三十、第卅四、第四十八共五册（闈葉氏今尚存二册，爲鬻後檢出者）。”又，稿本《明文案》後有張宗祥跋，云：“此書似成於《明文海》之後，惜未得一校，聞五桂樓亦有此稿殘本，鄞卿先生藏此有年，甚願其印行也。庚子春暮海寧張宗祥記，此年七十有九。”然而葉氏書早已星散，無處尋踪；五桂樓藏書現歸藏餘姚市文物保護管理所，亦無《明文案》殘稿。《中國古籍善本書目》集部第 19068 條著録“《明文案》□□卷，稿本，存七卷”，藏浙江圖書館，經駱兆平先生目驗，此書出自盧氏寶鳳樓，當爲抄本，而非稿本。

　　鈐有“吾存寧可食吾肉吾亡寧可發吾椁子子孫孫永無鬻鬻此直可供饘粥”“萬言字貞一”“管村”“萬言私印”“赤堇山人”“慈水葉氏退一居珍藏”“萬黄齋印”“别宥齋”“蕭山朱鼎煦收藏書籍”“香句室”“執手相看淚眼竟無語凝咽”“賣書編書”“童弟德”“次布過眼”諸印。此書爲《中國古籍善本書目》集部第 19067 條著録，題名作“明文案□□卷”，并入選第一批《國家珍貴古籍名録》。

注：①《文獻》，1987 年第 2 期。

紅犀館詩課八卷

清姚燮編。存三卷：五至七。二册。咸豐十年（1860）稿本。版框高 17.6 厘米，廣 13.1 厘米，白口，半葉十一行，行二十三字，紅格者四周雙邊，無魚尾，藍格者左右雙邊，單黑魚尾。藍格稿紙之版心鎸“大梅山館集”。朱氏别宥齋舊藏。

姚燮生平見《胡氏禹貢錐指勘補》條。

咸豐十年（1860），姚燮客象山王蒔蘭翠竹軒，主其家，蒔蘭爲立紅木犀詩社，從游者五十人。《紅犀館詩課》有同治四年（1865）刻本，卷首董沛序云：“咸豐庚申，歐星北司馬倡詩社，以紅犀名其館，而延鎮海姚復莊先生爲祭酒。其首集之題，即《紅木犀詞》也。方是時，象山之能詩者司馬主之，鄧譜庵、孔曉園、王紉香硯農昆季左右之，而吾鄞郭恬士從而先後之。近自台、越，遠暨杭、湖，聞風而應者，無慮數十家。閨秀、方外之作，亦參列其間，可謂盛矣。社之例，一月一舉，雜擬古今體詩，糊名易書，而先生判其甲乙焉。”

紅木犀詩社的社員有：王蒔蘭紉香、郭傳璞晚香、歐景辰星北、姚景皋擂伯、歐景岱仲真、沈觀光潤山、孔廣森曉園、鄧克旬譜庵、陳汝諧伯山、王蒔蕙研農、姜繼勳麓芝、姜鴻濰、陳致新東橋、倪本洙魯望、陳維垣淡川、伍芝昌石坪、謝之樞頑仙、何源秋槎、吳暭如雨岑、李教樊仁山、沈炳如逸仙、張淦韭河、沈鎔金芸閣、姚景夔拊中、武槐少湖、顧汝成古香、何明志、鄭永祥百堂、岑璋玉章、史錦標蘭甫、鮑淦拙齋、鮑鑰松間、謝定超軼亭、馬嗣澄静初[1]。

《紅犀館詩課》輯録詩社成員所作詩歌近千首。稿本今存三卷，約

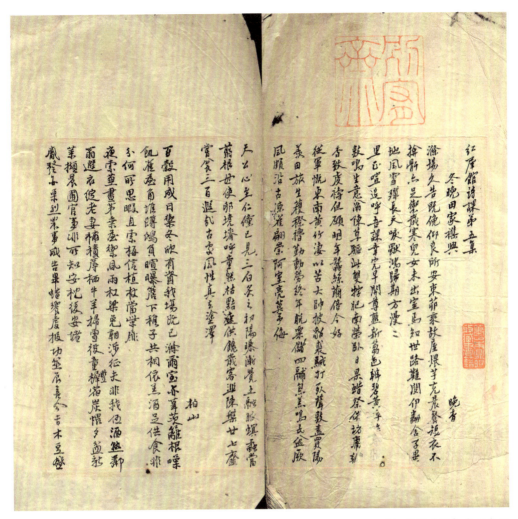

《紅犀館詩課》卷五卷端

三百餘首，每首詩題目下均題作詩者名號。全稿由姚燮親筆謄抄，幾無塗改，筆意流暢、書法俊秀。天頭偶有姚燮批語，如謝之樞《插秧》詩上有批，曰："頃讀《有正味齋集》，此詩全首脫胎，擬刪之，恐貽人笑也。"後鈐兩方"恨"印。

　　鈐有"蕭山朱鼎煦收藏書籍""別宥齋"諸印。《中國古籍善本書目》集部第 15617 條著錄此書，題名爲"紅犀館詩課□卷"。

注：①《姚燮年譜》，第 330 頁。

湖海交游録四卷

清鄭勳編。一册。手稿本。無框格，半葉十行，行二十字。卷端題“慈溪鄭勳簡香”。

鄭勳生平見《鏡録》條。

嘉慶十年（1805），鄭勳出任鎮海蛟川書院山長，祀沈焕、黄震兩先生。時天下承平，士大夫研經考史，壇坫滿江南，勳與衆名士交游日廣。此書即鄭勳與師友唱和之詩文集。

卷一録文六篇，即鄞縣萬學詩《鄭簡香徵君掌教蛟川書院序》、餘姚陸達履《蛟川書院崇祀議》、鎮海謝簏賢《蛟川書院崇祀沈黄兩先師議》、無錫秦瀛《蛟川書院崇祀沈端憲黄文潔兩先生記》、廣昌魏右曾《蛟川書院崇祀沈黄兩先師記》、古棠陸玉書《蛟川書院崇文祀碑文》。

卷二編入《蛟川課士圖題咏》十三首。唱和者移録於下：餘姚朱文治少仙、錢塘項墉秋子、仁和李方湛白樓、蘇州石韞玉琢堂、慈溪周匡海柱、餘姚吕迪展山、鄞縣王式同桐孫、杭州屠倬琴塢、鎮海陳瑜墨香、金陵陸玉書筮田、廣昌魏右曾顧亭、楚黄袁春鼎蕙山、烏程陳焯無軒。

卷三編入四種内容。第一爲鄭勳《烟霞杖歌》及和詩共六首，和者有桂琳、陳瀾、徐畹、黄桐孫、王渥。第二爲以《二老閣寒村公故硯》爲主題的唱和詩，共二十二首。此硯是鄭勳高祖鄭梁故物，硯背勒有鄭梁所題之詩。梁字禹梅，號寒村，師從黄宗羲。乾隆丙午（1786），二老閣遭火，硯臺忽失踪，嘉慶八年（1803），鄭勳從海昌馬鈺處訪歸。唱和者有錢塘蔣炯蔣村、鄞縣孫蔚守荃、烏程陳焯然圃、浦江戴旭春塘、鄞縣俞椿漱雪、海寧馬鈺兩如、蘇州史本泉、嘉興朱鼎爵悔齋、鎮海陳

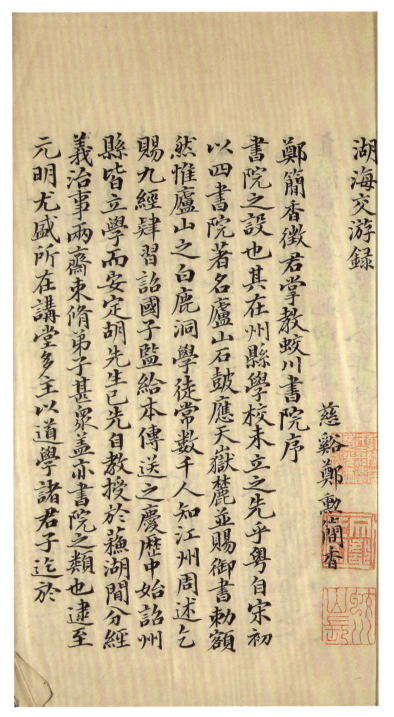

湖海交游録

鄭簡香徵君掌教蛟川書院序　　慈谿鄭勳蘭香

書院之設也其在州縣學校未立之先乎粵自宋初
以四書院著名廬山石皷應天嶽麓並賜御書勅額
然惟廬山之白鹿洞學徒常數千人知江州周述乞
賜九經肄習詔國子監給本傳送之慶歷中始詔州
縣皆立學而安定胡先生已先自教授於蘇湖間分經
義治事兩齋束脩弟子甚眾蓋亦書院之類也逮至
元明尤盛所在講堂多主以道學諸君子迄於

修淦、嘉興李穀介石、宛平閻善慶、餘姚朱文治少仙、錢塘潘皋承、鄞縣黃定文東井、仁和宋大樽茗香。第三爲《野雲居詩文稿》的序以及題詞。《野雲居詩文稿》爲鄭勳父親鄭竺所作。作序者爲吳郡潘世恩，題詞者有烏程陳焯、秀州虞衡、江西韓業潮甫、桐鄉孫浦。第四爲與師友交游過從之詩文，共八篇。唱和者有鄞縣郭乾天宇、錢塘屠倬琴塢、定海陳慶槐、金陵鄧廷楨、嘉興李穀中玉。

卷四編入五種内容。第一爲《翠岩山莊圖題咏》，唱和者有宋葆淳、秦瀛、梁同書、查初揆、朱文治、陳大用、屠倬、潘庭筠、項墉、藍嘉瓚、徐光照、俞寶華、范崇階、王宗炎、丁治、楊秉初、錢林、陳焯、陸達履。第二爲歌咏鸛浦鄭氏祖居之詩文，如《野雲居記》《南溪老屋記》等。歌咏者有鎮海謝箖賢、揚州江安、嘉興丁子復見堂、姚江陸達履雙瀑、蕭山王宗炎穀塍、錢塘蔣炯蔣村、范鎧、慈溪王渥。第三爲《吳山雅集圖記》的題識與題咏。題識者有鄞縣袁鈞陶軒、無錫秦瀛、阮元、金陵洪象言、山右吳沆湛斯；題咏者有南康謝啓昆蘇潭、嘉定錢大昕竹汀、錢塘吳錫麒穀人、烏程陳焯、合肥李廷輝立山、江寧談泰階平、楊溪李見心環塘、關内陳墫篠初、姚江朱文治少仙、鄞縣萬學詩素藁、鄞縣俞椿漱雪、鄞縣仇國垣竹窗、鎮海謝箖賢小崧、鎮海謝炳賢季文、毗陵莊宇逵達甫、武進李述來紹行、陽湖楊近勇立甫、錢塘沈起潛芝塘、錢塘沈起潤綠舫、桐鄉沈鎔菲莘、鄞縣韓崑朗山、鄞縣盧澧芑塘、鎮海王堃禹匱。第四爲祝鄭勳五十壽詩文，祝者有錢塘吳錫麒、黃定文、周址、張廷輝、柯振岳。第五爲《雲湖觀梅圖題咏》，唱和者顧桐小癡、項本立蓮艇、丁燾雙湖、文錫説舟、張培蓉沚、吳光照博庵、龔鼎時齋、黃維崧學草、黃式同。

此稿書寫整飭，書法圓潤，幾無塗改，觀其筆法，與閣藏鄭勳手稿《二硯窩詩稿偶存》相類，故此當爲鄭勳親筆謄寫。稿本雖然編爲四卷，然其内容并無嚴格的次序與分類，呈現出未定稿之特徵。

卷首卷端鈐有"蛟川山長""文獻世家""乾隆秀才嘉慶道光兩朝徵士"諸印，《雲湖觀梅圖題咏》首葉鈐有"姚江寓客""臣勳"兩印，這五方印的印主皆爲鄭勳。天一閣傳統著録爲清抄本。

疎影樓詞二卷

　　清姚燮撰。二册并裝一册。道光十三年（1833）手稿本。無框格，半葉十行，行字不等。卷前有清姚儒俠序。清葉元壁、馮登府、曹德馨、周泰題跋。馮氏伏跗室舊藏。

　　姚燮生平見《胡氏禹貢錐指勘補》條。

　　道光十三年（1833），姚燮二十九歲，館慈溪葉元堦。元堦雅好文學，其弟元壁尤喜填詞，姚燮與之唱和無虛日。就在此年，姚燮將歷年來所填詞結集刊刻，題名曰《疎影樓詞》，四種五卷，版心題“上湖草堂”，共録詞三百三十一首，目録爲：《畫邊琴趣》二卷、《吴涇蘋唱》一卷、《剪燈夜語》一卷、《石雲吟雅》一卷。閣藏稿本《疎影樓詞》即此刻本之底本。

　　稿本分爲兩册，合訂爲一册，共録詞一百三十七首。上册卷端大題“疎影樓詞”，前半部分小題“吴涇蘋唱”，著者題“上湖姚燮埜橋”，録詞五十一首；後半部分小題“聽雨詞”，著者題“埜橋道人倚聲”，録詞二十九首。下册封面題“疎影樓詞卷下”，旁有小注：“已校録副本，完卷授刻。癸巳七月二十五日上湖生手識。”卷端大題“上湖草堂詩餘”，前半部分小題“剪燈夜語”，著者題“蛟門姚燮汝梅”，録詞三十二首；後半部分小題“畫邊詞”，著者題“疎影樓主人手録”，録詞二十五首。由此可見，稿本雖編爲二卷，實際爲四種四卷，即：《吴涇蘋唱》一卷、《聽雨詞》一卷、《剪燈夜語》一卷、《畫邊詞》一卷。

　　將稿本與刻本相較，卷次、編目、數量各不相同，如稿本編入《吴涇蘋唱》的《眼兒媚》，刻本則入《剪燈夜語》；稿本入《聽雨詞》的《慶

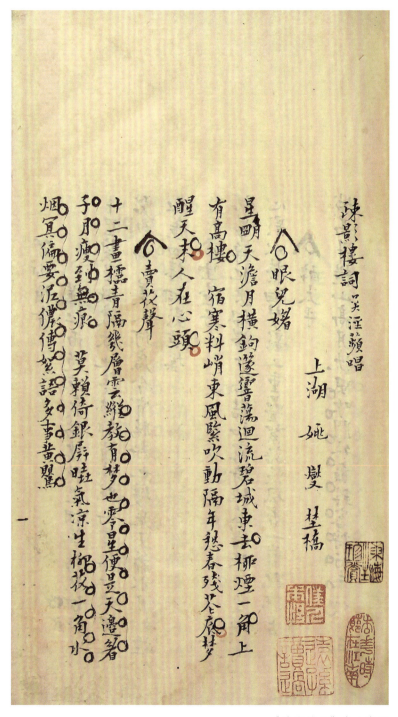

疏影樓詞 咲涇頻唱

上湖　姚燮　埜橋

○眼兒媚

星明天澹月橫鈎遂響滿迴流碧城東去柳煙一閒上
有高樓　宿寒料峭東風緊吹動隔年愁春殘苍応梦
醒天邦人在心頭

○賣花聲

十二畫欄青隔幾層雲縐教育梦也零旦坐便旦立天邊著
予月瘦到無痕　莫賴倚銀屏哇氣凉生檞花一角水
烟冥偏要沰儚傳絮語多事黃鸝

一

《疏影樓詞》卷上卷端

宮春》，刻本入《石雲吟雅》。刻本幾乎將稿本所有的詞都重新分卷、編目。但稿本在文字内容上所作的修改，均被刻本繼承。如《齊天樂·絡緯》下闋，原稿如下：

> 寒衣曾未寄去，也刀尺頻停，憐惜嬌腕。若爾纏綿，因誰苦楚，夜夜更更轉轉。枕函夢短。把恨繭愁絲，一時絮亂。起撥金徽，玉門天際遠。

此詞勾乙塗抹，夾行另寫，修改後如下：

> 寒衣曾寄千里，玉梭聲共答，誰惜嬌腕。落葉籬門，疏燈村巷，知否有人吟孅。枕函夢短。把恨繭愁絲，一時絮亂。不盡纏綿，倚闌尋更遍。

刻本與修改稿完全一致。

然而刻本與稿本之間還是存在些許文字差异，如《賣花聲》中"柳花一角水烟冥"句，刻本作"柳花如雪水烟冥"；《青玉案》中"斜倚孤樓籠短帽"句，刻本作"斜倚闌干籠短帽"。可見，此稿本雖有"完卷授刻"之語，然并非定稿，而是刊刻之前衆多稿本之一。

此本除《剪燈夜語》爲抄手所抄之外，其餘皆爲姚燮親筆寫就。内封葉元壁題跋云："元日客窗無事，曾倚簫拍之。"馮登府題跋云："癸巳人日，柳東曾閱。"還有汪遠孫印"遠孫讀過"鈐其上。可見姚燮編稿後，邀友朋按曲吟唱，并作進一步修改，爲道光十三年（1833）上湖草堂刻本的刊刻作準備。此刻本有同治十一年（1872）後印本，卷末郭傳璞序云："（《疏影樓詞》）續詞四卷，傳璞繕寫已竟，將

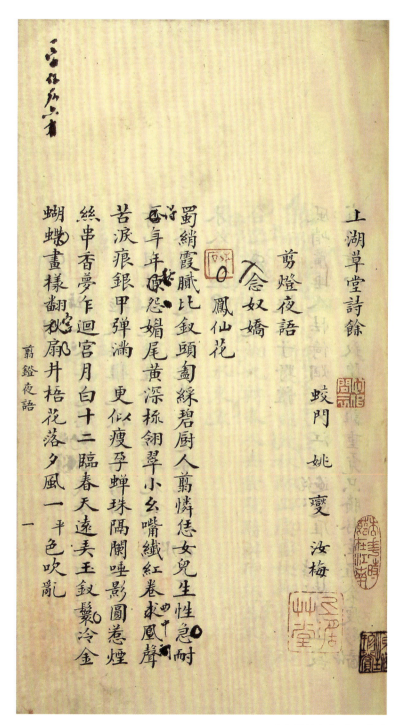

上湖草堂詩餘

剪燈夜語　蛟門工姚夑汝梅

念奴嬌　○鳳仙花

蜀綃霞膩比釵頭畫綠碧厨人翦憐悞女兒生性急耐
延年年饒怨媚尾黃深梌翎翠小幺嘴纖紅卷求鳳聲
苦淚痕銀甲彈滿更似瘦孕蟬珠隔闌啼影圓惹煙
絲串香夢乍迴宮月白十二臨春天遠美玉釵鬟冷金
蝴蝶畫樣翻桃扇井梧花落夕風一平色吹亂

剪燈夜語

一

《疎影樓詞》卷下卷端

付梓。”可知《疎影樓詞》另有續詞一種，然今僅國家圖書館藏稿本《疎影樓詞續鈔》一卷，刻本未見。

鈐有“小譜”“柳仙”“姚儒俠”“曹村”“勺園”“吳波釣徒”“上湖草堂”“杏花時節在江南”“小紅低唱我吹簫”諸印。此書爲《中國古籍善本書目》集部第 21273 條著録，題名“疎影樓詞五卷”，并入選第五批《國家珍貴古籍名録》。

修真館詞稿四卷

清戴綬曾撰。一册。咸豐稿本。無框格，半葉十行，行二十一字。卷端題"元和戴綬曾醉尊"。清黄金臺、黄晋籹、賈敦艮序。清徐炳煃、徐方增、錢步文、沈通駿、夏鳳翔、夏鸞翔、石孫甫、楊國鼎、蔣槐、高光祖等題跋。朱氏別宥齋舊藏。

戴綬曾，字醉尊，號緩笙，江蘇元和人。據此書所録之序，以及諸同人的批語題跋可知，綬曾當生活於道咸間，原籍元和，隨父親宦游，客居平湖，世承書香，英年嗜學，尤好長短句，與同人唱和，幾無虚日。交游者皆平湖、錢塘、仁和、桐鄉、嘉興、長洲等地文人。綬曾詞作頗受推崇，平湖賈敦艮有"片言隻字，戛玉敲金，蘊藉風流，宜爲世所共賞"語，蔣槐有"綺麗纏綿情深韻遠，語無不曲意無不蓄，語盡而意不盡，意盡而情不盡，詞家三昧得矣"語，嘉興沈通駿有"山抹微雲秦學士，露華倒影柳屯田"語。

《修真館詞稿》四卷，各卷自有小題，分別爲《斜陽詞》《綉鴛詞》《珊夢詞》《聽雁詞》。《斜陽詞》録詞二十五闋，詞牌名有《菩薩蠻》《憶秦娥》《滿江紅》《貂裘换酒》《虞美人》《邁陂塘》《百字令》《蘇幕遮》《如夢令》《霜葉飛》《沁園春》《浣溪紗》《憶舊游》《如此江山》《高陽臺》《桂枝香》等。卷前有徐炳煃、徐方增、沈通駿、錢步文題簽"斜陽詞"，均在咸豐丁巳、戊午、己未（1857—1859）間，并有咸豐九年（1859）賈敦艮序。卷後有夏鳳翔、徐方增、石孫甫、楊國鼎題跋，均在咸豐己未、庚申及同治元年（1859—1862）間。另録有時人題贈詩，爲平湖顧邦杰、方釗、方鈞、程玉麟，仁和孫善培，長洲汪孫僅之作。

《綉鴛詞》録詞二十五闋，詞牌名有《長亭怨慢》《釵頭鳳》《珍珠簾》《聲聲慢》《清平樂》《倦尋芳》《齊天樂》《壺中天》《减字木蘭花》《眼兒媚》《思佳客》等。卷前有徐方增、沈遹駿題簽，并咸豐丁巳（1857）黄金臺序、庚申（1860）夏鳳翔題跋。另録有同人題詞六闋，桐鄉勞乃寬、嘉興沈遹駿、平湖郁載瑛、長洲汪孫僅、江山劉觀藻、吴縣顧鼇作。

《珊夢詞》録詞二十六闋，詞牌名有《字字雙》《醉春風》《鷓鴣天》《鵲橋仙》《摸魚子》《疏影》《緑意》《洞仙歌》等。卷前有徐方增、沈遹駿題簽，咸豐戊午（1858）孟秋黄晋盼序，庚申（1860）夏鳳翔題跋。并録戈順卿、陳嘯松、汪士松、沈蘭卿、潘萼人、顧榕坪、顧介徽七人評跋各一則。

《聽雁詞》録詞二十三闋，詞牌名有《暗香》《西子妝》《臺城路》《燭影摇紅》《水龍吟》《百宜嬌》《一枝春》等。卷前有徐炳煃題簽，蔣槐、高光祖、夏鳳翔、夏鸞翔、沈遹駿等題跋。

此稿書法俊秀，字迹清晰，夾行有大量圈點、塗改。如《滿江紅・吊蘇小小墓》，原文爲："蘇小錢唐，想當日，斜陽芳草。烟花外，別般丰致，玉纖才貌。"修改後爲："金粉錢唐，空剩得，斜陽芳草。記當日，玉簫無恙，素琴僵了。"改後與原詞幾乎完全不同。每葉天頭處均有批語，爲徐炳煃、徐方增二人所批，如評其詞"如讀宋元名畫，補寫湖山勝景""凄婉近南唐"云云。每闋詞的詞牌名上方寫有"選"或"删"，下方或有"刻"字。由此可見，《修真館詞稿》可能欲付梓，此稿即刊刻前的底稿之一。然遍查各家書目，不見有《修真館詞稿》刻本著録，亦未見戴綏曾有其他著作傳世。

此書鈐印極多，皆爲批校題跋者之名章。如徐炳煃之"徐大""炳煃印""曉蘭"，徐方增之"曉賴""方增""竹音"，沈遹駿之"沈小銈""沈郎""遹駿"，夏鳳翔之"臣鳳""癯仙"，等等。各卷卷端均鈐有藏書印"蕭山朱鼎煦收藏書籍"。

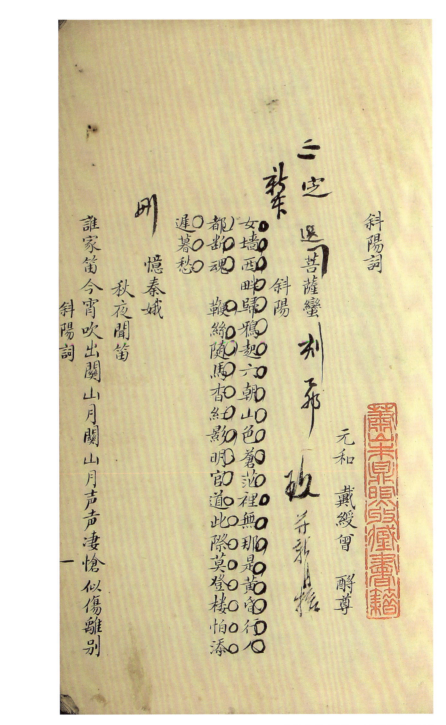

《修真館詞稿·斜陽詞》卷端

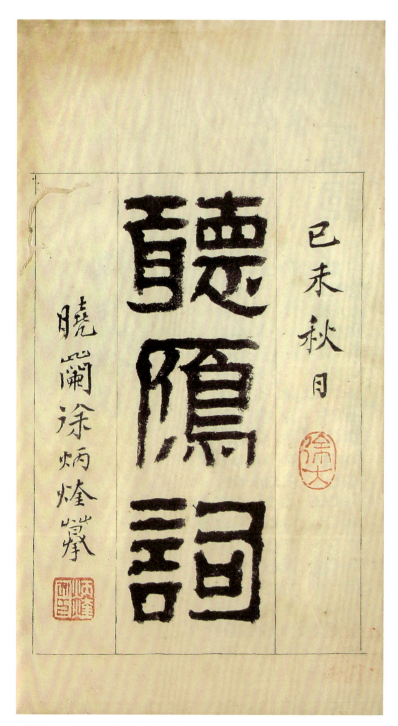

《修真館詞稿·聽雁詞》題名葉

雙冠誥二十九齣

清陳二白撰。二册。版框高 20.6 厘米，廣 14.5 厘米，白口，單黑魚尾，四周雙邊，半葉十行，行二十一至二十二字。朱氏別宥齋舊藏。

陳二白，字于令，江蘇長洲人。明末清初戲曲家。著有《雙冠誥》《稱人心》《彩衣歡》傳奇，并傳於世。

《雙冠誥》，又名《雙官誥》，在民間常演不衰，其中的“三娘教子”最稱盛唱。該傳奇爲《新傳奇品》《曲海總目提要》《曲目新編》《今樂考證》《曲録》等著録，然存世的本子却并不多。戲曲脚本多不會付刻，故幾個爲世人所知的本子均以抄本形態流傳。其存世版本如下：康熙二十六年（1687）咏風堂沈氏抄本、清昇平署抄本，以及乾嘉間梨園舊抄本，以上抄本皆藏中國藝術研究院。另有康熙二十九年（1690）抄本，美國國會圖書館、臺北“故宫博物院”有藏。其中乾嘉梨園舊抄本原爲傅惜華碧渠軒所藏，《續修四庫全書總目提要》中著録的“滿洲傅氏藏舊抄本”即此本。後來此本歸梅蘭芳綴玉軒，傅惜華爲其編撰《綴玉軒藏曲志》，著録爲“乾嘉抄本”，後又被印入《古本戲曲叢刊三集》，爲近六十年來唯一的通行本。

閣藏稿本不分卷，凡二十九齣，十七、十八齣之間分上下兩册。齣目分別爲：家門、算命、彌週、巡視、病囑、下學、避仇、起兵、請醫、看病、勤王、設騙、代害、探主、報信、改嫁、北狩、朦塵、還朝、織履、借米、議立、復位、拜別、逃關、奏朝、舟會、榮歸、團圓。該書避“玄”諱，不避“丘”諱，因此，稿本可能産生於康熙年間。稿本字體挺秀妍麗，眉目清朗，旁有朱墨圈點，部分曲詞標有工尺記號。某些葉面的夾行與

343

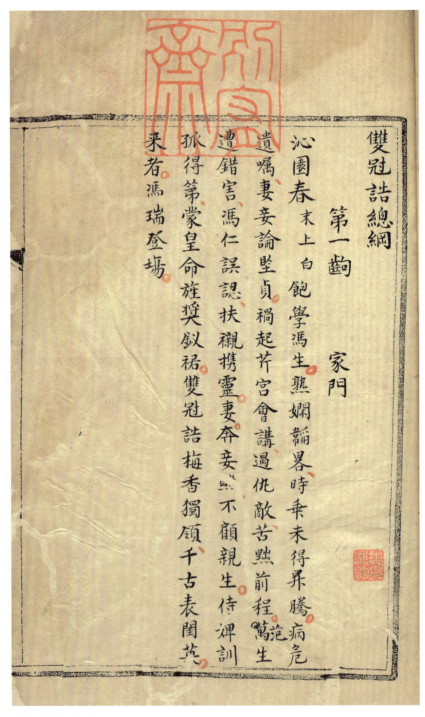

雙冠誥總綱

第一齣　　家門

沁園春末上白　飽學馮生熟嫻韜畧時乘未得雲騰病危

遺囑妻妾論堅貞禍起芹宮會講過仇敵苦黜前程范生

遭錯害馮仁誤認扶櫬攜靈妻奔妾‹‹不顧親生侍碑訓

孤得第蒙皇命旌獎釵裙雙冠誥梅香獨領千古表閨英

來者馮瑞登場

《雙冠誥》卷端

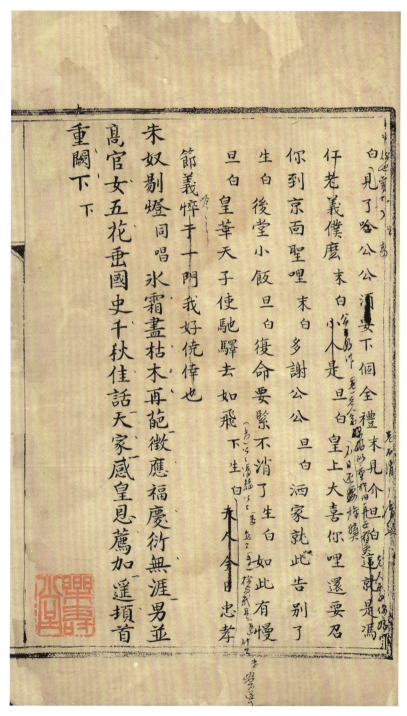

白見了哈公公涓安下個全禮末見介旦在柏臾運就是馮

伫老義僕麼末白小人是旦白皇上大喜你哩還要召

你到京而聖哩末白多謝公公旦白酒家就此告別了

生白後堂小飯旦白後命要緊不消了生白如此有慢

旦白皇華天子使馳驛去如飛下生白

節義悴十十門我好侥倖也

朱奴剔燈同唱冰霜盡枯木再葩徵應福慶衍無涯男並

高官女五花壺國史千秋佳話天家感皇恩薦加遥頓首

重關下下

《雙冠誥》末葉

345

天頭有很多墨筆修改，尤其是最末齣《團圓》，從曲詞到賓白、科介，都進行了大量的改動，修改的字迹與正文不相類，可能是在謄清本上所作的修改。將稿本與通行本（即《古本戲曲叢刊》本）相比對，可以發現稿本上修改後的文字均被通行本繼承，可見，稿本可能是通行本的祖本。從上述的特徵來看，稿本的版本可以定爲康熙間修改稿本。因爲沒有著者署名、鈐印、專用稿紙、題跋等證據，所以不能肯定爲作者陳二白本人所修改。

鈐有"鼎煦小印""朱家""別宥齋""朱印鼎煦""蕭山朱鼎煦收藏書籍""別宥齋""樂壽堂"諸印。

復莊今樂府選四百三十種

　　清姚燮編。存一百三十九種：元雜劇六十三種、明雜劇五種、元院本一種、明院本三十一種、清院本三十九種①。五十八册。咸豐稿本。版框高17.6厘米，廣13.1厘米，白口，單黑魚尾，左右雙邊，半葉十一行，行二十三字。藍格。版心鐫"大梅山館集"。卷前有清馮辰元序。朱氏別宥齋舊藏。

　　姚燮生平見《胡氏禹貢錐指勘補》條。

　　此書爲姚燮編選的歷代雜劇、院本、散曲、衢歌等戲劇類文學作品的總集。光緒《諸暨縣志》卷五十："《今樂府選》五百卷，國朝姚燮輯。每篇有燮手評，丹鉛錯雜於眉簡。其搜采之宏富，勘點之精當，爲孫月峰、胡孝轅輩所不及。評定裝成二百册，欲付刊而艱於力。今原稿歸鎮海小江李廉水部郎濂家。"此稿本卷前有光緒三十年（1904）馮辰元序，抄寫在"定海蒙學堂"的功課表上，時馮在李如山家就館。序云：

　　　　蛟川姚先生復莊爲吾浙名士，風流蘊藉，於書無所不窺……晚年酷嗜音樂。咸豐辛亥夏五，選録詞曲四百餘種，都爲壹百玖拾式卷，晨夕手校，名曰《今樂府選》……書係手鈔，未付梨棗，故世罕有見之者。今春，余寄寓港口李如山比部家，課讀女弟子。夏四月，其仲兄玉麟明經因諸暨友人之請，而囑余録其序。蓋復莊原籍義安，欲刊之以光志乘。乃檢閱總目本，其簡端祇餘空白數頁，并無列序。諒以復莊時當校録，眉批手注，日給不皇，以致欲作序而未果歟？倘假以時日，則鴻篇巨製，

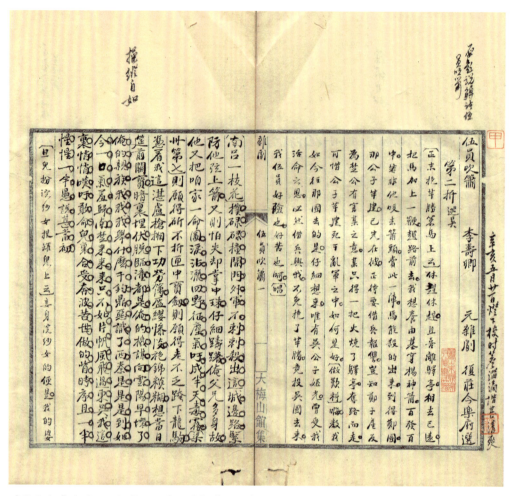

《復莊今樂府選·元雜劇·伍員吹簫》第二折卷端

并冕卷首，必有可觀。嗚呼！復莊往矣，不能再起而請其序，良可
惜也。今是選歸李氏家藏，古色古香，殊堪寶貴。余錄其總目一帙，
雖未能讀其全集，而獲幸管中窺豹，略見一斑。且後之覽者，庶可
共得其梗概云。

　　按，李氏當爲鎮海望族小港李家，李如山，名厚祺。後此書從小港李家散出，
爲書賈所得。據現存《復莊今樂府選總目》所載，該書共一百九十二冊，收

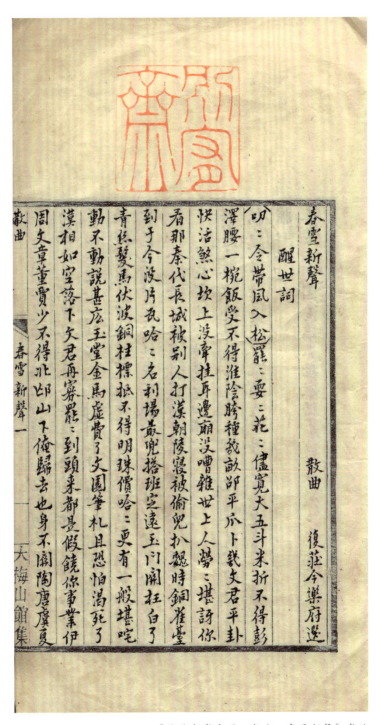

春雪新聲　　　　　　　　　　　　　散曲

醒世詞　　　　　　　　　　復莊今樂府選

明二合帶風入松罷二要二花二儘寬大五斗米折不得彭

澤腰一椀飯受不得淮陰胯種菱敵郎平爪卜錢文君平卦

快活煞心坎上沒牽掛耳邊廂沒嘈雜世上人勞二堪詩你

看那秦代長城剝別人打漢朝陵寢被偷兒覷時銅雀臺

到于今沒事咱二名利場蔵兜搭定遠玉門關枉白了

青絲髮馬伏波銅柱標狐不得明珠價唅二更有一般堪咤

動不動空落下文君再寡罷二到頭來都甚假饒你事業伊

漢相如說甚廣王堂金馬虛費了文園筆札且恐怕渴死了

周文章董賈少不得北邙山下俺歸去也身不關陶唐虞夏

《復莊今樂府選·散曲·春雪新聲》卷端

衢歌五種、弦索一種、元雜劇九十二種、明雜劇二十五種、清雜劇四十種、元院本二種、明院本七十一種、清院本一百七十四種、元散曲二種、明散曲八種、清散曲八種、耍詞二種，共計四百三十種②。其中的五十六册歸朱氏別宥齋③，後朱氏捐贈給天一閣；一百十册經張宗祥歸藏浙江圖書館；二册歸藏國家圖書館。另蘇州博物館藏四册十九種，著録爲“元雜劇不分卷”④；臺北“國家圖書館”也藏有十六册六十三種，然據書影來看，此二者應爲抄本，或者是謄清稿本，并不屬於四百三十種稿本體系⑤。故此稿本存世册數當爲一百六十八册，分藏浙江圖書館、天一閣、國家圖書館。浙江圖書館本有張宗祥題跋：“一九五四年夏，購得姚梅伯選鈔樂府一百一十本，苦無細目，因爲録此。原書凡百九十二册，今逸八十二册，不知是否尚在人間，真使人悵悵。”總目上鈐有“集虚林印”章。林集虚爲民國間寧波著名書商，有書肆“大酉山房”。

今天一閣所藏册次爲：十至二十四、四十一至六十一（四十八、五十一、五十八缺）、六十三、九十五至九十六、一百十四至一百二十五、一百六十九至一百七十六。

全書有雜劇、院本、耍詞、散曲之屬，雜劇與院本均按年代另分爲元、明及國朝。全書謄寫整齊、筆迹不一，當爲書手所抄。每卷卷端均小題在上，大題在下，中録著者名氏，天頭有姚燮眉批“原題作某某”，旁有姚燮校書題記，并鈐名章。如元雜劇《勘頭巾》，卷端從上至下題“勘頭巾，孫仲章，元雜劇，復莊今樂府選”，天頭有姚燮親筆眉批“原題作河南府張鼎勘頭巾”，旁有題記：“辛亥五月二十八日亥刻不寐，挑燈校讀一過。”并鈐名章“復莊”。除了姚燮手迹之外，少數卷端另有署名“小復”的批校題跋。小復即姚燮子景夔，號小復。從題記看來，姚燮編校此書當始自辛亥（咸豐元年，1851）四月二十五日校沈自徵的《簪花髻》，終於癸丑（咸豐三年，1853）四月十一日校楊觀潮的《吟風閣》⑥。此時姚燮正里居，主要的學術活動有著《今樂考證》，編録《皇朝駢文類苑》，評點《國朝駢體正宗》，并與弟子王蒔蘭編文集《復莊駢儷文榷》。

　　鈐有"復莊""汝""大梅山館""復莊校讀""梅伯""小復""蕭山朱鼎煦收藏書籍""朱別宥收藏記"諸印。此書爲《中國古籍善本書目》集部第 21877 條著録，題名作"復莊今樂府選□□種□□卷"，并入選第五批《國家珍貴古籍名録》。

注：① 另有耍詞《諧剩》、散曲《春雪新聲》二種，合訂一册。此爲姚燮手稿，可能是初稿之一，後來選録時被刪去，因此未列入此四百三十種體系內。

② 陳妙丹：《〈今樂府選〉編選考論》，《戲曲與俗文學研究》第一輯，社會科學文獻出版社 2016 年 8 月版，第 68 頁。

③ 又加清馮辰元所編目録一册、附録一册，共五十八册。

④ 據第五批《國家珍貴古籍名録》著録。周妙中《江南訪曲録要》記載，時存於蘇州市文物管理委員會的《復莊今樂府選》共十九種，皆爲元雜劇，其劇目與閣藏稿本重。

⑤ 羅旭舟：《〈復莊今樂府選〉存本新考》，《戲曲藝術》2016 年第 3 期。

⑥《姚燮年譜》，第 263—305 頁。

附　録
天一閣藏清代稿本目録

周慧惠　編

一、經部

（一）易類
1. 易釋不分卷，清黃式三撰，清黃以周增删，稿本，二册。
2. 易卦大義合鈔不分卷，清陳祖望撰，謄清稿本，二册。清雯帆題跋。
3. 易筮要義一卷，清鄭湛撰，手稿本，一册。

（二）書類
1. 書蔡傳坿釋一卷，清丁晏撰，稿本，一册。
2. 書經輯解十三卷首一卷，清周道遵撰，稿本，六册。存十三卷：書經輯解十三卷。
3. 尚書講義不分卷，清黃以周撰，清黃家辰、黃家岱述，稿本，一册。
4. 胡氏禹貢錐指勘補十二卷，清姚燮撰，咸豐手稿本，一册。
5. 尚書逸湯誓考二卷，清徐時棟撰，同治三年（1864）烟嶼樓初稿本，一册。
6. 尚書逸湯誓考四卷附録一卷，清徐時棟撰，同治三年（1864）烟嶼樓二次稿本，一册。清廉鍔題跋。
7. 尚書逸湯誓考六卷，清徐時棟撰，同治十年（1871）烟嶼樓三次稿本，一册。
8. 尚書逸湯誓考六卷，清徐時棟撰，同治十年（1871）烟嶼樓修訂稿本，一册。

（三）詩類
1. 詩集傳坿釋一卷，清丁晏撰，稿本，一册。

2. 沈氏詩醒八牋二十五卷，清沈冰壺撰，謄清稿本，三十六冊。存二十卷：
一至十、十五至二十三、二十五。

3. 讀嚴氏詩緝一卷，清葉燕撰，謄清稿本，一冊。

4. 詩經輯解二十卷綱領一卷，清周道遵撰，稿本，十冊。

5. 詩經纂不分卷，不著撰者，稿本，二冊。

（四）禮類

1. 周禮摘要二卷，清儲欣撰，清王昶批注，稿本，二冊。清竹嶼氏題跋。

2. 禮記纂類三十六卷，清王鍾毅撰，清王師楷訂，謄清稿本，四冊。

3. 夏小正求是四卷，清姚燮撰，咸豐十一年（1861）手稿本，一冊。

4. 五禮異義不分卷，清黃式三撰，清黃以周增删，手稿本，一冊。

（五）樂類

1. 古樂書二卷，清應撝謙撰，稿本，一冊。存一卷：上。清朱劍芝題簽。

（六）春秋類

1. 春秋輯解十二卷首一卷，清周道遵撰，稿本，六冊。

（七）四書類

1. 彙鐫論語密解大全十卷，清姚循德輯，稿本，四冊。存八卷：一至四、
七至十。

2. 彙鐫孟子密解大全七卷，清姚循德輯，稿本，七冊。清六峰子題跋。

3. 孟子章指一卷，漢趙岐撰，清周廣業輯，稿本，二冊。

4. 孟子四考四卷，清周廣業撰，乾隆六十年（1795）稿本，四冊。清朱珪題跋。

（八）群經總義類

1. 大傳管窺一卷孝經訂誤一卷大學釋疑録一卷中庸闡微説一卷，清殷欽坤
撰，稿本，一冊。清徐時棟跋。

2. 經籍籑詁不分卷，清阮元纂，稿本，十冊。

（九）小學類

1. 倉頡篇校證三卷補遺一卷，清孫星衍輯，清梁章鉅重編，初稿本，一册。

2. 倉頡篇校證三卷補遺一卷，清孫星衍輯，清梁章鉅重編，修訂稿本，二册。

3. 古藻三十六卷，清陶方琦輯，稿本，一册。

4. 隸楷九卷碑目一卷古今隸字書目一卷雜説一卷隸分筆法一卷附字一卷隸分書名家一卷，清董元宿輯，稿本，四册。

5. 書契原恉十四卷，清陳致烔撰，稿本，十册。

6. 字體正譌一卷，清單丕撰，稿本，一册。朱鼎煦題簽。

7. 蕭山單不庵所著字書一卷，清單丕撰，手稿本，一册。朱鼎煦題簽。

8. 韻學考原二卷，清范家相撰，稿本，一册。

9. 音韵部略不分卷詩音譜略不分卷，清黃式三撰，稿本，四册。楊文瑩題識，朱鼎煦題簽。

10. 連珠均攷一卷，清張成渠撰，清郭傳璞參訂，稿本，一册。清張宏楷、王蜆跋。

11. 爾雅輯解十一卷，清周道遵撰，稿本，三册。存七卷：四至十。

（十）讖緯類

1. 洛書九宮圖訣不分卷，清釋無著餘撰，稿本，一册。

二、史部

（一）紀傳類

1. 明史稿不分卷，清萬斯同撰，手稿本，十二册。吳澤、葛暘、陳夑士、李晋華、張宗祥等題跋，葛暘繪像。

（二）雜史類

1. 記明桂王入滇事一卷附一卷，不著撰者，稿本，一册。

2. 辛壬瑣記一卷附碧血記一卷，清柯超撰，稿本，一冊。

3. 溪上遭難志畧一卷，清應文炳撰，同治三年（1864）稿本，一冊。

4. 洋煙攷述八卷，清姚燮撰，手稿本，一冊。

（三）史表類

1. 國朝選舉表不分卷，不著撰者，稿本，一冊。

（四）史抄類

1. 南史識小録八卷北史識小録八卷，清沈名蓀、朱昆田輯，謄清稿本，二冊。清吳焯題跋。

（五）傳記類

1. 歷代名畫姓氏韻編四卷，清朱昆田撰，稿本，四冊。

2. 見山録二卷，清查奕慶輯，稿本，二冊。

3. 蠤菴碎筑集四卷，清林時對撰，手稿本，一冊。朱鼎煦題跋。

4. ［浙江寧波］濠梁萬氏宗譜内集□□卷，明萬表修，清萬斯大增修，謄清稿本，一冊。存二卷：四至五。

5. ［浙江寧波］鄞范氏族譜不分卷，清范上林修，稿本，二冊。

6. ［浙江寧波］鄞西范氏宗譜不分卷，清范邦瑗修，稿本，二冊。朱鼎煦題簽。

7. ［浙江寧波］鄞砌里李氏譜稿贈言録不分卷，清李彭年輯録，稿本，一冊。

8. ［浙江寧波］大墩徐氏譜不分卷，不著輯者，稿本，一冊。

9. ［浙江寧波］董氏重修宗譜不分卷，清劉希平重修，清陳繼聰補修，同治十三年（1874）稿本，三冊。

10. ［浙江寧波］西成楊氏宗譜十卷首一卷，清楊濂、楊啓範等纂修，同治稿本，六冊。

11. ［浙江寧波］鄞西西成橋楊氏修譜採訪冊不分卷，不著編者，光緒稿本，一冊。

12. ［浙江寧波］日湖毛氏宗譜六卷首一卷續稿不分卷，清毛宗亮等纂修，光緒三十二年（1906）稿本，五册。存五卷：一至三、五、續稿。

13. 新校廣平學案二卷附舒文靖公類稿附録二卷，宋舒璘撰，清黄宗羲輯，清全祖望修補，清徐時棟輯校，稿本，二册。存三卷：廣平學案二卷、附録卷上。

14. 先考吾堂府君行述一卷先妣夏太孺人行述一卷先妣遺事一卷，清周廣業撰，稿本，一册。

15. 陶七彪贈言録不分卷，不著輯者，光緒稿本，一册。

16. 張忠烈公年譜一卷，清趙之謙輯，稿本，一册。

17. 許敬庵先生年譜存稿一卷，不著撰者，稿本，一册。

18. 楊憩棠年譜不分卷，清楊寶鏞撰，稿本，一册。

19. 大梅山館日記不分卷，清姚燮撰，手稿本，二册。

（六）政書類
1. 吳平贅言八卷，清董沛撰，光緒稿本，一册。存四卷：一至四。
2. 工程算法四卷，清岑傳撰，稿本，三册。存三卷：一至三。

（七）職官類
1. 季漢官爵考二卷，清周廣業撰，稿本，二册。清吳騫、蔣師爚跋。

（八）詔令奏議類
1. 寧廠公事稿不分卷，不著撰者，稿本，一册。

（九）地理類
1. 四明志徵不分卷，不著撰者，稿本，六册。清鄭喬遷題識，1959 年朱鼎煦題跋。

2. [光緒] 鄞縣志不分卷，清戴枚修，清張恕、董沛等纂，同治稿本，一册。

3. [光緒] 奉化忠義鄉志二十卷，清吳文江、周典初等修，光緒二十三年（1897）稿本，五册。

4. 六陵刦餘誌不分卷，清丁業撰，嘉慶稿本，四册。

5. 新坡土風不分卷，清陳鱣、陳小弼撰，稿本，一册。清王朝、郭宗泰、陳夢弼、鄒繡題跋。

6. 删正四明譚助四十卷，清徐兆昺撰，清范鑄删正，稿本，三册。

7. 彙録全校水經注四十卷，北魏酈道元注，清全祖望校，清王楚材録并校，謄清稿本，十二册。

8. 全校水經酈注水道表四十卷，清王楚材輯，道光二十八年（1848）謄清稿本，七册。清張穆記。

9. 四明七觀補注不分卷，宋王應麟撰，清陳勱補注，稿本，一册。

10. 浪遊黔滇紀略不分卷，不著撰者，稿本，一册。

（十）金石類

1. 二銘書屋藏碑目録不分卷，清張岱年撰，稿本，一册。

2. 二銘書屋藏碑録五卷，清張岱年撰，謄清稿本，二册。

（十一）目録類

1. 康熙中傳抄天一閣書目不分卷，清范光燮撰，乾隆元年（1736）謄清稿本，一册。

2. 海東載書識三十五卷，清楊希閔撰，稿本，三十二册。

3. 大楳山館藏書目不分卷，清姚燮撰，手稿本，二册。

4. 煙嶼樓書目不分卷，清徐時棟撰，稿本，四册。

5. 求恒齋書目不分卷，馮幵撰，稿本，一册。

三、子部

（一）叢編

1. 九子續選四卷，清釋了璞輯，道光稿本，一册。存二卷：一至二。

2. 五十子選二十四卷，清釋了璞輯，道光元年（1821）稿本，三册。存十二卷：一至四、八至十一、十八至二十一。

（二）醫家類

1. 外科易知初稿十卷，清汪祝堯輯，同治稿本，十册。

（三）雜著類

1. 九山隨筆不分卷，清倪象占撰，稿本，一册。

2. 今白華堂筆記四卷，清童槐撰，清童華校録，光緒元年（1875）童氏白
   華堂稿本，四册。

3. 惺齋劄記一卷，清惺齋撰，嘉慶稿本，一册。

4. 青琅玕館叢録一卷求放心齋讀書叢説一卷讀史識餘五卷硯譜集録一卷古
   今法帖鑒藏一卷，清陳祖望輯，道光十年（1830）手稿本，九册。

5. 竹石居筆談一卷附聯語一卷，清童華輯，手稿本，一册。

6. 越縵堂筆記十卷，清李慈銘撰，手稿本，二册

7. 節霞紀逸一卷，清俞忠孫撰，稿本，一册。

8. 聞樨香齋小題窗稿不分卷，不著撰者，稿本，三册。

（四）小説家類

1. 臺灣外志選摘稿十九回，清江日昇原撰，不著編者，墨海樓稿本，一册。
   朱鼎煦題跋。

（五）藝術類

1. 玉几山人書畫涉記手稿不分卷，清陳撰撰，康熙乾隆間手稿本，一册。
   清釋六舟、汪士驤題識。

2. 琵琶譜不分卷，清盛崑亭編，清盛登參訂，稿本，一册。

3. 歷朝史印十卷，清黃學圯篆刻并輯，乾隆嘉慶間稿本，二册。存五卷：
   六至十。

4. 雜鈔聯語一卷，清童華輯，稿本，一册。

（六）工藝類

1. 七十三壺圖不分卷，清釋普荷繪撰，稿本，一册。

2. 曼殊沙盦三十六壺盧銘一卷，清葉金壽撰，清郭傳璞釋，同治光緒間郭

傳璞稿本，一册。清王蒔蘭、葉聯芬、楊炳題跋。

3. 曼殊沙盦三十六壺盧銘一卷，清葉金壽撰，清郭傳璞釋，同治光緒間郭
傳璞未定稿本，一册。

4. 鏡録九卷，清鄭勳輯，嘉慶三年（1798）手稿本，一册。

5. 先嚴百方墨寶不分卷，清翁壽虞編，稿本，二册。

（七）類書類

1. 止止室雜鈔二卷，清周勳懋輯，稿本，一册。

2. 稱謂録三十二卷，清梁章鉅撰，清梁恭辰校刊，稿本，六册。存十三卷：
三至十二、二十九至三十一。

3. 琴詠樓姝聯韵藻一卷，清姚景夒輯，光緒六年（1880）稿本，一册。清
沈鎔經題跋，葛暘題識。

4. 稷山草堂碎金不分卷，清陶濬宣輯，稿本，二册。

四、集部

（一）別集類

唐五代別集

1. 唐李長吉歌詩補註四卷外卷補註二卷復古堂舊本五卷年譜一卷附録九卷
首一卷，清史榮撰，康熙稿本，二十一册。清陳常、姜炳璋、王奎，馮
貞群題跋。

清別集

1. 湖海樓儷體古文詞刻樣本不分卷，清陳維崧撰，陳淮同等編校，稿本，
六册。

2. 探花姜西溟先生增定全稿不分卷，清姜宸英撰，清唐紹祖、陳沂校訂，
毋自欺齋校訂稿本，一册。

3. 姜先生全集附録二卷，清姜宸英等撰，清王定祥、馮保燮、范文榮、楊逢孫編，光緒稿本，二册。

4. 姜先生全集附録二卷詩詞拾遺一卷，清姜宸英等撰，清王定祥、馮保燮、馮保清編，光緒稿本，三册。

5. 敬業堂詩集參正二卷，清吳昂駒、朱洪輯，道光稿本，一册。

6. 沈冰壺文稿一卷，清沈冰壺撰，清初稿本，一册。

7. 采菊山人詩集十四卷，清范從徹撰，康熙稿本，一册。

8. 沈小詠詩稿不分卷，清沈天璣撰，稿本，三册。

9. 管村編年詩六卷，清萬言撰，康熙稿本，一册。

10. 選冰雪集一卷，清萬承勳撰，清黃千秋選，康熙稿本，一册。

11. 恭壽堂編年文鈔一卷雜著一卷，清萬承勳撰，康熙雍正間稿本，一册。清金埴題跋。

12. 勉力集□□卷，清萬承勳撰，雍正稿本，一册。存二卷：二至三。

13. 西堂詩草一卷，清董元成撰，康熙稿本，一册。

14. 虎丘百詠不分卷，清施於民撰，稿本，二册。清施禮潼題跋。

15. 鯖豆集四十卷，清毛德遴撰，雍正手稿本，七册。存三十七卷：一至三十七。清鄭進、陳金綬等題跋。

16. 冰玉集□□卷冰玉後集□□卷卮言二卷南樓日記□□卷天放集□□卷，清周維械撰，稿本，十三册。清袁一清題跋，清沈堡評論。

17. 宜樓雜詠不分卷，不著撰者，雍正稿本，一册。

18. 磊園詩删四卷，清徐嵩高撰，雍正乾隆間手稿本，三册。存三卷：一、三至四。

19. 御風蟫吟録二卷，清湯瀅撰，乾隆稿本，二册。

20. 古趣亭未定草七卷，清范家相撰，乾隆稿本，一册。

21. 寶素軒自訂初稿十五卷，清周一鵬撰，乾隆謄清稿本，六册。

22. 采蘭堂詩文稿不分卷，清谷際岐撰，稿本，一册。

23. 長木齋詩文草三卷，清羅淼撰，稿本，三册。

24. 庚寅詩稿一卷甕松山房雜文偶存一卷，清孫世儀撰，乾隆稿本，二册。

25. 九山類稿三卷詩文二卷近稿偶存一卷，清倪象占撰，謄清稿本，六册。

26. 鐵如意齋詩稿一卷，清倪象占撰，稿本，一册。

27. 蕉雪詩鈔一卷，清鄭竺撰，清鄭勳等輯，稿本，一册。清顧楈、桂廷蕳等批校，朱鼎煦題跋。

28. 野雲居詩稿二卷，清鄭竺撰，清蔣學鏞選，清鄭勳校，嘉慶三年（1798）謄清稿本，一册。朱鼎煦題簽并跋。

29. 夢符文稿一卷，清楊夢符撰，稿本，一册。清錢維喬、趙懷玉題跋，馮貞群題簽并跋。

30. 荔亭詩草不分卷，清仲燿政撰，乾隆稿本，二册。徐文若、朱鼎煦題跋。

31. 伴梅草堂詩存不分卷，清顧楈撰，乾隆手稿本，六册。清丁敬、汪沆題跋。

32. 弇山集録一卷，清王霖撰，乾隆稿本，一册。

33. 秋竹詩稿不分卷，清顧二鹿撰，稿本，二册。清陳權、徐時棟跋。

34. 今白華堂集六十四卷過庭筆記一卷過庭録一卷，清童槐撰，清童華等編，咸豐稿本，十三册。清阮元、汪彦博、孫廷璋、張問陶、熊方受、姚祖同、盛惇崇、胡枚題跋。

35. 簋莊詩草不分卷，清周簋莊撰，稿本，一册。

36. 襄陵詩草不分卷，清孫家穀撰，稿本，一册。

37. 二硯窩文一卷，清鄭勳撰，稿本，一册。馮貞群題跋。

38. 二硯窩文稿偶存不分卷，清鄭勳撰，稿本，一册。

39. 二硯窩詩稿偶存五卷閒情偶寄一卷，清鄭勳撰，手稿本，一册。清徐時棟跋。

40. 課餘吟艸不分卷，清鄭燿潢撰，嘉慶稿本，一册。清蔡之銘、周遵祖題識。

41. 瘦華盦詩稿一卷玉雪軒主草稿一卷擔簦草一卷夕陽學散吟二卷銅缾瓦硯之邁詞稿三卷桃花渡榜謳二卷二篳廬漫唱一卷，清周世緒撰，嘉慶稿本，七册。清王堃、沈默、孫家桜等題跋。

42. 汾社賸言不分卷，清周世緒撰，稿本，二册。

43. 復莊文稿不分卷附小復詩稿一卷，清姚燮、姚景夔撰，手稿本，二册。馮貞群題簽。

44. 復莊駢儷文榷二編八卷，清姚燮撰，咸豐手稿本，四册。清蔣敦復、趙榮光題跋。

45. 復莊詩初稿二卷，清姚燮撰，道光手稿本，一册。清葉元堦批校，馮貞群批校并題簽。

46. 西滬櫂歌一卷，清姚燮撰，咸豐十年（1860）手稿本，一册。清王蒔蕙題跋。

47. 復莊先生詩問稿七卷，清姚燮撰，道光稿本，三册。清佘文植、周學濂、厲志、高敏、曹德馨、張際亮、葉元堦、奚疑、劉泳之、楊鑄、韋光黻、郭儀霄、黄釗、汪全泰、端木國瑚、吳廷燮、潘德輿、孫麟趾、潘曾瑩、徐時棟、張洺、計光炘、蔣寶齡、葉金鑪、孔繼銘等題跋。

48. 癖漢淫唐詩稿不分卷，清楓臣撰，道光稿本，一册。清姚燮題簽。

49. 己卯窗課一卷附庚辰觀風一卷，清張恕撰，稿本，一册。

50. 葉莐田公遺稿不分卷，清葉莐田撰，稿本，一册。

51. 缾室詩卷一卷，清王景曾撰，咸豐稿本，一册。清姚燮批并跋，朱鼎煦題跋。

52. 鴻遠書屋文稿一卷，清陳勘撰，稿本，一册。

53. 運甓齋詩稿初底本十卷重訂本五卷，清陳勘撰，同治十三年（1874）稿本，二册。

54. 徐柳泉詩稿九卷柳泉詞一卷，清徐時棟撰，道光稿本，一册。

55. 煙嶼樓詩初稿一卷，清徐時棟撰，稿本，一册。

56. 烟嶼樓詩集十八卷，清徐時棟撰，同治稿本，二册。

57. 夢花樓未删稿一卷，清葉元堦撰，稿本，一册。

58. 存存集十六卷瓻賸一卷，清余毅撰，稿本，十二册。

59. 果亭古今體詩稿九卷，清鄭爾毅撰，稿本，一册。

60. 果亭各體詩稿不分卷，清鄭爾毅撰，稿本，一册。

61. 贗魚璞言初稿一卷，清吳清瑞撰，稿本，一册。

62. 琴詠樓詩酌一卷，清姚景夔撰，稿本，一册。清王韜、陳樹滋等跋。

63. 麟洲詩草八卷，清張翊儁撰，手稿本，二册。馮幵題跋。

64. 焚餘集二卷，清李涵撰，清李厚建、李厚延輯録，咸豐稿本，一册。

65. 金潘詩集一卷，清金潘撰，咸豐稿本，一册。

66. 一橡吟屋詩草不分卷，清楊楨撰，同治稿本，一册。清倪朝芬跋。

67. 蘦香唅館詩鈔不分卷，清李東沅撰，同治稿本，一册。清陳繼聰、汪鐘祥題跋。

68. 石庵叢草不分卷，清朱英撰，同治稿本，一册。

69. 吾悔集一卷，清郭傳璞撰，稿本，一册。

70. 金峨雜著不分卷，清郭傳璞撰，稿本，二冊。

71. 金峨山館文稿不分卷，清郭傳璞撰，稿本，二冊。

72. 金峨山館詩稿四種四卷，清郭傳璞撰，稿本，五冊。

73. 金峨山館詩集二卷，清郭傳璞撰，謄清稿本，一冊。

74. 六一山房續集十卷，清董沛撰，稿本，一冊。存五卷：六至十。

75. 扁舟集一卷，清王定祥撰，謄清稿本，一冊。

76. 映紅樓詩稿四卷，清王定祥撰，稿本，一冊。姚子秋、馮幵、王穆之跋。

77. 映紅樓詩稿三卷，清王定祥撰，稿本，一冊。清梅調鼎批注，王穆之跋。

78. 映紅樓詩稿五卷，清王定祥撰，稿本，一冊。清趙之蘭跋。

79. 和葉艾庵白湖竹枝詞三十首一卷，清姚朝翩撰，稿本，一冊。

80. 養拙山房留刪初稿一卷，清王慈撰，稿本，一冊。

81. 對山樓詩詞稿不分卷，清王燾撰，稿本，一冊。

82. 巢溪詩草不分卷，清江紹華撰，謄清稿本，一冊。

83. 芳汀詞一卷遊皖草一卷，清王衢撰，謄清稿本，一冊。

84. 白鶴山館文集四卷，清鄭崇敬撰，稿本，二冊。

85. 白華堂集五卷，清王焯撰，謄清稿本，一冊。

86. 不律唫一卷，清蔡名衡撰，稿本，一冊。

87. 柳堂憶存稿二卷附錄一卷，清范壽金撰，光緒稿本，一冊。

88. 袁堯年先生文稿不分卷，清袁堯年撰，稿本，一冊。

89. 駐雲山房試帖詩稿不分卷，不著撰者，稿本，四冊。

90. 石臺草一卷，清姜□□撰，稿本，一冊。

91. 聽秋詩稿一卷，清沈博撰，稿本，一冊。

92. 姚三緘詩文稿不分卷，清姚尚倫撰，稿本，一冊。

93. 煮石山房詩稿一卷，清劉玠撰，稿本，一冊。

94. 寄拙居泚筆不分卷，清徐元祝撰，稿本，一冊。

95. 浣青草堂詩稿不分卷，不著撰者，稿本，一冊。

96. 聽潮軒詩稿不分卷，不著撰者，稿本，二冊。

97. 聾老人詩稿一卷，不著撰者，稿本，一冊。

98. 一齋文集未定稿不分卷，清郭漢師撰，稿本，一冊。

99. 月湖生十八歲時作不分卷，題月湖生撰，稿本，一冊。

100. 蓉江鬥鮫集不分卷，不著撰者，稿本，一冊。

101. 學山堂自灌園偶書八卷，題越周餘民撰，稿本，八冊。

102. 甲辰詩一卷證山堂詩餘三卷，清周斯盛撰，清周文會輯，稿本，三冊。

103. 邵景夫文稿不分卷，清邵鐸撰，稿本，一冊。

104. 浮碧山館雜録不分卷，清吳德旋撰，稿本，一冊。

105. 浮碧山館駢文二卷，清馮可鏞撰，稿本，一冊。

106. 硯雲詩稿不分卷，清王迪中撰，稿本，一冊。

107. 述古堂文稿不分卷，清馮一梅撰，稿本，五冊。

108. 簫吟樓詩草□□卷，清鄭儒珍撰，稿本，一冊。存一卷：十一。

109. 浙詩擬作不分卷，清楊臣勳撰，光緒謄清稿本，一冊。

110. 客杭吟不分卷，清楊臣勳撰，光緒稿本，一冊。

111. 遊滬小詠不分卷，清楊臣勳撰，光緒稿本，一冊。

112. 小樓新詠不分卷，清楊臣勳撰，稿本，六冊。

113. 伴梅軒詩草不分卷，清紹修撰，稿本，一冊。

114. 借園吟社不分卷，題清潦倒生撰，稿本，一冊。清沈思欽跋。

115. 棲棲行館詩稿不分卷，清王治本撰，稿本，二冊。

116. 紫石山人詩鈔二卷詩集一卷，清胡有槎撰，稿本，一冊。

117. 補不足齋詩鈔□□卷，清黃祥黼撰，稿本，一冊。存一卷：六。

118. 秋槎先生詩稿不分卷，清鄭兆龍撰，稿本，一冊。

119. 疊秀山房詩抄六卷，清梁錫璜撰，光緒稿本，一冊。

120. 夢松書屋焚餘詩草不分卷，清丁國珍撰，謄清稿本，一冊。

（二）總集類

1. 詩家望古集不分卷，清嚴天顏輯，康熙稿本，一冊。

2. 古文類編四卷，清釋了璞輯，道光稿本，二冊。

3. 古詩選讀一卷，清張翊儁輯，稿本，一冊。

4. 明文案二百十七卷，清黃宗羲編，康熙稿本，四十三冊。存一百八十八卷：
   一至三十七、四十二至一百十四、一百十九至一百三十一、一百三十六
   至一百四十七、一百五十一至二百零三。朱鼎煦、張宗祥題跋。

5. 明文海四百八十二卷目録三卷，清黃宗羲輯，稿本，六冊。存二十三

卷：十九至二十二、三十八至四十二、五十一至五十四、一百十四至
一百十八、一百二十二至一百二十六。

6. 皇朝駢文類苑叙録不分卷，清姚燮輯，清郭傳璞校，稿本，一册。

7. 國朝駢體正宗初箋十二卷，清曾燠輯，馮可鏞注，稿本，一册。存一卷：一。

8. 甬上明詩略一卷，清董沛編，謄清稿本，一册。

9. 四明鄉先生遺文偶録不分卷，清陳勱輯，同治稿本，一册。

10. 衣德編二卷，清李桐編，稿本，一册。

11. 湯湘畦稻村家稿不分卷，清湯瀅、湯元芑撰，稿本，一册。

12. 蛟川唱和集一卷，清鄭勳編，稿本，一册。

13. 紅犀館詩課八卷，清姚燮編，咸豐十年（1860）稿本，二册。存三卷：
五至七。

14. 湖海交游録四卷，清鄭勳編，手稿本，一册。

15. 重刻游杭合集不分卷，清徐時棟、徐元第撰，稿本，一册。

16. 學易堂詩存一卷中隱堂詩存一卷，清孫周、董烜等撰，稿本，一册。

17. 治安寄廬叢鈔□□卷，清周雲如輯，稿本，二册。存二卷：益友聯珠
集一卷、宦海吟草一卷。

18. 道字號家信稿不分卷，不著編者，稿本，一册。

（三）詞類

1. 竹浦稼翁詞一卷，清黃千人撰，稿本，一册。

2. 吉羊館詞鈔二卷，清王闓撰，乾隆稿本，一册。

3. 疎影樓詞二卷，清姚燮撰，道光十三年（1833）手稿本，二册并裝一册。
清葉元璧、馮登府、曹德馨、周泰題跋。

4. 修真館詞稿四卷，清戴綏曾撰，咸豐稿本，一册。清徐炳煃、徐方增、
錢步文、沈遹駿、夏鳳翔、夏鶯翔、石孫甫、楊國鼎、蔣槐、高光祖等
題跋。

5. 紅蘭愁影詞一卷，清馮鴻墀撰，稿本，一册。

6. 詩契齋詞鈔一卷，清許玉瑑撰，稿本，一册。清陳少春、潘鍾瑞跋。

（四）曲類

1. 雙冠誥二十九齣，清陳二白撰，稿本，二册。
2. 香消酒醒曲一卷，清姚燮撰，謄清稿本，一册。

（五）戲劇類

1. 復莊今樂府選四百三十種，清姚燮編，咸豐稿本，五十八册。存一百三十九種：元雜劇六十三種、明雜劇五種、元院本一種、明院本三十一種、清院本三十九種。